中国肥料发展研究报告 2016

张卫峰　易俊杰　张福锁　等编著

中国农业大学出版社
·北京·

内容简介

《中国肥料发展研究报告 2016》是《中国肥料发展研究报告 2012》的延续版。过去的几年中，肥料行业形势发生了很大的变化，肥料产业政策有了极大的调整，全国化肥零增长等行动将开启肥料施用的新阶段。本书全面反映了肥料行业生产、贸易、价格，肥料产业政策，肥料施用及技术的新变化，并对未来趋势进行了展望，期望能给政府决策者、企业管理者、科研人员及农场主提供决策依据。

图书在版编目(CIP)数据

中国肥料发展研究报告.2016/张卫峰等编著.—北京:中国农业大学出版社，2017.6
ISBN 978-7-5655-1834-8

Ⅰ.①中…　Ⅱ.①张…　Ⅲ.①肥料工业-工业发展-研究报告-中国-2016
Ⅳ.①F426.7

中国版本图书馆 CIP 数据核字(2017)第 129228 号

书　名　中国肥料发展研究报告 2016
Zhongguo Feiliao Fazhan Yanjiu Baogao 2016

作　者　张卫峰　易俊杰　张福锁　等编著

策划编辑　孙　勇　　**责任编辑**　王艳欣
封面设计　郑　川　　**责任校对**　王晓凤
出版发行　中国农业大学出版社
社　址　北京市海淀区圆明园西路 2 号　　**邮政编码**　100193
电　话　发行部 010-62818525,8625　　读者服务部 010-62732336
编辑部 010-62732617,2618　　出　版　部 010-62733440
网　址　http://www.cau.edu.cn/caup　　**E-mail** cbsszs @ cau.edu.cn
经　销　新华书店
印　刷　涿州市星河印刷有限公司
版　次　2017 年 6 月第 1 版　2017 年 6 月第 1 次印刷
规　格　787×1 092　16 开本　17.25 印张　300 千字
定　价　56.00 元

编著人员

中国农业大学资源环境与粮食安全研究中心：
张卫峰　张福锁　江荣风　陈新平　米国华　易俊杰　李升东
张　丹　郭明亮　黄高强　高利伟　武　良　李国华　方　杰
刘世昌　曹国鑫　王雁峰　刘家欢　张联瑞　苗宇新　李晓林
张宏彦　王　冲　崔振岭　李　晶

农业部种植业管理司耕肥处：仲鹭勍

全国农技推广中心：杨　帆　崔　勇　孟远夺　徐　洋　董　燕

中国化工信息中心：陈　丽

中国氮肥工业协会：高　力　吴军华

中国磷复肥工业协会：王　莹　廖康城

中国无机盐工业协会钾盐钾肥行业分会、中国化工学会化肥专业委员会：亓昭英

中国农业科学院农业资源与农业区划研究所：王　旭　刘红芳
沈德龙　孙蓟锋

江苏华昌化工有限公司：李昊锋

东北农业大学：刘元英　彭显龙

吉林农业大学：高　强　李翠兰

河南农业大学：叶优良　黄玉芳

西北农林科技大学：王朝辉　赵护兵　贾相平　丁吉萍

西南大学：石孝均　周鑫斌

南京农业大学：郭世伟

江西农业大学：杨秀霞

华南农业大学：张承林　涂攀峰

山东农业大学：宋付朋

扬州市耕地质量保护站：李文西

郑州大学：许秀成　侯翠红

前言

《中国肥料发展研究报告 2012》出版四年以来我国肥料生产、流通、施用、科技、政策以及所处的社会环境又发生了巨大变化，肥料行业进入了一个前所未有的变革和发展阶段。认识这一阶段的特点和发展趋势，尽早为下一阶段的发展做好准备，是政府、企业和科研机构采取有效对策，全面实现经济转型的迫切需求。为此，在农业部领导下，在国家项目的支持下，在全行业有关部门的积极参与下，我们依托全国肥料数据汇总研究平台，对“十三五”期间全国肥料生产、流通、施用、政策进行了全面汇总和分析。

本书共分为 6 章。第 1 章通过收集整理各种研究结果，阐述和分析了肥料对于农业生产的贡献以及对生态环境的影响，期望读者对肥料有一个全面、客观的认识；第 2 章论述了“十三五”期间肥料生产和流通的特征；第 3 章分析了我国肥料施用情况的演变；第 4 章通过对测土配方施肥行动的评估阐述了粮食作物科学施肥技术的进步和发展；第 5 章阐述了我国肥料产业政策的重大演变，同时提出了一些政策建议；第 6 章对适应农业转型的肥料产品、技术、服务、政策做出了展望。附表收集整理了我国肥料生产、流通等领域历史数据资料，便于各行业人员查询。

共有 20 家单位的 62 位科研工作者参与了本书的编写工作，涵盖了长期从事全国肥料管理和研究的主管部门、行业协会、信息机构、科研单位、企业。为了提高数据信息的全面性和权威性，本书综合了国内外主要数据渠道的统计资料，并着重收集了专业机构的有关信息，例如农业部肥料登记管理信息、全国农技推广中心的科技信息和流通信息、各个肥料行业协会的生产信息、中国化工信息中心的流通信息，以及中国农业大学和 8 所其他农业院校的农户施肥跟踪调查信息。但由于涉及面宽、数据限制、作者水平有限，难免存在错误和不足之处，期望得到读者的批评和指正。

感谢农业部种植业管理司耕肥处、全国农业技术推广服务中心土壤肥料技术处在组织和协调方面的支持，感谢公益性农业科研专项“农作物最佳养分管理技术研究与应用”(201103003)、“主要粮食作物氮素化肥高效利用技术研究与示范”(201203079)和国家重点研发计划“化肥农药减施增效技术应用及评估研究”(2016YFD0201303)的支持。感谢所有编写人员的辛勤付出，感谢协助数据收集并对书稿提出修改意见的所有领导和专家。

张卫峰　易俊杰　张福锁

2017 年夏于北京

目　录

第1章　全面认识肥料的作用

随着2015年国家启动化肥减施增效行动，全国肥料发展进入了全新的阶段。社会各界重新审视肥料。然而由于认识不同，全国力量无法凝聚。本书集中讨论了中国肥料生产和施用以及增产和资源环境问题，以期为各界阐明我们目前所处的阶段，并为将来的发展采取有效的措施。目前中国的化肥生产总量和施用总量已经居于世界首位，不仅满足国内需要，而且已成为国际重要的出口国。虽然我国化肥工业效率显著提升（合成氨单耗降低，磷资源利用效率提升），但是减排增效的压力和潜力都非常大。与国际水平相比，我国化肥单位面积用量大、农户用量变异大、肥料利用率低、产品结构不合理、环境污染严重的特征比较突出。当下在中国全面认识化肥的作用，积极合理地转变施肥方式，是保证食物供应和可持续发展的大事。既要改变“多施肥多增产”和“水大粪勤不用问人”等错误观念，也不能走向极端把化肥毒药化、妖魔化，从而全盘否定化肥。正确施用化肥并不断升级化肥产品是根本措施，但也要警惕一些人借着减肥增效的名义，用所谓“新产品”误导农民和消费者。本章部分内容应农业部要求已于2016年12月15日发表在农业部网站（《科学认识化肥的作用》）。

1.1　化肥是工业革命的成果和现代农业的支撑

1.1.1　正确认识化肥的特性

化肥作为粮食的“粮食”，是现代科学技术带给我们的高效营养物质。从欧洲1800年生产硫酸铵开始，经过200多年的发展和演变，化肥已经形成了完整的产、供、销、用体系，完全可以为粮、棉、油、果、菜等农产品提供氮、磷、钾、钙、镁、硫、铁、锰、铜、锌、硼、钼、氯等必需的矿质态元素以及硅等有益元素。化肥施用200多年来，人口连续翻番的同时，营养水平大幅提高，人类文明进步呈现指数级增长，彻底突破了传统农业依赖于地力自然恢复的瓶颈。

化肥起源于欧洲，是工业革命的产物。1800年英国率先从工业炼焦中回收硫酸铵作为肥料，但直到 1908 年德国发明了现代合成氨工艺，才实现了化肥充足供应。化肥的施用让欧洲生活水平迅速提高，并成为世界经济中心。鉴于化肥对人类文明的重大贡献，合成氨技术发明者德国 Fritz Haber(1918) 和 Carl Bosch(1931) 先后获得诺贝尔化学奖。

化肥来自于自然界，供应效率高。氮肥主要原料来自于大气，其他化肥原料主要是矿产。氮肥生产与生物固氮机理相似，在高温高压条件下，通过催化反应，将大气中的惰性 N_2 变成作物可以利用的活性氮(铵盐、硝酸盐)。在一个 10 公顷土地上建立的合成氨厂每天可以生产 3000 吨 N，一年能够满足千万亩(1 公顷＝15 亩)农田维持亩产 400～500 千克的产量，比传统生物固氮效率提高约 100 万倍。化肥让农田从培肥—生产的长周期转变为连续生产的短周期，极大地提高了农田产出效率。

化肥养分浓度高，肥力高，降低了劳动强度。化肥中养分含量一般超过 40%，是传统有机肥的 10 倍以上。尿素含氮 46%，满足一亩农田 10 千克的氮素供应只需要 25 千克左右尿素，一个劳动力徒手用半天就可以完成运输和施用。而传统农业收集、堆沤、运输、施用有机肥需要许多人花费几个月的时间。化肥将农户从繁重的肥料收集、堆沤等劳动中解放了出来，极大地提高了农民的劳动生产效率。

化肥肥效快，利于作物及时吸收。化肥中的养分主要是无机态的，不需要经过微生物转化分解，施入土壤中后会迅速被作物根系吸收。例如化学氮肥施入土壤后一般 3～15 天就会完全释放，在植物生长旺盛阶段可以迅速满足作物养分需求。化肥还可以通过灌溉施用，甚至可以通过叶面喷施的方式施用，极大地提高了作物的养分吸收效率。

化肥本身是无害的。化肥中养分含量高、杂质低。例如尿素中含有 46% 的氮素，氮是作物所需要的营养元素，其余的主要是 CO_2，施用到土壤中后会再次释放回到大气中，是无害的，且 CO_2 还是光合作用的原料，能被植物光合器官吸收和利用。此外，还含有 1%左右的水和 1%左右的缩二脲，缩二脲严格控制到 1.5%以下对作物无害，而且会在土壤中分解并被作物和微生物利用。磷肥、钾肥以及中微量元素都是从矿物中提取出来的，基本成分也都是无害的。

1.1.2 中国化肥产量和用量占全球比重的变化

化学肥料的诞生改变了农业的发展进程和结构，使其从依赖于养分自然循环的传统农业过渡到集约化的现代农业，为作物的持续高产提供了可能，将全球人口从 10 亿推升到目前的 60 亿，并将继续增长到 90 亿(Godfray,2010)。欧洲于 19 世纪中期德国科学家李比希创建矿质营养学说时就开始施用化学肥料，中国引进化肥比欧洲发达国家整整晚了 100 多年。并在很长一段时间内主要依赖于进口，1995 年中国氮肥进口量达到历史最高峰时占全球进口量的 20.8%，2002 年磷肥进口最高峰时占全球进口量的 18.7%，2005 年钾肥进口最高峰时占全球进口量的 21.0%。因此，实现化肥自给自足是中国在过去半个世纪不断奋斗的目标。

为了满足需求，中国化肥工业经过半个世纪的不懈努力，不仅能够满足 13 亿人口的粮食需要，而且走出国门，成为全球重要的供应国。1990 年中国超过苏联成为全球最大的氮肥生产国，2015 年中国氮肥产量 4791 万吨 N，占全球的约 41.8%(2014 年数据)，出口量为 996.3 万吨 N，已成为全球重要的出口国(详见第 2 章)。2005 年中国磷肥产量超过美国成为世界第一，2015 年磷肥产量 1795万吨 P_2O_5，占全球总产的 38%(2014 年数据)，出口 545.8 万吨 P_2O_5，成为全球重要的出口国。2015 年，中国生产钾肥 571 万吨 K_2O，进口钾肥 560.6 万吨 K_2O，进口依存度为 50.7%，开始扭转单纯依靠进口的不利局面。在化肥消费方面，化肥用量增长速度也不断增加。1987 年中国开始成为世界上化肥用量最大的国家，2015 年农业化肥总用量为 5416 万吨，其中氮肥用量为 3100 万吨 N，磷肥用量为 1262 万吨 P_2O_5，钾肥用量为 1012 万吨 K_2O；氮肥用量占全球氮肥用量的 28.7%，磷肥用量占全球磷肥用量的 30.9%，钾肥用量占全球钾肥用量的 31.3%。(全球肥料消费量的详细数据见附表 1-1 至附表 1-3)

1.1.3　化肥对增产和营养改良及社会发展的贡献

中国粮食产量的一半来自化肥。新中国成立前，我国一直采用传统农业生产方式，即利用作物秸秆、人畜粪尿、绿肥等培肥地力，粮食产量长期处于较低水平。秦汉至清朝 2000 余年间，我国每亩小麦和水稻的产量仅从 53 千克和 40 千克增长到 97.5 千克和 145.5 千克。而新中国成立后至今的 70 余年间，我国小麦平均单产达到 350～400 千克，高产地区达到 750 千克。其中，化肥的施用发挥了关键作用。联合国粮农组织(FAO)最早统计了绿色革命之后肥料施用对作物单产的贡献，发现 20 世纪 60—80 年代，发展中国家通过施肥可提高粮食作物单产 55%～57%(FAO)。另外，中国农业工作者根据全国化肥试验网的大量试验结果发现，施用化肥可提高水稻、玉米、棉花单产40%～50%，提高小麦、油菜等越冬作物单产50%～60%，提高大豆单产近20%。综合推算，1986—1990年粮食总产中有35%左右是施用化肥形成的(林葆和李家康，1989)。戴景瑞院士通过对中国不同地区玉米的遗传产量和施肥产量的对比发现，1985—1994年间施用肥料对于玉米的增产贡献率已达50%以上。Fan等(2013)研究证明，20世纪80年代至今，不施用化肥的作物单产和施用化肥的作物单产相差55%～65%，三十年来的生产实践进一步验证了化肥的贡献。

保障国家粮食安全是推动经济发展和维护社会稳定的重要基础。根据FAO统计数据，中国以占世界9%的耕地养活了占全球21%的人口，其原因是中国大幅度提高了作物产量(FAO，2012)。新中国成立后，中国人口总量由5.4亿增长至2015年的13.7亿，总量扩大了将近两倍。同时，中国主要作物产量也由新中国成立初的17770万吨增长到2015年的183830万吨，粮食产量扩大了9倍。而且，蔬菜、水果的产量也分别从1980年的5656万吨和842万吨增长到2015年的7.8亿吨和2.7亿吨(国家统计局，2016年)。中国农产品产量的大幅度增长主要不是依赖于耕地面积的扩大而是单产的提高，1961—2015年中国耕地面积仅增长了6%，而人均耕地面积从0.15公顷下降到0.09公顷。单位播种面积的产量却有大幅度的提升，据FAO统计，中国的单位面积产量中，谷物从1961年的1.2吨/公顷提高到2015年的6.0吨/公顷；果树从1961年的4.8吨/公顷提高到2015年的21.4吨/公顷；蔬菜从1961年的10.3吨/公顷提高到2015年的31.9吨/公顷(国家统计局，2016)。

化肥施用还可以增加农作物生物量，提高地表覆盖度，减少水土流失。土壤本身也是一个碳汇，可以储存人类活动产生的温室气体，减轻工业化带来的负面影响。此外，通过施用化肥提高作物单产，为城市建设、交通、工业和商业发展提供了广阔的土地空间。中国大量田间试验证明，近二十年来土壤有机质在不断提升，黄耀等(2006)总结了文献资料，发现20世纪80年代至21世纪初，中国大陆农田面积53%～59%的土壤有机质含量呈增长趋势(主要在华南及华东地区)，中国大陆农田表土有机碳贮量总体增加了(311.3～401.4)$\times 10^{12}$克。有机碳含量增加主要归因于秸秆还田与有机肥施用、化肥投入增加与合理的养分配比以及少(免)耕技术的推广使用。除了土壤有机质的变化，全国土壤有效磷含量30年来也呈大幅上升的趋势(Li et al.，2011)；土壤钾素方面，多数地区在20世纪80—90年代土壤有效钾含量下降，而在90年代至21世纪初回升，这可能与秸秆还田面积扩大和钾肥大量施用有关。

施用化肥不仅增加了作物产量，丰富了餐桌食谱，而且补充了人体所需的大量营养元素。例如，人均动物蛋白供应量从 1961 年的 1.4 千克增长到 2014 年的 15.5 千克。大量肉制品、奶制品中的蛋白质来自于饲料，而饲料的生产也必须依赖化肥的科学施用。张卫峰等(2013)根据世界粮农组织统计的人均动物蛋白、植物蛋白和水产蛋白的数据及中国人口总量，计算了中国化学氮肥对中国蛋白质供应的贡献。结果表明 1961—2007 年中国新增蛋白消费中，氮肥贡献了 56%。而 Erisman(2008)估计全世界人类消费的蛋白只有 48%来自于氮肥，中国氮肥的贡献明显高于全球水平，因为中国生物固氮水平远远低于全球水平，对化肥的依赖较大。

由于单位土地可以产出更多的作物，农业经济得以快速发展，不仅可以种植两季或者三季粮食，也可以种植两季或者三季蔬菜，这样不仅提高作物单产满足了粮食需求，还可以利用空闲土地生产蔬菜、水果、中药材，或者发展渔业和林业，极大地提高农民收入。中国农业 GDP 从 1978 年的 1397 亿元增长到 2015 年的 107056 亿元，农村居民家庭人均纯收入从 1978 年的 133.6 元/人增长到 2015 年的 10735 元/人(图 1-1)。

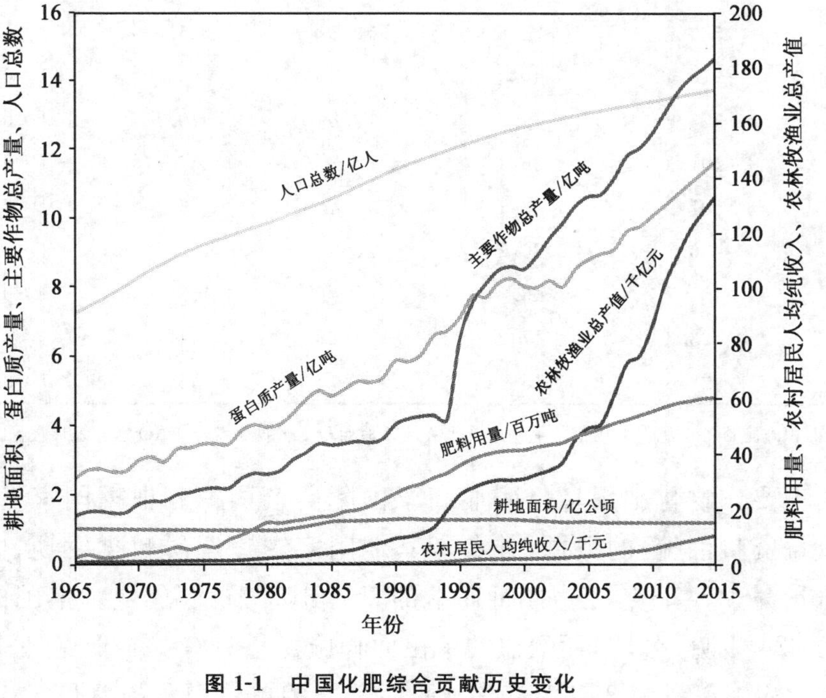

图 1-1　中国化肥综合贡献历史变化

1.2 化肥施用存在的问题

1.2.1 化肥用量水平偏高

按照单位耕地(按照 FAO 标准,施用化肥的草地等长期作物计算在内),欧洲等国家用量较高,其中荷兰曾经是化肥用量最高的国家,在 20 世纪 80 年代曾经达到 810 千克/公顷。从 20 世纪 80 年代以后,欧洲和日本等发达国家由于环境保护措施,化肥用量大幅下降(荷兰下降 67%,德国下降 52%,日本下降 34%)。目前中国已经成为化肥用量最高的国家,是全球平均用量的 3.4 倍、美国的 3.4 倍、德国的 2.1 倍、非洲的 27 倍(表 1-1)。

表 1-1　2014 年几个农业重要国家施肥水平比较

国家	2014 年单位面积施肥量/(千克/公顷)				NPK 比例
	N	P_2O_5	K_2O	总和	
世界	85.8	33.2	20.4	139.4	1∶0.39∶0.24
中国	422.2	155.7	66	643.9	1∶0.37∶0.16
美国	78	25.7	27.5	131.2	1∶0.33∶0.35
新西兰	519.9	892.6	73.3	1485.8	1∶1.72∶0.14
以色列	216.4	40.4	108.2	365	1∶0.19∶0.50
荷兰	274.5	14.8	20.8	310.1	1∶0.05∶0.08
日本	101.9	96.1	61.2	259.2	1∶0.94∶0.60
印度	107.9	43.1	12.4	163.7	1∶0.40∶0.11
泰国	96.5	30.2	26.5	153.2	1∶0.31∶0.27
法国	104.7	13.8	18.4	136.9	1∶0.13∶0.18
澳大利亚	23.3	17.2	4.2	44.7	1∶0.74∶0.18
阿根廷	24.8	13.1	1	38.9	1∶0.53∶0.04

注:单位面积施肥量等于肥料总用量比上耕地及永久性草地面积。数据来源于 FAO 官方统计数据。

中国主要作物化肥用量也明显高于国际高产国家。根据国家发改委《农产品成本收益资料汇编》的数据,并参考其他国家农户调研数据发现,中国的水稻平均施氮量为 195 千克/公顷,而日本的只有 105 千克/公顷。中国的小麦平均施氮量为 224 千克/公顷,而欧盟的单位面积施氮量只有 124 千克/公顷。中国的玉米单位面积施氮量为 201 千克/公顷,而美国的单位面积施氮量为 140 千克/公顷。在豆类、花生和棉花等作物上,其他国家的化肥用量更低,其中巴西的大豆氮肥用量仅6千克/公顷，只有中国的1/10，美国的花生和棉花氮肥用量只有中国的1/3。中国蔬菜和果树氮肥用量远高于其他国家，果园平均用量约370千克/公顷，蔬菜平均用量为280千克/公顷，而发达国家果树和蔬菜用量与粮食作物差不多(表1-2)。发达国家肥料效率高的原因是施肥量低而作物单产高，这与气候、土壤、种植制度、作物品种和管理技术等多个因素有关，例如他们对养分投入总量和土壤养分残留都有严格的控制，他们的有机肥和豆科作物固氮提供了与化肥投入相当的氮素，另外轮作和休闲也为土壤养分的转化和利用提供了有效的缓冲，明显降低了氮肥的投入强度。

表1-2　中外主要作物施肥量对比　　千克/公顷

作物	中国(2015)				其他国家				代表国家或地区
	施肥量	N	P_2O_5	K_2O	施肥量	N	P_2O_5	K_2O	
水稻	347	195	68	84	199	105	37	57	日本(2011)
小麦	406	224	94	88	165	124	24	17	欧盟(2011)
玉米	365	201	82	81	273	140	61	72	美国(2008)
豆类	125	51	35	39	132	6	64	62	巴西(2011)
花生	301	128	91	81	212	55	54	103	美国(2011)
棉花	702	381	143	177	176	82	29	65	美国(2011)
果树	908	370	278	260					
蔬菜	628	280	169	178					

注：详细数据见第3章。

1.2.2　肥料利用效率偏低

肥料回收利用率是反映单位肥料投入被作物吸收的数量，实际测算中根据[(施肥区产量×单位产量×作物地上部养分含量)－(不施肥区产量×单位产量×作物地上部养分含量)]÷肥料用量所得。理论上肥料利用率与土壤、肥料、施用方法和作物特性有关。20世纪80年代至2000年，由于肥料用量快速增加，肥料产品中尿素、磷酸铵等高浓度、高水溶性、高损失率的产品增加，肥料施用方法中注重省工的撒施、水冲和一次性施肥，因此肥料利用率显著降低。2005年以来，在测土配方施肥的带动下，总量控制(根据作物吸收确定投入量)技术快速普及、施肥机械化率提高(种肥同播、机械追肥)，同时由于高效率种子的应用(如先玉335)，肥料利用率有所回升(表1-3)。但是与世界主要地区相应的作物相比仍有差距。例如美国Cassman等(2002)总结了一些国家的氮肥利用率，发现玉米氮肥利用率北美为37%，而中国平均仅为35.2%。东南亚水稻和印度的稻麦体系氮肥利用率都在 40%左右，而中国氮肥利用率仅有黑龙江寒地水稻达到这一水平，长江流域和华南都有较大差距。

表 1-3　1981—2015 年中国三大粮食作物的肥料回收利用率

年份	作物	肥料回收利用率/%			数据来源
		氮肥	磷肥	钾肥	
2001—2005	水稻	28.3	13.1	32.4	张福锁等，2008
2005—2009	水稻	32.7	22	37.5	文献数据汇总
2011—2012	水稻	34.9	24.6	41.1	农业部测土配方施肥专家组
2001—2005	小麦	28.2	10.7	30.3	张福锁等，2008
2005—2009	小麦	29.7	18.7	26.9	文献数据汇总
2011—2012	小麦	32	19.2	44.4	农业部测土配方施肥专家组
2001—2005	玉米	26.1	11	31.9	张福锁等，2008
2005—2009	玉米	30.4	20.5	35	文献数据汇总
2011—2012	玉米	32	25	42.8	农业部测土配方施肥专家组
2015	小麦、玉米、水稻	35.2			农业部测土配方施肥专家组
1981—1983	小麦、水稻、玉米	30～35	15～20	35～50	朱兆良
2002—2005	小麦、水稻、玉米	28.7	13.1	27.3	中国农科院，2008

1.2.3　肥料经济效益较低

肥料仍然是种植业的第一投入要素，而且随着肥料价格的增长和高浓度肥料产品的增加，肥料成本不断提高，国家发改委编制的《农产品成本收益资料汇编 2016》显示（表 1-4），2015 年三大粮食作物中，水稻、小麦和玉米每公顷的化肥成本分别为 1827、2147 和 1968 元。与美国相比，中国农产品现金成本中化肥所占比例最高（因土地和劳动力差距过大而不包括在内），小麦、玉米分别达到 31%、31%，棉花达到 23%。而美国农产品现金成本中机械最高，肥料第二，小麦、玉米分别达到 18%、29%，棉花为 15%，远低于中国。肥料成本高已经成为我国农产品国际竞争力低的主要原因。农产品价格上不去还因为品质不过硬，化肥对农产品品质影响较大，近些年因为不合理施肥导致裂果等问题成为香蕉、枣等水果的主要减收因素。另外，资源环境问题也逐渐成为影响农业生产的刚性制约因素，环境的恶化不仅会直接增加农业生产成本，而治理的成本也会间接增加农业生产成本。因此，化肥对转变农业生产方式、降低农业生产成本的重要性不言而喻。

表1-4 2015年中国与美国主要农产品成本差异 元/公顷

作物	国家	种子	肥料	农药	机械作业	灌溉	人工	土地	其他	总成本合计	现金成本	化肥占现金成本比例/%
水稻	美国	1523	1933	1485	1371	727	1493	2400	3992	14925	11461	17
	中国	830	1827	767	2635	310	7629	3223	810	18032	8901	21
小麦	美国	232	619	220	171	10	315	1016	2172	4756	3460	18
	中国	992	2147	295	1967	443	5466	2995	461	14765	6882	31
玉米	美国	1565	2129	429	293	2	446	2758	2796	10416	7264	29
	中国	852	1968	249	1680	323	7031	3582	572	16256	6399	31
大豆	美国	935	528	424	165	1	340	2487	2431	7310	4534	12
	中国	559	685	242	1198	42	3227	3866	300	10121	4418	16
花生	美国	1808	1394	2025	965	11	1019	1538	5122	13881	11595	12
	中国	2505	1883	504	1061	155	10405	3853	587	20952	7216	26
棉花	美国	1582	1338	1043	391	53	712	1399	4115	10633	8770	15
	中国	827	3040	1062	1484	1088	20816	4204	1805	34327	13094	23

注：数据来自于《农产品成本收益资料汇编2016》。

1.3 化肥产业链条对资源环境的影响

化肥是一个高度依赖于能源和资源的产品，同时在生产和施用过程中又对环境产生一定的影响。关注化肥的资源环境问题与关注其增产效应同等重要，根据近些年国内外的研究，我们总结了中国化肥的资源环境代价。

1.3.1 氮肥的资源消耗和环境影响

现代氮肥生产是利用能源将大气中的N_2转化成作物可以吸收的NH_4^+和NO_3^-，因此氮肥属于能源依赖型产品。与国际上主要使用天然气不同，中国氮肥生产76%以煤炭为原料，而且中国60%的企业是中小型企业，由此决定了中国氮肥生产的高能耗、高排放特性。根据历史资料整理发现，中国每吨合成氨的能耗从20世纪80年代的2714千克标准煤下降到了2012年的1561千克标准煤（《重点化工行业节能减排规划研究（初稿）》），但是与世界先进水平相比仍有很大差距，如2012年世界先进水平为1364千克标准煤，比中国少197千克标准煤，约12.6%（黄高强，2014）。2012年中国氮肥产业耗能总量已经从20世纪80

年代的 4064 万吨标准煤增加到 9399 万吨标准煤。合成氨工业是关系我国农业和国民经济发展的重要行业，其能源消耗量约占我国化学工业能源消费总量的 25%，为化工五大重点耗能行业之首（图 1-2a），占全国能源消耗总量的 2.5%，其中无烟块煤约占 76%，天然气约占 21%，油约占 2%，焦炉气约占 1%。氮肥生产的天然气和无烟块煤供应难度越来越大。

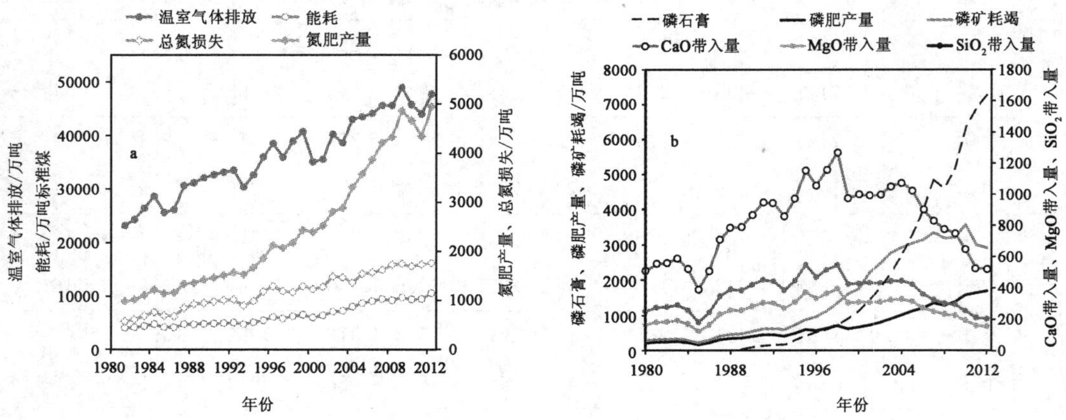

图 1-2　全国氮肥(a)和磷肥(b)的资源与环境影响变化

氮肥生产和施用中存在多种环境污染，在生产过程中氮肥企业会排放废水、废气和废渣。绿色和平组织调查的 13 家氮肥龙头企业中，超标排污的达到 9 家，不达标的企业比例近七成。超标的污染物主要包括氰化物、硫化物、氨氮、总磷与化学需氧量等。氮肥在施用中只有一部分会被作物吸收，例如前述的利用率为 35.2%。有一部分会保留在土壤中，而有一部分会直接损失进入水体和大气，我们近期收集了 2006—2010 年全国 857 个试验数据，经过分析发现，三大粮食作物（水稻、小麦、玉米）的氮肥损失率分别达到 21.5%，25.2%，39.8%，而 20 世纪 80 年代分别为 19.9%，21%，35.5%，2000 年左右的分别为 20.6%，22.8%，36.9%，说明中国氮肥损失率在增加（张卫峰等，2013）。据估计，全国氮肥总损失已经从 20 世纪 80 年代的 580 万吨增长到 1763 万吨。

氮肥在工业生产和施用中的污染排放最终会导致几个方面的生态环境影响，包括土壤酸化、空气质量下降、臭氧空洞、水体富营养化、硝酸盐超标、生物多样性减少、近海赤潮、全球增温等（Galloway，2003）。近些年的研究对于量化环境污染有些进展，如 *Science* 杂志报道了 20 世纪 80 年代至今中国主要农田土壤 pH 平均下降 0.5 个单位（Guo et al.，2010）。研究还表明农业生产是水体总氮、总磷排放的主要来源，其排放量分别占全国排放总量的 57.2%和 67.4%，其中氮肥的作用在农业污染源排放中约占一半。中国的氮沉降量在 1980 年(13.2 千克/公顷)至 2010 年(21.1 千克/公顷)间增长了 60%,年增长速度达到 8 千克/公顷(Liu et al.,2013)。中国氮肥生产、运输和农田施用各个环节所产生的相关温室气体排放达到 4 亿吨,占全国温室气体排放总量的 7%(Zhang et al.,2013)。

1.3.2　磷肥的资源消耗和环境影响

现代磷肥生产以酸(硫酸或者硝酸)分解磷矿石的酸法工艺为主,其中硫酸可通过矿物硫磺或者硫铁矿获得,但重点是通过石油天然气、有色金属冶炼、热电厂等含硫物质燃烧后的废气脱硫获得。中国既缺乏天然硫磺矿,也没有大规模回收硫,因此进口硫大幅增长,2012 年我国进口硫磺总量为 1120 万吨,占全球进口量的 38%,同时中国开采一部分硫铁矿,硫的表观消费量为 1580 万吨,而磷肥生产消耗 1185 万吨,占硫消费量的 75%。相对于硫,磷矿石则是生产磷肥的重要原料,而且没有可替代性。目前中国开采的磷矿石形成于 6 亿年前的震旦纪,据美国地质调查局公布数据,2015 年世界磷矿储量 680 亿吨(含 P_2O_5 30%),中国资源量仅 28.7 亿吨。相对于其他国家,中国磷矿中胶磷矿多,杂质多、品位低导致开采难度大,资源回收率低。据研究,2003 年全国磷矿开采过程中磷回收率仅为 45%(张卫峰等,2007)。经过几年的整顿,尤其是关闭小磷矿、大型选矿装置上马之后,磷矿回采率有所提高。例如龙涛(2010)报道 2008 年 400 多家磷矿企业平均回采率约 51%。据估计,2015 年中国磷矿年产量已经达到 1.42 亿吨,而磷肥占磷矿消耗量的 80%。按照这一开采速度 20 年后磷矿资源将会耗竭。

磷肥在生产中存在多种环境影响。首先是耕地破坏,如磷矿开采的土地破坏、选矿中的尾矿堆存、磷肥生产中磷石膏堆存等。对于全国而言,这并不是一个大数据,如 2005 年估计耕地占用面积为 475 千米^2,但对于生产地而言往往会成为一个大问题。磷肥生产中的环境问题可用磷石膏产量来笼统表示,磷石膏是磷肥加工后的废渣,高浓度磷肥(磷酸一铵、磷酸二铵、重过磷酸钙)生产后都会产生。1 吨磷肥会产生 5 吨的磷石膏,而且磷石膏以堆存方式处理,不仅占用土地,更重要的是磷石膏中存在一些含氟的有害物质,会随水流失,从而破坏生态环境。随着中国磷肥产量的不断增加以及高浓度磷肥比例的提高,2012 年磷石膏产量增加到了 6000 万吨,综合利用只有 1000 万吨。

磷肥施用后只有一少部分当季利用,大部分存留于土壤中,然而土壤磷累积存在上限,据曹宁(2007)研究,土壤磷含量超过 40 毫克/千克,会大幅增加淋洗量。按照目前中国磷肥用量，土壤磷的累积仍将继续，预计 2035 年之后土壤磷含量会超过临界值。磷肥的大量施用也会导致土壤锌的缺乏。磷肥施用的另一个问题是导致 Ca、Mg、Si 等元素的不平衡。中国传统磷肥产品是过磷酸钙和钙镁磷肥，估计在 1998 年时通过施用过磷酸钙和钙镁磷肥带入土壤的钙、镁、硅分别达到 1271 万吨的 CaO、395 万吨的 MgO、546 万吨的 SiO_2，极大地平衡了作物从土壤中的吸收带走量。而随着过磷酸钙和钙镁磷肥的衰退以及高浓度磷酸铵类产品的增长，钙、镁、硅的补充大幅下降了 60%以上，通过其他途径补充 Ca、Mg、Si 已经成为必然措施，由此导致大量的资源浪费（图 1-2b）。

1.3.3 钾源的消耗

钾广泛存在于海水、岩石和土壤中，从资源属性而言并不显珍贵。然而由于商品钾肥需要高纯度，只能依赖于开采富钾的矿石和卤水。中国钾资源缺乏，对国外依存度较高。据美国地质调查局（USGS，2012）数据显示，全球钾资源经济储量为 95 亿吨 K_2O，主要分布在加拿大、俄罗斯、白俄罗斯，这三个国家的钾资源经济储量占世界的 88.9%。中国钾资源储量为 2.1 亿吨 K_2O，仅占世界储量的 2.2%，钾资源极度缺乏。中国目前（2012）钾肥开采量约为 390 万吨/年，按照目前的速度，中国钾矿资源将会在 54 年之后枯竭。虽然目前利用钾长石生产枸溶性钾肥（含 K_2O 4%～7%），但不能替代高浓度水溶性钾肥（含 K_2O 50%～60%）。因此中国仍将依赖于进口钾肥。

1.3.4 化肥对全国资源环境影响评估

现在，化肥施用带来了一些问题，但大家对此存在很多误解，导致一些负面影响被过分放大。其实，把化肥比作食品大家就好理解了。不合理饮食、营养过剩带来的高血压、高血脂、高血糖等一系列健康问题是食物摄入方式的问题，不是食物本身的问题。和饮食一样，化肥施用过量、养分搭配不合理、施用方式粗放等错误也会产生负面影响，但需要科学分析、正确认识、理性对待。

（1）化肥施用与水体污染的关系

目前水体污染已比较突出，但水体污染物有三大主要来源：农业面源排放、工业企业及农村和城镇居民污水排放，此外是与化石能源排放有关的大气干湿沉降。《2014 年中国环境状况公报》显示，全国废水中氨氮排放总量为 238.5 万吨，其中生活源排放 138.1 万吨，农业源排放 75.5 万吨，工业源排放 23.2 万吨，集中式排放源为 1.7 万吨，可见农业源排放低于生活源。农业面源污染又包括化肥流失、畜禽养殖业和水产养殖引起的氮、磷养分流失。据研究，化肥对农业源氮、磷排放的贡献分别为 11.2%和 25.7%。另有研究表明，2011 年工业废水有 128 亿吨未经过处理直接排放，城镇生活 78 亿吨无处理排放。可见，农业面源污染物尤其是化肥养分流失所占的比重则要远远低于现有统计数据所反映的比重。

(2)化肥施用与大气污染的关系

大气污染尤其是雾霾已经对我们的生活产生了极大影响。一般而言，农业生产中施用的氮肥如尿素、碳铵和磷酸二铵等铵态氮肥等进入土壤后若没有被作物吸收利用，部分氮素将以氨气和氮氧化物等活性氮形式排放到大气中，引起大气污染，如果采取深施覆土、分次施用、选用合理产品，这些损失是很小的。但我国恰好采用了撒施、一次性施用、盲目选择产品等方式，加大了活性氮的大气排放。研究表明，目前氮肥对我国氨和氮氧化物总排放的贡献约 33%和 5%，其余主要是畜牧业废弃物和化石能源燃烧做出的贡献(Liu et al.，2013；Kang et al.，2016)。

(3)化肥施用与土壤质量的关系

近年来我国土壤健康问题引起了广泛的关注，农户直观感觉土壤板结了、污染了，就简单归结为化肥的作用。其实土壤板结不能全部归结为化肥的作用。土壤板结主要是大水漫灌、淹灌、不合理的耕作等造成的。合理使用化肥尤其是与有机肥配施可以改善土壤结构。另外，化肥对土壤重金属污染的影响很小，化肥中仅磷酸铵会带入一定量的重金属。我国磷矿含镉量很低，按照目前施肥量(50 千克/亩，按平均含镉量 10 毫克/千克计)，每年带入的镉仅为 0.5 克/亩，而工矿业开采和污水灌溉带入的镉数量远高于肥料。

(4)化肥施用与农产品品质的关系

农产品外观、营养及内含物成分、储藏性状与化肥施用有直接关系。老百姓常说“用了化肥瓜不香了、果不甜了”，是化肥施用不合理的结果。部分果农盲目追求大果和超高产，大量投入氮肥，忽视其他元素配合，导致果实很大、水分很多，而可溶性固形物、糖度反而跟不上，降低了风味。实际上，作物品质与养分吸收比例有关，化肥养分结构及施用方法合理，健康成长，果更香、瓜更甜。

(5)过量施肥带来的经济损失

欧洲氮评估结果显示，欧洲氮的生态环境价值约为 700 亿～3200 亿欧元，折合每吨氮 7000～32000 欧元。由于中国环境评估尚不完善，我们无法得出中国化肥对生态环境破坏的价值是多少。但我们可以评估过量施肥损失的经济价值是多少。2012 年中国化肥产业产值为 8047 亿元(张卫峰等,2013),由于中国肥料管理不到位、农田利用率较低,存在大量的浪费。2012 年中国实际生产氮肥 4947 万吨,实际上满足工业和农业需求仅生产 3000 万吨即可,浪费 1947 万吨。按照每吨氮肥消耗 2.37 吨标准煤的能源,浪费 4614 万吨标准煤。按照每吨氮温室气体排放 13.5 吨 CO_2 计算,浪费的氮肥排放 2.6 亿吨 CO_2。按照每吨氮成本 5000 元计算,浪费 975 亿元。环境成本按照 100 元(15 美元)每吨 CO_2,折合 19 亿元。中国实际生产磷肥 1693 万吨,但由于不合理施肥有大量浪费,实际上满足工业和农业需求 1000 万吨即可,浪费 693 万吨。按照每吨磷肥消耗 6 吨磷矿(标矿)计算,浪费 4158 万吨标矿。按照每吨磷肥产生 5 吨磷石膏计算,浪费的磷肥排放 3465 万吨磷石膏。按照每吨磷 7000 元计算,浪费 485 亿元。综合氮磷肥的浪费,每年损失相当于工业产值 1500 亿元。

1.4 结论

总之,当下在中国全面认识化肥的作用,积极合理的转变施肥方式,是保证食物供应和可持续发展的大事。既要改变“多施肥多增产”和“水大粪勤不用问人”等错误观念,也不能走向极端把化肥毒药化、妖魔化,从而全盘否定化肥。正确地施用化肥并不断升级化肥产品是根本措施,但也要警惕一些借着减肥增效的名义,用所谓“新产品”误导农民和消费者。

中国化肥生产和施用都已经从不足快速走向了过量,肥料效率的下降,环境问题的不断扩大,需要重新梳理中国化肥的发展问题。从化肥发展数量、产品结构、资源效率和环境减排几个方面均有巨大的空间。应该调整现在的化肥产业政策,全面推进技术升级和产业转型。

参考文献

曹宁,陈新平,张福锁,等. 2007. 从土壤肥力变化预测中国未来磷肥需求. 土壤学报,44(3):536-543.

黄高强. 2014. 我国化肥产业发展特征及可持续性研究. 中国农业大学博士论文.

黄耀,孙文娟. 2006. 近 20 年来中国大陆农田表土有机碳含量的变化趋势. 科学通报,(7):750-763.

林葆,李家康. 1989. 中国化肥的肥效及其提高的途径——全国化肥试验网的主要结果. 土壤学报,26(3):273-279.

龙涛. 2010. 国内外磷矿开采技术的现状与展望. 化工矿物与加工,(1):37-38.

张卫峰,张福锁. 2013. 中国肥料发展研究报告 2012. 北京:中国农业大学出版社.

张卫峰. 2007. 中国化肥供需关系及调控战略研究. 中国农业大学博士论文.

中国统计年鉴 2016, http://www.stats.gov.cn/tjsj/ndsj/2012/indexch.htm.

Cassman K G, Dobermann A, Walters D T. 2002. Agroecosystems, nitrogen-use efficiency, and nitrogen management. AMBIO: A Journal of the Human Environment, 31(2): 132-140.

Erisman J W, Sutton M A, Galloway J, et al. 2008. How a century of ammonia synthesis changed the world. Nature Geoscience, 1(10): 636-639.

Fan M, Lal R, Cao J, et al. 1980. Plant-based assessment of inherent soil productivity and contributions to China's cereal crop yield increase since. PloS one, 2013, 8(9): e74617.

FAOSTAT. 2016. http://faostat3.fao.org/faostat-gateway/go/to/home/E.

Galloway J N, Aber J D, Erisman J W, et al. 2003. The nitrogen cascade. Bioscience, 53(4): 341-356.

Godfray H. Charles J, Beddington John R, et al. 2010. Food Security: The Challenge of Feeding 9 Billion People. Science, 327:812-818.

Guo J H, Liu X J, Zhang Y, et al. 2010. Significant acidification in major Chinese croplands. Science, 327(5968): 1008-1010.

Kang Y, Liu M, Song Y, et al, 2016. High-resolution ammonia emissions inventories in China from 1980 to 2012. Atmos. Chem. Phys., 16:2043-2058

Li H, Huang G, Meng Q, et al. 2011. Integrated soil and plant phosphorus management for crop and environment in China. A review. Plant and Soil, 349(1-2): 157-167.

Liu X J, Zhang Y, Han W X, et al. 2013. Enhanced nitrogen deposition over China. Nature, 494: 459-462.

Zhang W, Dou Z, He P, et al. 2013. New technologies reduce greenhouse gas emissions from nitrogenous fertilizer in China. Proceedings of the National Academy of Sciences, 110(21): 8375-8380.

张卫峰，郭明亮，易俊杰，黄高强，高利伟，武良，李国华，张福锁，仲鹭勍

第2章　中国肥料产业发展

“十三五”是全国肥料产业结构调整和转型升级的加速期，具体表现为产能、产量增速放缓，基础肥料向二次加工转移，产业集中度进一步提高，尿素和磷酸铵出口跃居世界第一，产品结构从单一的高浓度向高效化转移。但是产能过剩仍然明显，开工率较低；产业整合不足，落后产能退出缓慢；产业技术创新不足，资源消耗和环境排放较高；产品结构仍与农业需求不匹配，产品发展方向不够明确；市场价格波动剧烈，物流销售体系亟待优化。

2.1　肥料产业概况

2.1.1　肥料产业国内生产总值变化

“十一五”期间(2006—2010)肥料工业总产值由2775亿元增加至5194亿元，年均增长率为17%。“十二五”期间进一步增长至9477亿元，年均增长率6.8%。“十二五”期间增速明显低于“十一五”，而“十二五”期间整个中国化学工业总产值从67082亿元增长到88418亿元，年均增长率为7.1%，肥料工业总产值增速也低于这一平均值。肥料产业增速放缓的主要原因是肥料产业经过几十年的快速增长之后，产能过剩的现象越来越突出，行业亟待转型升级，落后产能慢慢退出行业，从而增长缓慢。

“十二五”期间肥料产业结构继续调整(表2-1)。2011年，肥料工业产值中氮、磷、钾、复合肥和其他肥料各占39.3%，9.7%，3.3%，39.5%和8.2%。2015年，肥料工业产值中氮、磷、钾、复合肥和其他肥料各占26.7%，11.5%，3.2%，48.7%和9.8%。其中，氮肥占比下降明显，磷肥、复合肥及其他肥料占比上升。基础肥料向二次加工转移明显，这既是产业升级的表现，也是农业需求多样化、专业化推动的结果。

净利润更好地反映了产业内部调整的方向。2011—2015年肥料产值与利润变化成正相关关系。如氮肥工业2011—2015年工业总产值年均增长率为

−3%，净利润也由 2011 年的 136 亿元下降为 2015 年的 −31 亿元。相反，复合肥工业 2011—2015 年工业总产值年均增长率为 12.5%，净利润由 2011 年的 146 亿元增长到 2015 年的 247 亿元。

表 2-1 "十二五"期间中国肥料工业总产值和净利润年度变化 亿元

肥料工业	总产值和净利润	2011 年	2012 年	2013 年	2014 年	2015 年
肥料制造业	工业总产值	7293	8047	8685	9083	9477
	净利润	444	491	385	262	334
氮肥	工业总产值	2866	2711	2876	2617	2533
	净利润	136	144	66	−57	−31
磷肥	工业总产值	704	821	898	999	1091
	净利润	45	33	22	17	24
钾肥	工业总产值	239	273	255	300	307
	净利润	66	82	44	45	40
复合肥	工业总产值	2883	3488	3860	4282	4616
	净利润	146	170	189	196	247
其他	工业总产值	601	754	796	885	929
	净利润	51	62	64	61	55

注：1. 数据来源：国家统计局；2. 因数据来源不连续，2013—2015 年工业总产值为主营业务收入。

2.1.2 肥料进出口总额的历史变化

2011—2015 年肥料进口量一直呈上升趋势（表 2-2a），年均增长 10.8%。主要是钾肥和氮磷钾复合肥进口增加所致。但进口金额变化不大，这与近年来肥料价格下降相关。

2011—2015 年肥料出口量快速增加（表 2-2b），年均增长 30.6%，尤其是氮肥和磷肥（年均增长率分别达到 41.9%和 16.7%），主要得益于中国肥料出口关税的下调和国内产品竞争力的提升。2011—2013 年肥料出口实行淡旺季关税政策，目的是保证国内农业需求的前提下，淡季适量出口。2014 年虽然仍实行淡旺季差别出口关税，但税率大幅度下调，而 2015 年中国肥料出口实行全年统一税率，出口稳定提高。另外，产能快速增加、技术进步、竞争力提高也是出口增加的原因之一。

2014 年中国尿素和磷铵成为世界第一出口大国，分别占当年世界出口量的 30%和 33%，而化肥出口总量位列世界第二，前 3 位是俄罗斯（3090 万吨实物量）、中国（2979万吨实物量）、加拿大（1958万吨实物量）。2015年中国化肥出口量达到3450万吨实物量，折纯量为1562.7万吨，超过俄罗斯，成为世界第一出口大国。氮、磷、钾出口量分别占国内产量的20.8%，30.4%和3.6%。

在化工类产品中，化肥是我国为数不多实现贸易顺差的产品，出口金额大于进口金额。2011年，化肥进口金额34.41亿美元，出口79.74亿美元；到2015年，化肥进口金额39.29亿美元，出口金额109.45亿美元，化肥出口的增长已经成为我国化工类产品中平衡贸易、减少逆差的重要因素。

表 2-2a　肥料进口变化

年份	肥料进口金额/亿美元				肥料进口量/万吨折纯			
	总计	氮肥	磷肥	钾肥	总计	氮肥	磷肥	钾肥
2011	34.41	1.79	3.40	29.22	426.7	18.8	21.7	386.2
2012	40.36	3.67	3.97	32.72	450.6	32.2	29.2	389.2
2013	33.83	2.32	6.15	25.36	427.6	27	31.6	369.1
2014	33.60	2.19	3.97	27.44	526.4	22.5	28.2	475.7
2015	39.29	3.37	3.65	32.27	611.8	25.1	26.1	560.6

表 2-2b　肥料出口变化

年份	肥料出口金额/亿美元				肥料出口量/万吨折纯			
	总计	氮肥	磷肥	钾肥	总计	氮肥	磷肥	钾肥
2011	79.74	29.76	42.05	7.93	702.7	372.5	327.5	2.8
2012	73.40	38.02	27.15	8.23	757.9	488.3	251.7	18
2013	63.07	38.69	20.46	3.92	817.9	557.4	242.3	18.2
2014	89.59	45.46	27.91	5.22	1281.3	885.9	373	22.4
2015	109.45	60.82	41.34	7.29	1562.7	996.3	545.8	20.6

注：

氮肥包括：肥料用氯化铵，肥料用硝酸钾折氮，尿素，硫酸铵，硫酸铵和硝酸铵的复盐及混合物，硝酸铵（不论是否水溶液），硝酸铵与碳酸钙等的混合物（包括硝酸铵与其他无效肥及无机物的混合物），硝酸钠，硝酸钙和硝酸铵的复盐及混合物，尿素及硝酸铵混合物的水溶液（包括氨水溶液），氰氨化钙，其他矿物氮肥及化学氮肥（包括上述子目未列名的混合物），三元复合肥（NPK）折氮，氮磷复合肥（NP）折氮，磷钾复合肥（PK）折氮，磷酸二铵（DAP）折氮，磷酸一铵（MAP）折氮，小包装折氮，其他折氮。

磷肥包括：重过磷酸钙，其他过磷酸钙，其他矿物磷肥及化学磷肥（不包括过磷酸钙或碱性熔渣），三元复合肥（NPK）折磷，氮磷复合肥（NP）折磷，磷钾复合肥（PK）折磷，磷酸二铵（DAP）折磷，磷酸一铵（MAP）折磷，小包装折磷，其他折磷。

钾肥包括：氯化钾，硫酸钾，其他矿物钾肥及化学钾肥，肥料用硝酸钾折钾，NPK 折钾，PK 折钾，小包装折钾，其他折钾。

数据来源：中国化工信息中心。

2.1.3 肥料产业经营主体数量变化

“十二五”期间中国氮、磷等基础肥料企业的数量进一步减少，单个企业的规模逐渐扩大，而钾肥企业数量略有增加(表 2-3)。二次加工型的复混肥企业、有机肥等企业数则持续增长。基础肥料企业数量减少，是市场化竞争的结果。“十二五”期间，受产能过剩的影响，国家对基础肥料产业扩张开始限制，而且随着节能减排压力的增大，小型企业因效益原因被迫兼并重组或被淘汰。除此之外，随着农业转型，尤其是土壤条件变化、生产方式转变、经营主体转变，对肥料差异化需求提高，二次加工企业(复混肥和有机肥等)更贴近农业需求，企业数量呈上升趋势。经过多种形式的兼并、重组、联合，化肥行业涌现出一批大型综合性企业集团，部分企业已从传统的肥料生产加工向化肥、化工、农业服务甚至金融服务等多产业结合的方向发展，进一步拓展了业务范围。

表 2-3 中国肥料产业布局变化

个

项目	2010 年	2011 年	2012 年	2013 年	2014 年	2015 年
合成氨企业数量	394	369	366	369	346	306
氮肥(硝铵、硫铵、尿素、碳铵)企业数量	332	382	377	373	331	307
磷矿开采企业数量(规模以上产值超过 5000 万元)	150	155	153	189	159	150
硫矿开采企业数量(规模以上产值超过 5000 万元)	90	92	92	91	90	90
磷肥(过磷酸钙、磷酸二铵、磷酸一铵)企业数量	223	232	234	237	223	215
钾肥企业数量	57	50	58	59	58	61
复混肥企业数量	1192	988	1081	1176	1202	1214
其他(有机肥、微生物肥等)企业数量	372	397	453	524	574	657

数据来源：中国化工信息中心。

2.1.4 肥料产业就业情况变化

“十一五”期间肥料产业从业人员数量基本保持平稳，而“十二五”期间，肥料产业从业人员明显增加(表 2-4)。伴随着从业人员数量的增长，劳动生产效率大幅度提升，这与产业技术进步、组织管理进步等有关，尤其随着产业向服务型转变，专业人才需求迅速提高，因为进一步分析发现，行业新增人员主要来自复混肥企业(据中国化工信息中心统计，2012 年肥料行业从业人员总共 68.6 万人，其中氮肥行业 32 万人，磷肥行业 7.4 万人，钾肥行业 2.7 万人，复混肥行业 22.5 万人；2015 年复混肥行业人员增长到 27.4 万人，增长了 21.6%)。另一方面，市场细分、服务内容的提升也增加了专业人才的需求。

表 2-4　肥料产业从业人员变化

项目	2007 年	2008 年	2009 年	2010 年	2011 年	2012 年	2013 年	2014 年	2015 年
肥料产业从业人员平均数/万人	70.7	71.2	70.5	71.4	68.5	68.6	73.0	79.0	79.5
人均工业总产值/万元	50	62	65	81	106	117	119	115	119
人均利税/万元	4.9	5.7	3.3	5.1	8.9	9.4	7.7	5.6	6.6

2.2　氮肥工业发展

2.2.1　产量变化

“十二五”期间我国氮肥总产量继续保持快速增长，年均增速为 5.2%(表 2-5,具体情况及历史变化详见附表 2-1)。2015 年，我国氮肥产量达 4791 万吨(中国氮肥工业协会数据)，比“十一五”末增长 24.4%。2014 年，中国氮肥产量占全球氮肥总产量的 41.8%(IFA,2015)。

表 2-5　不同机构统计的全球与中国氮肥产量年际变化　　万吨 N

年份	全球		中国			
	FAO	IFA	FAO	IFA	中国国家统计局	中国氮肥工业协会
2011	9943	11117	4179.0	3632.3	4501.0	3862.2
2012	10038	11157	4946.6	3605.6	4865.6	4313.3
2013	10165	11099		3681.0	4873.9	4496.5
2014		10897		3554.0	4742.7	4553.1
2015					4841.7	4791.0

2005—2015 年间，全球氮肥产量每年以将近 220 万吨的速度增长，其中中国氮肥年增长率约为 152 万吨/年，对全球氮肥增长贡献率高达 69%。中国氮肥产量增长的原因主要有:产业技术水平提升，生产装置大型化水平明显提高，原料结构调整取得积极进展，产品结构多元化发展，出口拉动明显增长。

根据国家 2020 年化肥用量零增长行动方案的要求，我国需要严格控制氮肥总量。中国氮肥工业协会预计到 2020 年，合成氨总需求量保持 1%～2%的增速，需求量 6600 万吨，其中化肥生产用氨 5700 万吨，工业用氨 900 万吨;氮肥农业用量控制在 3100 万吨 N，工业用量保持 2.1%的增速，达到 950 万吨

N，出口 800 万吨 N；尿素农业用量控制在 4100 万吨，工业用量保持 3%的增速，达到 1850 万吨，出口 1000 万吨；硝酸铵增加至 800 万吨，硝基复合肥增长至 1500 万吨。

2.2.2 产能变化

“十二五”期间中国氮肥产能呈现先增长后稳定的发展过程，其中 2011—2013 年间产能增长迅速，2013—2015 年保持平稳（表 2-6a）。整个“十二五”期间合成氨产能增长了 21.7%，氮肥总产能增长了 28.7%，尿素产能增加了 35.2%。全球同期合成氨产能增长了 14.3%，氮肥产能增长了 14.3%，尿素产能增长了 24.5%（表 2-6b）。相比而言，中国产能增长对全球的贡献为 51.8%。

表 2-6a 中国氮肥产能年际变化 万吨

氮肥产品名称	2011 年	2012 年	2013 年	2014 年	2015 年
合成氨（实物量，含氮 82%）	6570	6936	7401	7417	7305
氮肥总产能（折纯）	4700	4960	6069	6082	6050
尿素（实物量，含氮 46%）	6619	7130	8070	8180	8212

数据来源：中国氮肥工业协会。

表 2-6b 全球氮肥产能年际变化 万吨 N

氮肥产品名称	2011 年	2012 年	2013 年	2014 年	2015 年
合成氨	16095	16628.7	17400.3	17712.1	18389.3
尿素	8333	8862.1	9323.1	9583.2	10378.1
硫酸铵	556.1	585.6	630.2	641.8	641.3
硝酸铵	2456.9	2508.2	2798.1	2946.8	2986.3
尿素硝铵溶液	973.7	997.9	1033.3	1049.3	1166.7

数据来源：国际肥料工业协会（IFA，2015）。

“十二五”期间，新建氮肥装置继续向资源地转移。到 2015 年，山西、内蒙古、新疆、宁夏、贵州等煤炭资源大省（自治区）合成氨产能已占全国总量的 26.7%，相比 2010 年提高了 10.1 个百分点。更重要的是，其中 70%以上的新建装置以大型化为主，到 2015 年全国 30 万吨以上规模的合成氨企业有 105 家，产能占比达 65%，相比 2010 年提高了 15.6 个百分点；30 万吨以上规模的尿素企业 119 家，产能占比达到 91%，相比 2010 年提高 10.9 个百分点。中小型企业产能占比明显下降。

相对于产能的快速增长，产量增速相对较低，导致产能利用率一度过低，如

2013 年合成氨产能利用率仅 84%，2014—2015 年产能增长停滞，合成氨产能利用率才恢复到 91%。氮肥产能利用率经过了同样的变化趋势，2013 年最低谷时产能利用率仅 74%，到 2015 年恢复到 79%(图 2-1)。

产能更替矛盾仍然突出，新增产能持续增加，而落后产能退出滞后。“十二五”期间，尿素产能年均增长 4.5%，总计新建产能 2870 万吨，而退出产能不足 1400 万吨。虽然 2014 年开始新建产能增速放缓，退出产能有所加快，但仍未缓解矛盾。产能过剩导致企业运营困难，盈利能力下降。2011—2015 年，氮肥平均销售利润率仅为 1.65%，低于化肥行业 4.49% 的平均值，更低于石化行业 6.21% 的平均值。其中 2014 年尤为困难，全行业亏损 56.6 亿元，是历史上从未有过的。

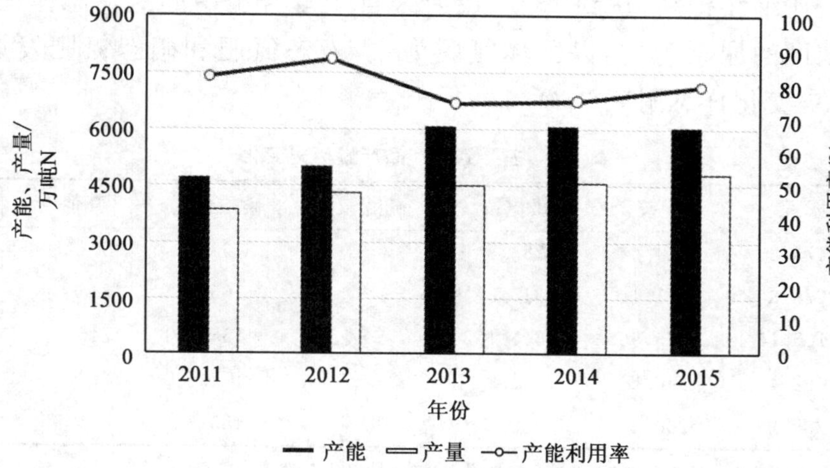

图 2-1　中国氮肥产能利用率变化

“十三五”期间是中国氮肥行业加快转型升级的关键时期，淘汰落后产能的力度会进一步加大。中国氮肥工业协会预计：到 2020 年，氮肥产能控制到 6000 万吨纯量，产能利用率提升至 80%，其中新增产能 800 万吨，淘汰落后产能 800 万吨。合成氨总量保持年均 0.8% 的增速，产能控制在 7600 万吨实物量，其中新增产能 1300 万吨，淘汰落后产能不少于 1000 万吨。尿素产能控制在 8150 万吨，其中新增产能 1300 万吨，淘汰落后产能 1300 万吨，产能利用率提升至 85% 以上。硝酸铵到 2020 年产能达到 1300 万吨，其中新增 400 万吨，淘汰落后产能 200 万吨，产能利用率提升至 80%(表 2-7)。

表 2-7　2016—2020 年氮肥产能调整目标　　万吨

项目	需求量	出口量	产能	新增产能	淘汰产能
合成氨(实物量)	6600	5	7600	1300	1000
氮肥(折纯量)	4050	800	6000	800	800
尿素(实物量)	5950	1000	8150	1300	1300
硝酸铵(实物量)	1000	30	1300	400	200

2.2.3 产品结构

"十二五"期间中国氮肥产品结构继续转变,其中尿素占比稳定在 64%～68%,碳酸氢铵占比进一步下降到 4%,氯化铵和硝酸铵分别为 6%和 4%,其他氮肥产品占比继续提高,达到 18%,主要来自于复合肥中的氮。总体上,中国氮肥仍以高浓度的尿素为主,以固体氮肥为主,液态氮肥和硝态氮肥发展较缓慢(表 2-8,历史变化详见附表 2-2)。

表 2-8　主要氮肥产品产量历史变化　　万吨 N

年份	尿素	碳铵	氯化铵	硫酸铵	硝酸铵	其他	合计
2011	2475.2	344.4	288.5	—	163	591.1	3862.2
2012	2878.3	341.1	315.3	—	165.6	613	4313.3
2013	3105.14	273.96	305.1624	—	155.141	746.7	4586.1
2014	3052.4	240.2	307.9	—	172.6	780	4553.1
2015	3268.2	200.1	285.8	—	185.5	851.5	4791.0

注:各个产品均已转换为纯养分,产品养分浓度见附表 2-3。—表示无数据。

"十二五"期间,氮肥行业围绕传统产品改性增效、复合化等推进产品结构调整取得较大进展。企业提高了高效化、功能化、液体化发展的认识,肥料新品种开发步伐加快,高浓度氮肥、复合态氮肥占氮肥产品比重显著提高。稳定性尿素和增值尿素由于氮素利用率较高,稳定剂或增效剂添加容易,装置改造及生产费用相对较低,适用于大田作物,已经从研究走向应用;为满足农业对硝态氮的需求,以及适应水肥一体化技术推广的需要,硝基肥料及尿素硝酸铵溶液等也得到较快发展。此外,氮肥企业还在煤化工、盐化工、精细化工等领域方面积极拓展延伸产业链条,有的已成功实现了向综合性化工企业的转型。

目前,中国氮肥产品结构依然存在一些问题,产品结构及配套的营销服务尚不能适应农业现代化发展的需求。虽然基础肥料总量充足,但适应现代农业发展要求的高效专用肥料发展滞后,不能满足平衡施肥、测土配方施肥、机械化施肥、水肥一体化施肥的新要求。企业在营销理念和营销模式上缺乏创新，对市场重视程度不够，没有建立起与农业生产主体变化相适应的专业化农化服务体系。产品结构落后与农化服务不足，致使氮肥利用率较低，氮肥当季利用率平均只有35%左右，远低于发达国家 60%左右的水平。

为了提高氮肥利用效率，氮肥产品结构需要优化，需要大力发展高效环保的新型肥料。中国氮肥工业协会规划到 2020 年，传统单质尿素农业用量减少到 2000 万吨，增加增值尿素、尿素硝酸铵等新型氮肥的用量，提高传统氮肥利用率 10 个百分点。到 2020 年，发展增值尿素产能 1000 万吨，发展尿素硝酸铵溶液产能 800 万吨，发展硝基复合肥产能 1500 万吨。发展脲铵氮肥、农业用改性硝酸铵(如硫酸铵-硝酸铵等)、硝酸铵钙、硝酸磷肥等肥料。在发展新型肥料的同时，利用现有资源，加大对煤化工、盐化工、精细化工等产品的开发力度，推进氮肥企业联产乙二醇、液化天然气等煤基多联产工程示范，拓展产业领域，延伸产业链条，构建化工多联产板块。力争到 2020 年，我国新型肥料的施用量占总体化肥使用量的比重从目前的不到 10%提升到 30%，氮肥企业非肥料产品销售收入比重达到 40%～50%。

2.2.4　工业集中度

合成氨新建装置虽然在从农业大省向能源产地集中，但生产重点仍在农业大省。“十二五”期间合成氨产量增长最快的是河南省，其次是安徽、陕西、湖北等省份，由于区域性的产量增速存在差别，全国氮肥产量排序发生转变，其中河南从第三位跃居第二位，内蒙古也进入了前 10 位。其他氮肥产品区域性布局也发生了一些变化，例如尿素，增长最快的依然是河南省，其次是陕西、河北、新疆、安徽、山西等省(自治区)(详见附表 2-4)。

中国氮肥生产企业集中度迅速提高，如尿素产量前 10 名的企业总产量占全国尿素总产量的比例从 2012 年的 38%上升到 2015 年的 74%，氯化铵、碳酸氢铵、硝酸铵分别提升到 38%，75%和 53%(图 2-2)(具体企业名录见附表 2-5)

2.2.5　进出口

“十二五”期间是中国氮肥出口迅速增长的一个时期(历史变化详见附表 2-6)，主要表现为以下特征(表 2-9a 和表 2-9b)：

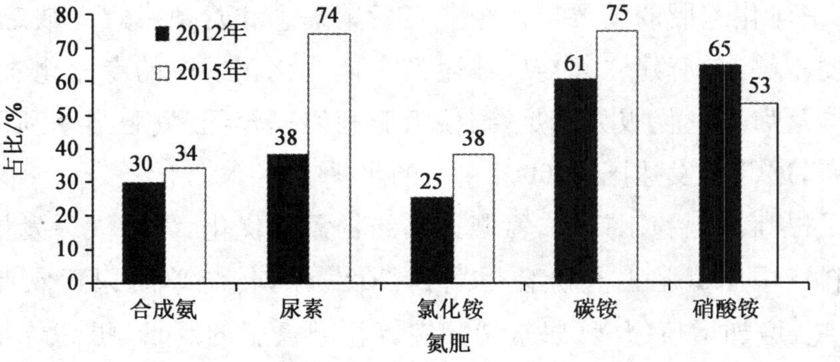

图 2-2　中国前 10 名企业氮肥产品产量占总产量百分数年际对比

表 2-9a　中国氮肥进口量变化　　万吨

年份	尿素	硫酸铵	硝酸铵	硝酸铵钙	氯化铵	磷酸一铵	磷酸二铵	复合肥	磷酸磷肥	硝酸钾	NP 二元复合肥	纯养分合计
2011	0.2	0	0	0.8	0	0	9.3	101.8	0	2.2	4.5	18.4
2012	17.1	0	1	0.8	0	0	16.0	131.9	0	3.3	2.2	31.6
2013	3.0	0	0	0.5	0	0.0	22.1	134.8	0	2.6	2.8	26.6
2014	0.6	0.0	0.0	0.0	0	0.0	22.9	110.7	0	2.7	3.5	22.1
2015	0.8	0	0	1.35	0.2	0.0	7.7	146.2	0	1.7	3.4	25.0

表 2-9b　中国氮肥出口量变化　　万吨

年份	尿素	硫酸铵	硝酸铵	硝酸铵钙	氯化铵	磷酸一铵	磷酸二铵	复合肥	磷酸磷肥	硝酸钾	NP 二元复合肥	纯养分合计
2011	355.9	181.5	39.3	5.3	52.2	86.5	401.8	2.4	0.1	3.3	395.8	372.5
2012	694.8	215.3	46.4	6.4	55.8	59.5	393.4	4.3	0.07	0.1	85.6	491.4
2013	826.5	289.8	47.4	7.4	39.8	70.9	382	6.1	0	0.4	55.8	557.8
2014	1362	415.9	42.6	0.5	56.1	232.5	488.2	9.4	0.6	0.3	77.2	873.0
2015	1375	528.4	32.4	30.7	97.7	274.2	801.9	6.7	0	0.1	85.6	979.8

数据来源:中国化工信息中心。

(1)从 2015 年 1 月 1 日起,我国取消了化肥淡旺季执行不同出口关税的制度,改为全年统一关税,使得旺季化肥出口也成为可能。除了关税政策逐渐宽松以外,国际市场需求提升和我国产品竞争力增强也是 2011—2015 年出口总量快速增加的原因。

(2)尿素和硫酸铵出口数量较大。原因是尿素产能过剩,出口有利于缓解国内供需矛盾，规模化生产和技术进步同时提高了这些产品的国际竞争力。硫酸铵属于环保副产品，国家鼓励出口，出口关税一直为零。

(3)中国氮肥出口市场主要是相邻的东南亚和南亚市场。随着印度市场需求提升，我国尿素产品出口大幅增加，2015 年中国出口到印度的尿素占尿素总出口量的 44%。东南亚也是我国氮肥重要的出口市场，比如越南，其具有地缘位置优势，运距短、运输方便，最主要的是这些国家自身供应不足，每年需要进口大量的产品。

(4)中国主要进口的氮源来自复合肥。虽然中国氮肥已经自给有余，基本不需要进口，但部分品牌好、质量有优势的复合肥每年仍有一定数量进口，从而带进部分氮肥。

(5)预计 2015—2020 年中国氮肥进口仍然微乎其微。出口将保持现在水平，或许会有所下降。原因是 2014—2015 年因关税降低促进了氮肥的出口。然而全球氮肥也已经供过于求，而且随着国际能源价格的长期低位，出口型资源国不断扩大产能，而需求国也在致力于扩大本国产能，未来五年全球氮肥产能过剩矛盾将会加剧，中国出口市场受挤。

2.2.6　资源和技术

“十二五”期间中国氮肥生产原料结构调整取得积极进展。随着一批先进煤气化技术开发成功和投入运行，氮肥行业的原料结构调整迈出新的步伐。到 2015 年底，我国采用水煤浆加压气化、干煤粉加压气化、碎煤加压气化技术已建成合成氨生产能力 2138 万吨，占全国合成氨总产能的 29.2%。随着这些新技术的应用，采用非无烟煤为原料的产品比重明显提高，2015 年以非无烟煤为原料的合成氨、尿素产能占比分别达到 29.2%和 30.4%，相比 2010 年均提高了 15 个百分点以上。以常压无烟煤为原料的合成氨、尿素产能相比 2010 年分别下降了 17 个百分点和 10 个百分点。节能环保、资源综合利用取得一定成效。“十二五”以来，氮肥行业节能减排意识显著增强，全行业把资源节约、环境保护作为一项社会责任和关系到自身生存与发展的大事，努力在推进清洁生产、发展循环经济上下功夫。一大批先进节能减排技术、清洁生产技术和环境保护技术得到推广应用，并取得了显著效果。2015 年与 2010 年相比，吨氨产品综合能耗下降 3%，化学需氧量(COD)和氨氮排放量下降 30%以上，排水量下降 28%。

此外,全行业实现造气炉渣综合利用,废催化剂基本得到回收处理。

然而,与国际先进水平相比我国节能环保水平尚有较大差距。与绿色发展的要求相比,氮肥行业面临的资源环境形势十分严峻,用水指标将更加严格,脱硫脱硝压力将继续增大。目前,氮肥行业在单位产品能源消耗、污染物排放等方面还存在不少问题,仍有 50%左右的企业没有达到新建企业合成氨单位产品能源消耗限额标准准入值的要求。一些中小规模企业环保意识差、管理水平低、环保设施不完善,导致三废排放量较大。

中国氮肥生产的原料结构还需进一步改善(表 2-10a),节能环保水平还需进一步提升。继续推进合成氨原料及动力结构调整,提高以非无烟煤为原料的产能比重,支持部分有条件的气头氮肥装置承担天然气调峰任务,并执行可中断气价政策。中国氮肥工业协会预计到 2020 年,采用非无烟煤的合成氨产能占比从目前的 29.2%提升至 40%左右;以常压无烟煤为原料的合成氨产能占比从目前的 46.7%下降至 43%;以天然气为原料的合成氨产能占比从目前的 21.2%下降至 14%(表 2-10b)。到 2020 年,所有合成氨企业能源消耗水平达到《合成氨单位产品能源消耗限额》(GB 21344)指标要求,其中 70%的企业达到对新建企业准入值的要求。吨氨耗新鲜水量小于 15 米^3,吨氨排水、氨氮、COD 达到《合成氨工业水污染物排放标准》(GB 13458)指标要求,废水排放、氨氮、COD 相比"十二五"末明显下降;工艺废气排放达到《火电厂大气污染物排放标准》(GB 13223)、《锅炉大气污染物排放标准》(GB 13271)和《化学肥料工业大气污染物排放标准》(正在制定中)的指标要求;废固排放达到《一般工业固体废物贮存、处置场污染控制标准》(GB 18599)、《危险废物贮存污染控制标准》(GB 18597)和《危险废物填埋污染控制标准》(GB 18598)指标要求。大力开展水溶液全循环尿素装置的节能减排技术改造,水溶液全循环尿素生产蒸汽消耗降低至 1200 千克/吨尿素以下。

表 2-10a 全国不同原料合成氨总产量历史变化 万吨 N

年份	以煤为原料	以天然气为原料	以石油或焦炉气为原料	其他	合计
2011	3303.3	1050	45.3	—	4398.6
2012	3756.1	1117.3	21.78	43.6	4938.7
2013	3879.9	1116.0	23.0	63.1	5082.1
2014	3827.6	1116.1	0.0	19.4	4963.1
2015	4312.4	1134.9	20.5	8.2	5476.0

表 2-10b　2020 年合成氨原料结构调整目标　%

原料	2015 年	2020 年	原料	2015 年	2020 年
煤	75.9	83	气	21.2	14
无烟煤	46.7	43	焦炉气	2.4	2
非无烟煤	29.2	40	其他	0.5	1

2.3　磷肥工业发展

2.3.1　产量变化

“十二五”期间，我国磷肥总量继续保持增长，但增速进一步降低，年均增长率为 2.3%（表 2-11，具体情况及历史变化详见附表 2-7）。2015 年，我国磷肥产量达 1795 万吨（中国磷复肥工业协会数据），比“十一五”末增长了 9.3%，仍然保持全球最大的生产国地位。2014 年，中国磷肥产量占全球磷肥总产量的 38%（IFA，2015）。

2011—2014 年间，全球磷肥产量每年以将近 24.4 万吨的速度增长，其中中国磷肥年增长量约为 38.3 万吨/年，对全球磷肥增长的贡献率高达 157%。中国磷肥产量增长的原因主要有：产业技术水平提升，生产装置大型化水平明显提高，产品需求多样化，产品结构呈现多元化发展态势，产品出口明显增长，国内外两个市场拉动。

表 2-11　不同机构统计的全球与中国磷肥产量年际变化　万吨 P_2O_5

年份	全球		中国			
	FAO	IFA	FAO	IFA	中国国家统计局	中国磷复肥工业协会
2011	4716.3	4426.0	1766.3	1763.1	1561.2	1641.7
2012	4744.3	4357.1	1955.9	1638.7	1564.4	1693.3
2013	4564.2	4341.5		1654.5	1685.9	1652.8
2014		4499.3		1657.6	1669.9	1709.0
2015						1795.0

2.3.2　产能变化

“十二五”期间中国磷肥总产能累计增长近 300 万吨 P_2O_5（表 2-12a）。新增产能多以高浓度磷复肥为主，低浓度磷复肥产能处于下降的趋势。其中磷酸二铵产能增长了156万吨P_2O_5，磷酸一铵产能增长了94.4万吨P_2O_5，磷酸基复合肥产能增长了52.5万吨P_2O_5。与“十一五”期间相比，产能增加近300万吨P_2O_5(中国磷复肥工业协会数据)。全球同期磷肥产能增长518万吨P_2O_5(表2-12b)，其中磷酸二铵增长271.5万吨，磷酸一铵增长146.1万吨。中国磷肥总产能增长占全球总量的58%，磷酸二铵占57%，磷酸一铵占64.5%。

表2-12a　中国磷肥不同产品产能年际变化　　万吨实物量

磷肥产品名称	2011年	2012年	2013年	2014年	2015年
磷肥(折纯P_2O_5)	2091	2200	2350	2350	2370
磷酸二铵	1670	1900	1950	1950	2010
磷酸一铵	1615	1730	1750	1750	1800
重过磷酸钙	200	200	200	200	200
硝酸磷肥	100	100	110	110	110
磷酸基复合肥	1100	1100	1200	1200	1450
过磷酸钙	1680	1750	1550	1550	1500
钙镁磷肥	163	132.8	200	200	200

数据来源：中国磷复肥工业协会。

表2-12b　全球磷肥不同产品产能年际变化　　万吨P_2O_5

磷肥产品名称	2011年	2012年	2013年	2014年	2015年
PA(磷酸)	5112.5	5239.9	5405.2	5510.8	5630.8
DAP(磷酸二铵)	2641.3	2682.6	2825.4	2812.8	2912.8
MAP(磷酸一铵)	983.3	1022.2	1103.9	1114.6	1129.4
TSP(重过磷酸钙)	370.5	394.0	395.5	403.4	407.9
SSP(过磷酸钙)	1156.9	1177.0	1197.6	1219.2	1232.3

数据来源：国际肥料工业协会(IFA,2015)。

“十二五”期间新增产能主要为大型企业的扩产、新建产能或老旧装置置换，包括云天化、瓮福、开磷、宜化等大型企业。产能退出的企业较少，产能利用率一直保持在75%左右(图2-3)，与国际大型企业相比仍有一定的差距(美盛公司平均开工率在80%～85%)。面临产能过剩，中国磷复肥工业协会预计2015—2020年，磷肥产能将进入平台期，磷肥新建装置增速大幅放缓，化解产能过剩、淘汰落后装置成为行业的主要任务。市场竞争力不足的低浓度磷肥，以及同质化严重的基础肥料，将成为主要的被淘汰对象。

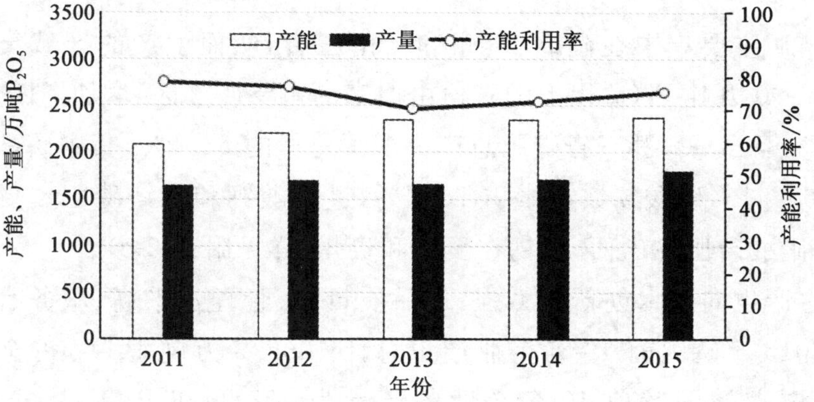

图 2-3　中国磷肥产能利用率变化

2.3.3　产品结构

“十二五”期间磷肥产品结构继续向高浓度化发展，磷酸二铵、磷酸一铵、复合肥等高浓度产品产量不断提升，而过磷酸钙、钙镁磷肥产量持续下降，虽然重钙和硝酸磷肥也有所下降(历史变化详见附表 2-8)，但高浓度磷肥产量占比已经达到 92.6％(表 2-13)。复合肥效益可观是拉动高浓度磷肥发展的主要原因，投资复合肥装置的企业越来越多，大型磷酸一铵和磷酸二铵企业也转向复合肥生产。而由于二次加工的复合肥装置较磷酸基复合肥装置有成本低、建设期短、技术门槛低等优势，大多数新建装置都是二次加工复合肥装置，从而拉低了磷酸基复合肥的占比。

表 2-13　中国磷肥主要产品产量变化　　万吨 P_2O_5

年份	过磷酸钙	钙镁磷肥	磷酸二铵	磷酸一铵	复合肥	重钙	硝酸磷肥	合计
2011	208	20.7	578	591	150	88	6	1641.7
2012	210	15.9	671.1	677.3	210	48.8	6.1	1693.3
2013	151.2	21.5	711	570.1	147	44.6	7.3	1652.8
2014	135.6	21.4	710	604	167	66	4	1709
2015	119.0	14.0	800.1	683.5	126.6	47.6	4.3	1795.0

注：各个产品均已转换为纯养分，产品养分浓度见附表 2-3。

2.3.4 工业集中度

我国磷矿主要集中在湖北、贵州和云南三省，然而生产的区域集中度在下降，年产量 100 万吨 P_2O_5 以上的省份由原来的主要矿产区，增加了四川、安徽等省份。2015 年云、贵、鄂三省磷肥总产占全国总量的 68.6%，其中磷酸一铵产量占全国的 65.4%，磷酸二铵产量占 76.7%，过磷酸钙和钙镁磷肥主要集中在云南和湖北，硝酸磷肥在山西，重钙在云南和贵州(详见附表 2-9)。

磷肥生产也向技术创新能力强、产品质量好、管理水平高、服务有保证的企业集中。2015 年磷肥前 10 名企业产量总计 1065.3 万吨 P_2O_5，占全国总产的 59.3%。其中磷酸一铵前 10 名企业的产量为 438 万吨 P_2O_5，占全国总产的 58%，磷酸二铵前 10 名企业总产 706.9 万吨 P_2O_5，占全国总产的 88%，重钙集中到 5 个企业，硝酸磷肥主要是山西天脊集团生产。(前 10 名企业名录见附表 2-10)

2.3.5 进出口

中国磷肥出口量总体呈上升态势，尤其是磷酸一铵、磷酸二铵、过磷酸钙(表 2-14a)。从 2014 年至今，中国磷肥出口量一直位居世界第一，2015 年中国磷酸二铵占全球总出口量的 33%。磷肥出口已经成为调节国内产业供需的重要途径，其中磷酸二铵 46%用于出口，磷酸一铵 20%用于出口，重钙 90%以上用于出口。出口量增加的主要原因是关税下调和国际市场的需求提振，以及国内产品品质的提升。“十二五”期间磷肥出口大幅增加的原因是从 2015 年 1 月 1 日起，我国取消了化肥淡旺季执行不同出口关税的制度，改为全年统一关税，税率大幅下降。另外，规模化生产和技术进步也提高了产品竞争力。印度是中国磷肥的最大出口国，2015 年中国二铵出口到印度的数量占总出口量的 48%，另外，泰国、孟加拉国也是中国磷肥的主要出口市场。巴西、印度尼西亚、斯里兰卡、澳大利亚和古巴是中国重钙前五大出口国，占总出口量的 88%，其中最大出口国为巴西，2015 年占总出口量的 36%。

中国磷肥属于产能严重过剩产品，基本不需要进口。由于平衡贸易的原因，每年还从非洲部分国家进口少量二铵。另外，进口复合肥也会间接进口部分磷肥(表 2-14b)。

预计 2015—2020 年磷肥进口仍保持在目前水平。出口量也将平稳甚至略有下降。原因:2014—2015 年因关税降低促进了磷肥的出口。然而,全球来说,世界经济复苏乏力、大宗工业品需求疲软、磷肥贸易市场存在很大变数,特别是未来几年,北非、西亚等地新建磷肥产能将集中释放,全球磷肥生产贸易格局将发生巨大变化,我国磷肥国际竞争能力将被削弱(具体情况及历史变化详见附表 2-11)。

表 2-14a　中国磷肥出口量变化　　万吨

年份	磷酸一铵	磷酸二铵	复合肥	重钙	过磷酸钙	硝酸磷肥	NP 二元复合肥	合计 (P_2O_5)
2011	86.5	401.8	2.4	173.3	69.2	0.1	395.8	327.5
2012	59.5	393.4	4.3	85.3	25.0	0.1	85.6	265.9
2013	70.9	382.0	0.9	77.6	60.4	0.7	55.8	260.9
2014	232.5	488.2	9.4	87.9	74.9	3.5	77.2	393.3
2015	272.4	801.9	6.7	87.6	101.1	0.0	85.6	559.5

数据来源:中国化工信息中心。

表 2-14b　中国磷肥进口量变化　　万吨

年份	磷酸一铵	磷酸二铵	复合肥	重钙	过磷酸钙	硝酸磷肥	NP 二元复合肥	合计 (P_2O_5)
2011	0	9.3	101.8	7.0	0	0	4.5	21.7
2012	0	16	131.9	10	0	0	2.2	31.99
2013	0	22.1	134.8	4.2	0	0	2.8	32.79
2014	0	22.9	110.8	3.2	0	0	3.5	29.26
2015	0	7.3	146.2	0.4	0	0	3.3	26.12

数据来源:中国化工信息中心。

2.3.6　资源和技术

世界磷矿资源分布比较集中,据美国地质调查局统计,截至 2015 年探明磷矿石储量 680 亿吨,分布在非洲、亚洲、美洲等 60 多个国家和地区,其中非洲磷矿资源占 80%。目前世界可供经济开采的磷矿资源可使用 300 年左右。整个亚洲除中国外都缺磷,中国磷矿石资源量为 31 亿吨,居世界第二位(表 2-15a)。根据国土资源部的最新数据,我国磷矿基础储量为 28.7 亿吨,查明资源量为 200.7 亿吨。目前我国磷矿年开采量为 1.42 亿吨,而且增长迅猛(表 2-15b)。中国磷矿资源的利用主要以化肥行业为主导,磷肥行业占磷矿需求量的 80%。世界磷矿资源总体向深加工一体化过渡，深加工磷酸产品贸易量增加，磷矿石贸易增速放缓。在这样的贸易格局下，考虑到磷、硫、钾的需求，中国磷复肥工业协会预计2020年需磷矿标矿（P_2O_5 30%）6500万吨，预计2025年需磷矿标矿（P_2O_5 30%）6750万吨。因此我国的磷矿可持续保障度不容乐观。我国磷矿资源以胶磷矿为主，开采难度大，近几年采选技术不断提高，特别是部分企业的地下采矿回收率已接近世界领先水平（云南磷化回收率85%，贵州开磷达90%）。近几年找矿勘探力度加大，如湖北宜昌、贵州开阳等地区均发现新的磷矿，我国磷矿的服务年限将有所增加。同时，由于瓮福、川大和华师基本解决湿法磷酸净化技术，矿肥、矿化结合更加紧密，磷化工产品供应将大幅增加；新一轮资源型企业加工的延伸进一步形成较大产能。我国由于基本解决采、选、肥、加四方面的技术问题，推动了磷矿产能的增加，其主要动力有四方面：一是云南、贵州和湖北磷矿开发成熟区产能继续增加；二是四川、湖南和北方资源新增区经济发展需要的刺激；三是中低品位资源增加选矿加工后形成的新产能；四是精细磷化工在沿海和沿江形成产能，拉动磷资源的需求。除此之外，近年来，磷石膏无害化清洁预处理技术、化学法分解磷石膏技术、磷石膏制石膏模盒技术、半干法磷石膏制空心砌块生产技术、磷石膏制α高强石膏技术、磷石膏制石膏基胶凝材料以及用于公路水稳层垫层等消耗磷石膏量大、利用途径广的新技术研发力度在加大，创新技术引领作用不断发挥。鲁北化工磷石膏制硫酸联产水泥创新技术已通过部级鉴定，铜化集团磷石膏免成球生产水泥缓凝剂技术、石膏板石膏砌块除盐霜技术，开磷集团磷石膏改性制备内墙装饰板技术以及连续浇铸移动成型磷石膏制石膏砌块、磷石膏制蒸压标砖生产等，一批先进适用技术得到了广泛的推广应用，对于拓宽磷石膏的利用途径、扩大磷石膏的利用量，发挥了积极的促进作用。

表 2-15a　世界磷矿开采量及储量　　万吨

国家或地区	磷矿开采量		储量
	2015 年	2016 年[e]	
美国	2740	2780	110000
阿尔及利亚	140	150	220000
澳大利亚	250	250	110000
巴西	610	650	32000
中国[*]	12000	13800	310000
埃及	550	550	120000
印度	150	150	6500

续表 2-15a

国家或地区	磷矿开采量		储量
	2015 年	2016 年[e]	
以色列	354	350	13000
约旦	834	830	120000
哈萨克斯坦	184	180	26000
墨西哥	168	170	3000
摩洛哥和西撒哈拉	2900	3000	5000000
秘鲁	388	400	82000
俄罗斯	1160	1160	130000
沙特阿拉伯	400	400	68000
塞内加尔	124	125	5000
南非	198	170	150000
叙利亚	75	—	180000
多哥	110	90	3000
突尼斯	280	350	10000
越南	250	280	3000
其他国家	247	241	81000
世界	24100	26100	6800000

e 表示估计值；—表示无数据；* 中国磷矿开采量只包括大型的磷矿。

数据来源：美国地质调查局(USGS)，2016。

表 2-15b　中国磷矿资源分布

地区	矿区数	2015 年开采量/万吨	2014 年开采量/万吨	基础储量/亿吨	查明资源量/亿吨
全国	537	14203.9	12043.9	28.7	200.7
湖北	116	5540.2	4663.8	8.3	45.1
贵州	62	4323.1	3397.4	6.9	31.7
云南	88	2744.5	2667	6.5	44.6

硫矿以自然硫、硫化氢、金属硫化物、硫铁矿、硫酸盐等多种形式存在，赋存于沉积岩和火山岩矿床与天然气、石油、油砂共伴生，加上金属硫化物，世界硫资源总量约 50 亿吨。我国的硫资源主要以石油天然气炼化回收、硫铁矿制酸、有色金属冶炼回收硫为主，世界上硫资源主要以油气精炼回收硫磺以及有色金属冶炼回收利用硫资源为主。油气精炼回收硫磺及有色金属冶炼回收利用硫资源受油气和有色金属生产的制约，且我国石油多数为低硫油，油气中硫资源含量有

限,因此硫铁矿和伴生硫铁矿仍将是我国当前乃至今后相当一段时期的主要硫资源。2006—2014 年,我国累计新查明硫铁矿资源量为 6.55 亿吨;截止到 2014 年底,我国硫铁矿储量为 53860.09 万吨(矿石),查明资源量为 583019.69 万吨,同比增长 2.14%。主要分布在四川、安徽、贵州、云南、内蒙古、广东、山东等省(自治区)。截止到 2014 年底,我国自然硫基础储量为 114.45 万吨 S,同比增长 60.18%,查明资源储量 35486.71 万吨 S,同比增加 2.28%。其中 96%以上的自然硫查明资源量集中在山东,资源集中度非常高,但目前因采选技术尚不成熟,短期内难以开发利用。总体来看,我国不同类型的硫资源分布相对集中,硫铁矿以四川最为集中(16.34%),伴生硫铁矿以安徽最为集中(14.59%),自然硫以山东较为集中(96.18%)(中国磷复肥工业协会数据)。

2.4 钾肥工业发展

2.4.1 产量变化

“十二五”以来,我国钾肥总量继续保持增长,但增速进一步降低,年均增长率为 11.3%(表 2-16,具体情况及历史变化详见附表 2-12)。2015 年,我国钾肥产量达 571 万吨(中国无机盐工业协会钾盐钾肥行业分会数据),比 2011 年增长了 45.2%,排名全球第 4 位。2014 年,中国钾肥产量占全球钾肥总产量的 38.4%(IFA,2015)。

2011—2014 年间,全球钾肥产量每年以将近 185 万吨的速度增长,其中中国钾肥年增长量约为 52.3 万吨/年,对全球钾肥增长的贡献率高达 28.6%。中国钾肥产量增长的原因主要有:产业技术水平提升,产品需求多样化,产品结构呈现多元化发展态势。

表 2-16 不同机构统计的全球与中国钾肥产量年际变化 万吨 K_2O

年份	全球		中国			
	FAO	IFA	FAO	IFA	中国国家统计局	中国无机盐工业协会钾盐钾肥行业分会
2011	3438.5	3473.3	385.6	339.0	419.4	393.7
2012	3283.6	3401.9	318.0	400.7	530.0	377.4
2013	3270.0	3451.4		456.5	477.0	472.3
2014		4028.5		568.0		552.5
2015						571.0

2.4.2 产能变化

“十二五”期间中国钾肥总产能累计增长近 365 万吨(其中资源型 263 万吨 K_2O,加工型 102 万吨 K_2O,表 2-17a)。中国钾肥产能增长占全球钾肥新增产能(表 2-17b)的 54%。各类钾肥产能均得到大幅度提升,其中资源型钾肥中氯化钾产能增长了 135.6 万吨,硫酸钾产能增长了 44.1 万吨,硫酸钾镁肥产能增长了 35 万吨,枸溶性钾肥产能实现了从无到有,2015 年达到 2.24 万吨;加工型硫酸钾、硝酸钾和磷酸二氢钾等也分别增加了 112.5 万吨、32.0 万吨和 9.8 万吨。钾肥产能利用率在 70%～80%之间(图 2-4)。

表 2-17a　中国钾肥产能变化　　万吨

钾肥产品名称	2012 年	2013 年	2014 年	2015 年
资源型钾肥(折纯)	513.7	591	682	775
氯化钾(实物,含 K_2O 60%)	690.9	745	782	916
硫酸钾(实物,含 K_2O 50%)	213.8	248.5	272	302
硫酸钾镁(实物,含 K_2O 22%)	88.4	86	168	247.5
枸溶性钾肥(实物,含 K_2O 4%)	12	32.5	47	56
加工型钾肥(折纯)	152.9	152	262	353.8
硫酸钾(实物,含 K_2O 50%)	205.2	152	332	475
硝酸钾(实物,含 K_2O 46%)	92	120	136	161.5
磷酸二氢钾(实物,含 K_2O 34%)	46	62	59	74.7
氢氧化钾(实物,片碱)	68	97	101.8	117.2
碳酸钾(实物)	19	27	31.5	27
食品和医药级氯化钾(实物,含 K_2O 63.5%)	10.2	16	30	30

数据来源:中国无机盐工业协会钾盐钾肥行业分会。

表 2-17b　世界钾肥产能变化　　万吨 K_2O

钾肥产品名称	2012 年	2013 年	2014 年	2015 年
Potash	4553.1	4862.8	5217.9	5223.3
MOP	4402.1	4709.0	5048.0	5018.0

数据来源:国际肥料工业协会(IFA,2015)。

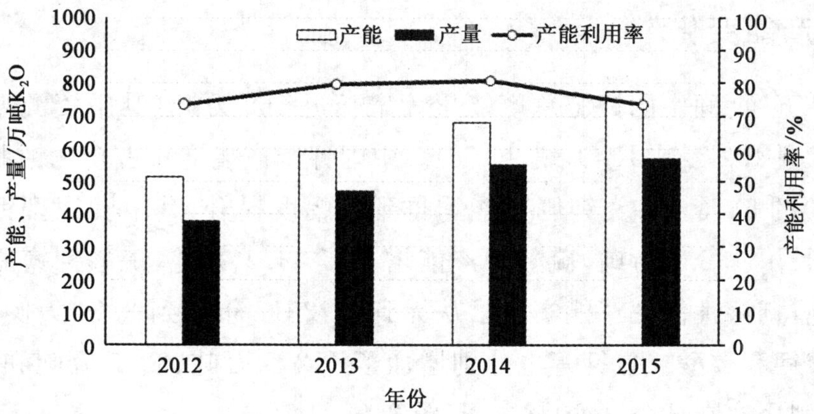

图 2-4　中国钾肥产能利用率变化

2.4.3　产品结构

“十二五”期间，虽然各类钾肥产品的产量都得到极大的提升，但是硫酸钾的产量增长明显快于其他产品，在整个产品结构中，氯化钾占比从 2011 年的 62% 降低到 2015 年的 60%，而硫酸钾的占比从 29%增长到 33%（表 2-18，历史变化详见附表 2-13）。

表 2-18　中国钾肥生产结构变化　　万吨 K_2O

年份	合计	资源型钾肥				加工型钾肥		
		氯化钾	硫酸钾	硫酸钾镁	枸溶性钾肥	硫酸钾	硝酸钾	磷酸二氢钾
2011	393.7	303.5	78.8	11.3	0.2	64.1	19.9	13.2
2012	377.4	296.0	77.7	6.4	0.4	43.1	21.3	4.9
2013	499.0	382.8	79.5	9.8	0.2	52.0	23.9	8.8
2014	579.0	461.8	108.5	8.6	0.2	106.9	35.0	10.9
2015	571.0	445.8	107.0	8.0	0.3	140.5	31.3	10.7

2.4.4　工业集中度

我国钾矿资源主要来源于青海和新疆两个大省，其次是西藏自治区和云南省。我国钾肥产品分为资源型和加工型，资源型钾肥区域集中度明显高于加工型钾肥。青海和新疆两地资源型氯化钾和硫酸钾产量分别占全国总量的 98% 和 99%。（详见附表 2-14）；而加工型钾肥企业在全国二十几个省份分布，50 万吨以上的主要是山东、河北和湖北等省份，三省的硫酸钾产量占全国总量的 48%。

同样，钾肥企业也分为资源型企业和加工型企业。资源型企业数量较少，企业集中度非常高，2015 年前 10 名资源型氯化钾企业产量占全国的 95%，前 8 名资源型硫酸钾企业产量占全国的 95%；而加工型企业规模大小不一，全国均有分布，企业集中度较低，2015 年全国前 10 名加工型硫酸钾企业产量仅占全国加工型硫酸钾产量的 50%。（我国前 10 名企业名录见附表 2-15，全球前 10 名企业名录见附表 2-16）

2.4.5　进出口

中国因钾资源缺乏，钾肥产品出口受到政策限制，出口关税明显高于氮肥和磷肥。每年仅有少量钾肥通过转口贸易方式出口（表 2-19）。出口的钾肥品种主要为氯化钾和二次加工的硫酸钾产品。日本、韩国、菲律宾、厄瓜多尔和越南为出口前五位国家，占 95%，其中日本占 41%。

表 2-19　钾肥进出口变化　　万吨

年份	进口					出口				
	氯化钾	复合肥	硫酸钾	硝酸钾	进口合计（K_2O）	氯化钾	复合肥	硫酸钾	硝酸钾	出口合计（K_2O）
2011	640.2	101.8	14.6	2.2	386.2	3.8	2.4	0	3.3	2.8
2012	634.2	131.9	16.6	3.3	410.1	29.6	4.3	0.1	0.1	18.5
2013	603.0	134.8	11.4	2.6	388.9	29.8	6.1	0.08	0	18.8
2014	803.1	110.8	5.5	2.7	502.5	31	9.5	6.3	0.3	23.3
2015	942.9	146.0	4.7	1.7	590.7	27.4	6.7	7.7	0.1	21.3

数据来源：中国化工信息中心。

中国仍然是世界第二大钾肥进口国，2015 年钾肥进口量达到 591 万吨，略高于 571 万吨的国产资源型钾肥。主要进口产品为氯化钾和少量硫酸钾。尽管国家非常重视和鼓励钾肥的生产，但国产钾肥自给率仅 50%左右，只能依靠进口钾肥进行补充，这是中国钾资源缺乏的本质决定的。世界钾资源虽然相对集中，但总体供需平衡并略显过剩状态。联合谈判机制使得中国钾肥进口大合同价格成为世界"洼地"，低价格也是保持进口不断增长的原因。中国钾肥工业协会预计 2015—2020 年钾肥进出口均将保持稳定状态（具体情况及历史变化详见附表 2-17）。

2.4.6 资源和技术

近 3 年来,我国可溶性钾资源没有大的进展,探明资源量维持在 10 亿～11 亿吨氯化钾之间,但经济储量一直处于降低中。“十二五”期间,国家加大了可溶性钾资源的找矿力度,但近期有较大突破的可能性很小。在全球角度,中国钾矿资源储量相对极低,2015 年约 3.6 亿吨,占全球钾矿资源的 2.2%(表 2-20a);钾资源主要分布在新疆和青海两地,生产比较集中(表 2-20b)。面对钾盐资源的相对匮乏,境外钾肥基地建设是解决国内钾矿资源短缺的一条有效途径。从 2012 年到 2015 年,我国有近 30 个境外项目分布在 10 个左右的国家,但总体进展不大,只有老挝开元钾肥公司项目从 2014 年实现了“破冰”,从老挝运回中国 11 万吨氯化钾,2015 年中农矿产(老挝)钾肥有限公司也开始了回运钾肥回哺中国国内市场,但总量在 30 万吨之内。进展不大的主要原因是在境外建立钾肥基地投资大,周期长,困难多,渴望国家的顶层设计和全力支持,如果我国在 5～10 年还不能建成有规模的钾肥基地,将对我国国内钾盐资源的消耗产生非常大的压力。

表 2-20a 世界钾矿开采量及资源储量 万吨

国家	钾矿开采量		钾矿储存量	
	2015 年	2016 年[e]	可开采量	K_2O 当量
美国	74	52	120000	27000
白俄罗斯	647	640	330000	75000
巴西	29.3	30	30000	1300
加拿大	1140	1000	420000	100000
智利	120	120	—	15000
中国	620	620	—	36000
德国	310	310	—	15000
以色列	126	130	—	627000
约旦	141	140	—	627000
俄罗斯	699	650	300000	86000
西班牙	69	70	—	2000
英国	61	60	—	7000
其他国家	30	30	25000	9000
世界	4070	3900	—	1627300

数据来源:美国地质调查局(USGS),2016;—表示没有数据;e 表示估计值。

表 2-20b　中国钾资源储量分布　万吨 KCl

地区	资源量	工业储量
山东	163	163
四川	9	9
云南	1199	1199
甘肃	5	5
青海察尔汗盐湖	54000	14553
青海昆特依	15000	
青海马海	6000	
青海东台	338	
新疆罗布泊	33866	12992
新疆玛纳斯	735	28
西藏	363	
合计/亿吨 KCl	11	2.89

2.5 其他肥料发展

2.5.1 商品有机肥

随着现代农业的发展和农业内部产业化结构的调整,有机肥料出现了产业化和商品化的发展,称为商品有机肥。目前,商品有机肥主要有三种,即精制有机肥、生物有机肥和有机-无机复混肥。农业部肥料质量监督检验中心统计数据显示,2016 年微生物肥料登记产品共计 3285 个,产量 1500 万吨左右,其中:微生物菌剂类产品 1446 个,产量 300 万吨左右;复合微生物肥料产品 821 个,产量 500 万吨左右;生物有机肥产品 1018 个,产量 700 万吨左右。

2.5.2 缓控释肥

据中国化工信息中心统计,2015 年全球范围内缓控释肥的产能已经达到 940 万吨,与 2010 年的 491 万吨相比,年均增长率达到 13.9%。2015 年,全球范围内缓控释肥的产量大约为 570 万吨,与 2010 年的 367 万吨相比,年均增长率达到 9.2%。预计到 2020 年,全世界缓控释肥产能可达到约 1200 万吨,产量达到 760 万吨,2015—2020 年年均产能和产量的增长率分别为 5.0%和 7.6%。

由表 2-21a 可知，美国、西欧和日本是世界上三大传统的缓控释肥消费市场，其中美国占上述三个地区消费量的 70%，接下来是西欧占 19%，日本占 11%。中国缓控释肥市场在 2008 年进入迅猛发展期，目前已经成为全球最大的缓控释肥生产消费市场，占到全球消费量的 1/3。其他地区如加拿大、中欧、西欧、中东和非洲也有应用，但数量较少；亚洲其他地区对缓控释肥的应用有限。尿素-醛类肥料是最早商业化的缓释肥，是美国市场消费的主要产品，2001—2004 年间，西欧和日本也主要用脲醛类肥料。之后包衣型控释肥产品开始有了长足的发展。2014 年北美包膜肥料的消费量达到 42.0 万吨，占消费总量的 69.7%，脲醛类肥料消费量次之，为 17.0 万吨，占消费总量的 28.2%。其他种类的缓控释肥消费量为 1.3 万吨，占总量的 2.2%。

由表 2-21b 可知，全球缓控释肥消费主要集中在经济作物和园艺领域，据中国化工信息中心统计，2014 年，非农业市场消费量占全球消费量的 75%，农作物市场占到 25%，2014 年约有 43%用于经济作物，7%用于育苗和温室，8%用于大田作物，其余 42%全部用于景观、高尔夫球场等领域。预计未来几年经济作物和普通大田作物的用量有所增长。缓控释肥的三大主要消费市场的消费结构存在明显区别。在日本，接近 94%的缓控释肥消费在农作物市场，而在西欧仅占到 24%，美国仅占到 8.4%。如在日本主要消费市场是稻米产地，其他欧美大田作物市场也主要是针对高附加值作物。

表 2-21a　2014 年全球缓控释肥消费量(万吨)与占比(%)

肥料种类	美国		西欧		中国		日本	
	消费量	占比	消费量	占比	消费量	占比	消费量	占比
脲醛产品	15.27	28.6	9.32	67.3	66.57	23.9	1.53	16.6
尿素甲醛	15.17	28.4	5.23	37.8	66.57	23.9	0.49	5.3
IBDU	0	0	4	28.9	0	0	0.71	7.7
CDU	0.1	0.2	0.08	0.6	0	0	0.33	3.6
包膜肥料	36.99	69.4	4	28.9	113.56	40.7	7.67	83.1
SCU(硫包衣尿素)	19.96	37.4	0.8	5.8	73.42	26.3	—	—
聚合物包膜产品	17.03	31.9	3.19	23.1	40.14	14.4	—	—
其他	1.07	2	0.52	3.8	98.87	35.4	0.04	0.4
总计	53.33	100	13.84	100	279	100	9.24	100

注：中国的“其他”主要是稳定性肥料。

表 2-21b　2014 年全球缓控释肥消费量(万吨)与占比(%)

项目	美国		西欧		中国		日本		总计	
	消费量	占比	消费量	占比	消费量	占比	消费量	占比	消费量	占比
农作物	7.56	14.2	3.37	24.3	33.36	59.9	8.72	94.4	53.01	40.2
非农业	45.67	85.8	10.47	75.7	22.32	40.1	0.52	5.6	78.98	59.8
庭院养护	12.28	23.1	3.06	22.1	5.58	10	—	—	20.92	15.8
高尔夫球场地	11.33	21.3	—	—	—	—	—	—	11.33	8.6
景观绿植和草坪	9.83	17.6	—	—	16.74	30.1	—	—	26.12	19.6
苗圃和大棚	6.52	12.2	—	—	—	—	—	—	6.52	4.9
其他	6.16	11.6	7.4	54.4	—	—	—	—	13.56	10.2
总计	53.23	100	13.84	100	55.68	100	9.24	100	131.99	100

中国缓控释肥料研究始于 20 世纪 60 年代末。主要集中在三个方面:①包裹型。包裹型技术主要集中在较容易挥发且易溶于水的氮肥(如尿素、硝铵),而氮素全部被包裹会导致作物生长前期缺氮的现象。但将部分速效氮肥、部分包裹氮肥,再与非全水溶性的磷、钾肥(如过磷酸钙、钙镁磷肥、硫酸钾镁等)按比例混合制成复混肥料,效果较好。②包膜型。包膜型是目前主要的缓控释肥品种。包膜型就是在颗粒肥料表层涂覆一层低水溶性或微溶性的无机物质或有机聚合物,延长或控制肥料养分释放,提高肥料利用率的新型肥料剂型。③添加剂型。其主要通过调控土壤脲酶、(亚)硝化细菌活性,可有效稳定铵离子和提高磷活性,减少钾土壤固定,使生产的长效复(混)合肥肥效期延长,提高肥料综合利用率。

据中国农业科学院赵秉强(2010)统计，2009 年中国缓控释肥的产能 250 万吨,其中酶抑制稳定性肥料 60 万吨,脲醛类肥料 20 万吨,肥料包裹肥料 35 万吨,树脂包衣肥料 55 万吨,硫包衣肥料 80 万吨(表 2-22a)。2009 年产量分别为酶抑制稳定性肥料 20 万吨,脲醛类肥料 10 万吨,肥料包裹肥料 5 万吨,树脂包衣肥料 5 万吨,硫包衣肥料 30 万吨,合计产量 70 万吨。据全国农技中心统计,2012 年中国缓控释肥的产能 460 万吨,其中包裹类肥料 250 万吨,脲醛类肥料 40 万吨,稳定性肥料 170 万吨。据中国化工信息中心统计,截止到 2016 年 5 月实际生产企业 24 家,产能约 600 万吨,产量约 295 万吨(表 2-22b)。

表 2-22a　中国缓控释肥的产能与产量　　万吨

种类	产能			产量	
	2009 年	2012 年	2015 年	2009 年	2015 年
酶抑制稳定性肥料	60	170		20	
脲醛类肥料	20	40		10	
肥料包裹肥料	35	250		5	
树脂包衣肥料	55			5	
硫包衣肥料	80			30	
合计	250	460	600	70	295

数据来源：中国农业科学院赵秉强，2010；中国化工信息中心。

表 2-22b　2012—2015 年中国缓控释肥供需

项目	2012 年	2013 年	2014 年	2015 年
登记产品数/个	7	11	21	24
产能/(万吨/年)	420	490	550	620
产量/万吨(掺混量)	216	243	285	320
开工率/%	51.4	49.6	51.8	51.6
进口量/万吨	19.1	10.8	25	20.2
出口量/万吨	9.9	14.1	7.9	12.3
表观消费量/万吨	225.2	239.7	252.1	327.9

数据来源：中国化工信息中心。

2.5.3　水溶肥料

近年来，随着世界水资源日益匮乏以及不合理施肥带来的环境问题日益加剧，滴灌、喷灌等具有显著节水功能的新型灌溉方式在全世界范围内得到重视和推广，水溶性肥料得到迅猛的发展。据中国化工信息中心不完全统计，2009 年世界水溶肥的产能大约 934.0 万吨/年，开工率 30%，2015 年产能增加至 2750.0 万吨/年，产量大约 1227.0 万吨，2009—2015 年产能年均增长率 12.7%；预计 2016—2020 年间，水溶肥产能将增至 3800 万吨，年均增长率 7.9%，水溶肥产量预计增至 1900 万吨，年均增长率 8.8%。

在国外，水溶肥被广泛用于温室中的蔬菜和花卉、各种果树以及大田作物的灌溉施肥，园林景观绿化植物的养护，高尔夫球场甚至于家庭绿化植物的养护。2015 年，全球水溶肥消费量大约 1196 万吨，其中经济作物消费占 74%，大田作物占 20%，花卉、园艺、景观及其他类消费占 6%。在一些发达国家，随着喷灌等节水农业措施的迅速发展，水溶肥的推广应用已相当成熟。如在美国，液体肥料生产企业近 3000 家，占肥料总量的 38%，美国 25% 的玉米、60% 的马铃薯、32.8% 的果树均采用水肥一体化技术。在以色列，由于灌溉施肥全面普及，肥料产品 90%都是水溶性肥料，80%的水浇地采用水肥一体化技术，所有温室作物的施肥全部通过灌溉系统来完成，以色列水肥一体化应用比例高达 90%以上。

未来随着蔬菜、水果等经济作物微灌、滴灌技术的普及，水溶肥在经济作物的施用量将进一步增加。作为水溶肥应用的传统领域，花卉、园艺、景观及其他类的消费量将保持平稳并小幅增长的态势。未来五年，水溶肥在大田作物上的应用也会有所增长，特别是水资源比较匮乏的地区，虽然其经济附加值较低，水溶肥需求增长受到一定限制，但大田作物种植区域广泛，面积较大，仍是水溶肥应用领域中不可忽略的一个方面。

按照农业部登记要求，中国水溶肥料包括大量元素水溶肥料、中量元素水溶肥料、微量元素水溶肥料、含氨基酸水溶肥料、含腐植酸水溶肥料、有机水溶肥料等六类。据中国化工信息中心统计，截止到 2015 年，中国水溶肥料登记的企业数量为 2961 个，登记产品数量 6903 个，产能 750 万吨，产量 330 万吨(表 2-23)。登记产品中大量元素水溶肥料占 21.8%，中量元素水溶肥料占 4.5%，微量元素水溶肥料占 24.7%，含腐植酸水溶肥料占 23.1%，含氨基酸类水溶肥料占 24.3%，有机水溶肥料占 1.7%。水剂占 50%，粉剂占 49%，颗粒占 1%。另外由于登记管理与实际生产略有偏差，如估计约 200 万吨为水溶性肥料或原料，真正登记的产品产量约为 120 万吨。而液体肥料尚没有统计在内，预计未来液体肥料发展更加迅速，如尿素硝铵溶液(UAN)2020 年达 800 万吨。

表 2-23　2011—2015 年中国水溶性肥料供需概况

项目	2011 年	2012 年	2013 年	2014 年	2015 年
水溶肥料登记数/个	—	4487	5113	6223	6903
产能/(万吨/年)	530	657	693	715	750
水溶肥料产量/万吨	159	230	297	310	330
登记产品产量/万吨	50	60	85	100	120
进口量/万吨	—	1.8	2.5	3.8	4
出口量/万吨	—	0.8	1.6	2	1.9
表观消费量/万吨	—	61	85.9	101.8	122.1

中国水溶肥料产品的下游需求发展缓慢，需要一定的培育期。2015 年估计水溶肥料实际消费量约 122.1 万吨，用于果树的占 60%，蔬菜占 29%，大田占

10%，其余为园艺花卉等领域。与我国果树、大棚蔬菜等实际用肥量相比(2015年施用2240万吨折纯量NPK)，水溶肥料仅仅覆盖了2%左右。原因是水溶肥料市场尚不成熟，目前中国水溶肥料产品主要分为3类——进口，专业公司生产，传统化肥企业生产。进口高端产品的售价都在1万元/吨以上，目前市场上的低端产品售价也在4000元/吨以上。价格差异大的原因主要是原料类型、价格、加工方法、助剂类型、销售策略等差异造成的，如钾源中氯化钾约2000元/吨，而磷酸二氢钾至少在6000元/吨以上。工业磷酸一铵热法与湿法的产品价格相差约2000元/吨。

2.5.4 土壤调理剂

截止到2015年底，全国登记了73个土壤调理剂产品，其中用于调节土壤酸碱度的产品最多，为29个，占40%；提高有机质含量和用于改土的产品分别为15,13个；用于修复土壤生物学障碍的产品为7个，占9%(表2-24)。生产能力估计达到318万吨，仍呈现快速增长趋势。

表2-24 截止到2015年中国土壤调理剂产品登记类型与分布

作用功能	适用范围	数量/个	比例/%
调节土壤酸碱度	酸性土壤、碱性土壤	29	40
改善土壤物理结构	黏性土壤、沙性土壤	13	18
改良盐碱土	盐碱土壤	5	7
保水、抗旱	沙性土壤、黏性土壤	4	5
提高有机质含量、培肥地力	沙性土壤、黏性土壤、非酸性土壤	15	21
修复生物学障碍	保护地障碍土壤、连作障碍土壤	7	9

2.5.5 生物刺激素

过去几年生物刺激素得到了广泛关注，产业迅速发展。据中国化工信息中心统计，目前生物刺激素种类有：腐植酸、氨基酸、海藻提取物、糖蜜发酵物、功能性微生物及其代谢产物、低聚糖、小分子肽、植物激素、不饱和脂肪酸、生物碱、矿物质等。主要功能：改善作物营养和健康状况，提高肥料利用率，刺激作物自然生理过程，提高作物抗逆能力，有助于改善土壤理化性质，促进土壤有益微生物的发展，改善作物产量和品质。目前全球市场规模约14亿美元，中国2亿美元。

2.5.6 中微量元素肥料

（1）产业规模化发展

随着肥料市场放开以及农业生产技术的不断发展，中国肥料应用趋于向养分平衡方向发展。由于过量施用高浓度大量元素肥料，以及有机肥的应用相对滞后带来的负面效应，中微量元素缺乏对作物产量和品质的影响逐步凸显，这给中微量元素肥料产业提供了一个良好的发展空间。许多企业不仅在大量元素肥料中添加中微量元素，也开始规模化生产中微量元素肥料。中微量元素的品种繁多，本书中的中微量元素肥料仅指在农业部登记的相关产品，包括中量元素肥料、中量元素水溶肥料、农用硝酸钙、农用硫酸镁、微量元素肥料、微量元素水溶肥料 6 种。从国家肥料质量监督检验中心登记信息（截止到 2015 年 9 月，详见附表 2-18），获得农业部肥料登记证并且在有效期内的中微量元素肥料共有 2102 个（包括正式登记产品和临时登记产品且均在有效期内）。

（2）产业集中度不高

农业部肥料登记证公告数据显示，截至 2015 年 9 月（详见附表 2-19），在我国登记的且登记证有效的中微量元素肥料的企业共有 1492 家，涉及包括香港、台湾在内的 31 个省（自治区、直辖市）。其中，微量元素水溶肥料生产企业数最多，达到 1211 家。生产企业主要分布在山东、河南、陕西等省。

（3）产品多样化

微量元素水溶肥料是中微量元素肥料的主体，在截止到 2015 年 9 月底登记有效的 1733 个产品中，单一微量元素水溶肥料共有 101 个，元素分别是硼（77 个）、锌（18 个）、铁（4 个）和钼（2 个），其中单质硼肥占最大比例。其余，大部分微量元素水溶肥料是含有多种微量元素的复合型产品。按各种元素组成登记的频率排序并计算各种组成的比重，位于前 10 位（含相同比重）的元素组成及频率分别是：Mn＋Zn＋B（295 个）、Cu＋Fe＋Mn＋Zn＋B（187 个）、Cu＋Fe＋Mn＋Zn＋B＋Mo（174 个）、Fe＋Mn＋Zn＋B（158 个）、Cu＋Mn＋Zn＋B（102 个）、Cu＋Fe＋Mn＋Zn（90 个）、Zn＋B（86 个）、Fe＋Zn＋B（85 个）、Mn＋Zn（80 个）、Cu＋Mn＋Zn（60 个）。

2.6 化肥价格变化

2011—2015 年各化肥产品批发价格呈现一致的下行走势（表 2-25a），其中尿素价格下降27%，磷酸二铵价格下降22%，氯化钾价格下降24%，复合肥价格下降19%。尿素和磷酸二铵批发价下行的主要原因是原料成本下降和竞争加剧。2015年中国氮肥过剩24%，磷肥过剩34%，同质化严重、供过于求导致竞争激烈，甚至价格战频频上演，批发利润受挤。氯化钾和复合肥批发价下降是由于原料成本下降所致。近年来，化肥价格持续下跌，不仅使生产企业亏损，也使得经销商大大受挫，储备积极性明显下降，流通渠道的蓄水池作用正在减弱。

2011—2015年各个化肥产品零售价格与出厂价和批发价同步下行，但是零售价格下降幅度低于出厂价和批发价(表2-25a至表2-25c)。随着复合化率的提高和精准农业的发展，复合肥需求量增加迅速，复合肥价格下降要缓于单质肥料。影响各个化肥产品零售价格变化的原因主要是成本下降和供过于求，竞争加剧所致。

表2-25a　中国化工信息中心发布的主要国产化肥产品的平均批发价格　　元/吨

年份	尿素	磷酸二铵	氯化钾	复合肥
2011	2152	3509	3146	2757
2012	2185	3126	3052	3004
2013	1913	3157	2660	2680
2014	1647	2771	2398	2332
2015	1583	2750	2395	2245

表2-25b　主要化肥产品年平均出厂价格　　元/吨

年份	尿素	磷酸二铵	氯化钾	45%硫基复合肥
2011	2150	3228	3110	2662
2012	2080	3140	2970	2720
2013	1850	2800	2480	2450
2014	1560	2470	2120	2280
2015	1600	2660	2160	2620

表2-25c　全国农技推广中心监测的化肥零售价变化　　元/吨

年份	尿素	磷酸二铵	氯化钾	45%国产复合肥
2011	2293	3601	3477	2924
2012	2415	3662	3480	3224
2013	2218	3548	3358	3152
2014	1923	3191	3228	2983
2015	1915	3198	3029	2985

注：全国农技推广中心监测的磷酸二铵、氯化钾和复合肥分为国产和进口，本表格中选取的为国产。

影响化肥价格的主要因素有原料成本、运输、供需、农产品价格和政策等。随着运力提升，以及农资流通渠道的“蓄水池”能力的减弱，化肥价格季节性变化的趋势越来越不明显，特别是近几年呈现出“旺季不旺、淡季不淡”的特点。有些年份，旺季的价格甚至低于淡季的价格。氮肥、磷肥由于产能过剩严重，因此需要出口市场来减轻国内供应压力。如果出口量较多，则有利于国内市场价格的稳定。但出口量增多，导致国际市场供应量增加，从而拉低国际市场价格。我国氮肥行业相对分散，国际市场话语权相对较弱，出口价格一般都低于国际市场的平均价格。出口数量的增加，也没能给企业带来过多的利润。而磷肥行业，由于原料硫磺需要依赖国际市场，因此与国际市场价格联动作用更为明显。如果国际磷肥价格走低，将拉动硫磺价格走低，进而降低原料成本价格，导致国内价格有走低的可能，但出口量增多，同时也会减轻国内市场的供应压力，从而有利于市场价格平稳。另外，政策变动也会对化肥价格产生较大的影响。截止到 2015 年底，化肥行业原来享有的优惠电价、免征增值税政策、优惠运价、优惠气价等或取消，或缩小优惠幅度。化肥行业不再作为支农产品受到国家的“保护”，市场化进程加大，优惠政策取消，成本增加，但难以转嫁到下游市场，企业利润空间继续收窄。2015 年人民币全年贬值 5%左右，人民币贬值，提高了国内产品的价格优势，促使肥料出口增加。

易俊杰，张卫峰，郭明亮，李晶，杨帆，崔勇，孟远夺，徐洋，董燕，陈丽，高力，吴军华，王莹，廖康城，亓昭英，孙蓟锋，王旭，刘红芳，沈德龙

第 3 章　中国肥料用量变化

“十二五”是全国肥料施用调整和转型升级的加速期，化肥消费量增速显著低于“十一五”期间，而且消费结构变化较大，其中工业消耗和出口急速增加，而农业用量增速大幅降低。在农业用肥领域，主要粮食作物化肥用量基本稳定，而蔬菜、果树等经济作物成为用量增长的主要动力。

3.1　化肥用量数据统计差异

目前，对我国化肥用量数据进行官方统计的机构主要有中国国家统计局(NBS)、联合国粮农组织(FAO)和国际肥料工业协会(IFA)，它们每年都会定期发布有关中国肥料用量的数据。这三个渠道的数据常被国内外的研究学者和政策制定者所引用。然而，由于各个渠道对数据库的设计、对统计指标的定义以及统计的方法均不相同，从而导致数据存在着一定的差异。客观来看，不同渠道有自己的优缺点。中国国家统计局的化肥消费量分两部分，单质肥和复合肥，计算氮、磷、钾肥消费总量时需要拆分复合肥中的氮、磷、钾养分量，国内学者常按照氮、磷、钾比例 15∶15∶15 来计算，在通用型复合肥(15-15-15 或 16-16-16)占主导的今天，这样折算有一定的意义，但是由于中国复合肥品种多而变化快，这样的估算方法还是存在误差的；另外，国家统计局的复合肥具体指向不是很清楚，例如是否包括磷酸二铵尚不明确，也带来了一定的不确定性。FAO 数据库在 2002 年前后采用两种统计方法，且两种统计方法有很大差异，连续性较差；另外在肥料产品方面，除常规的肥料产品(包括磷酸一铵和磷酸二铵)外，缺乏对复合肥产品的统计。IFA 数据是与中国科学家合作，根据中国作物施肥量调查数据推算，并根据表观消费量进行校对后形成的，相对细致地反映中国种植结构、市场情况对化肥用量的影响，但是由于近十年来中国种植结构和用肥领域发生了巨大的变化，同时肥料市场也变得极其复杂，IFA 统计数据的准确性也受到影响。

为了客观反映我国的化肥用量，我们汇总了三个渠道的数据，以供读者评判选择。为了便于比较，我们将化肥分为单质肥和复合肥，发现三个数据库之间化肥消费量依然存在着差异。2000 年以前，三个数据库之间统计差异较小。然而，2000 年之后，IFA 统计的单质氮肥、单质磷肥和单质钾肥的消费量与 NBS 和 FAO 存在着明显的差异。比如，2013 年 NBS 统计的中国氮肥消费量为 2394 万吨，而 IFA 统计的消费量为 2959 万吨(图 3-1a)；而对于单质磷肥和单质钾肥，IFA 统计的消费量分别为 249 万吨 P_2O_5 和 540 万吨 K_2O(图 3-1b，图 3-1c)，FAO 统计的消费量分别为 844 万吨 P_2O_5 和 640 万吨 K_2O。同样的，IFA 和 NBS 统计的 2013 年中国复合肥消费量之间也存在着明显差异，分别为 1523 万吨纯养分和 2057 万吨纯养分，NBS 统计量较 IFA 高出 35%(图 3-1d)。即使不考虑化肥分类方法的差异，IFA 和 NBS 两个渠道的化肥总消费量在 2013 年的差异达到 640 多万吨纯养分(图 3-1e)。

我国化肥实际消费量的不确定性，给决策和科研发展带来了不便。为了消除这些不确定性，我们需要对化肥消费有更明确的概念，统一统计渠道的口径。明确化肥的概念之后，我们需要对化肥每个层面的消费进行分析，比如，先通过生产量、进口量和出口量，界定一个广义的消费量，即表观消费量；同时收集工业化肥用量，进而根据差减法计算农业用肥量。除此之外，我们还应该深入到不同作物、不同地区、不同农户尺度，去界定农业化肥消费的变异，从而能够将中国化肥用量的不确定性降低，这样才能说清我国化肥消费到底处于什么水平。

3.2　化肥消费总量变化趋势

对化肥用量的统计，第一步需要明确化肥的概念。一般来说，化肥是为作物提供养分的化学合成物质。理论上用于农田的部分才算作化肥，然而随着农业产业化发展，化学合成物质的应用领域正在发生变化，化肥应用正从传统的农田走向整个农业生产系统，包括林牧渔业。比如人工经济林的发展就需要投入大量的化肥，水产养殖业(鱼、虾、鲍鱼等人工养殖系统)也在使用化肥。氮肥中的尿素已经成为人造板、饲料添加剂、陶瓷、除雾剂和洗涤剂等领域的关键原材料[主要产品包括尿囊素，过氧化氢脲，磷酸脲，缩二脲，脲醛树脂，异丁叉二脲，单氰胺，氨基磺酸，甲氧基尿嘧啶，三氯异氰尿酸(TCCA)，苯甲醛缩氨基脲，三聚氰胺，邻苯二甲酰亚胺等]，虽然这些用途并不属于农业，但这类工业品使用的尿素绝大部分是用农用化肥包装袋，因此也纳入化肥统计中。在这种情况下，我们谈化肥的消费，尤其是为了谈需求而谈消费必须明确其用途，因为各个用途之间既有竞争也有补充，而化肥这种养分载体不会改变。这时化肥可以分为两个层

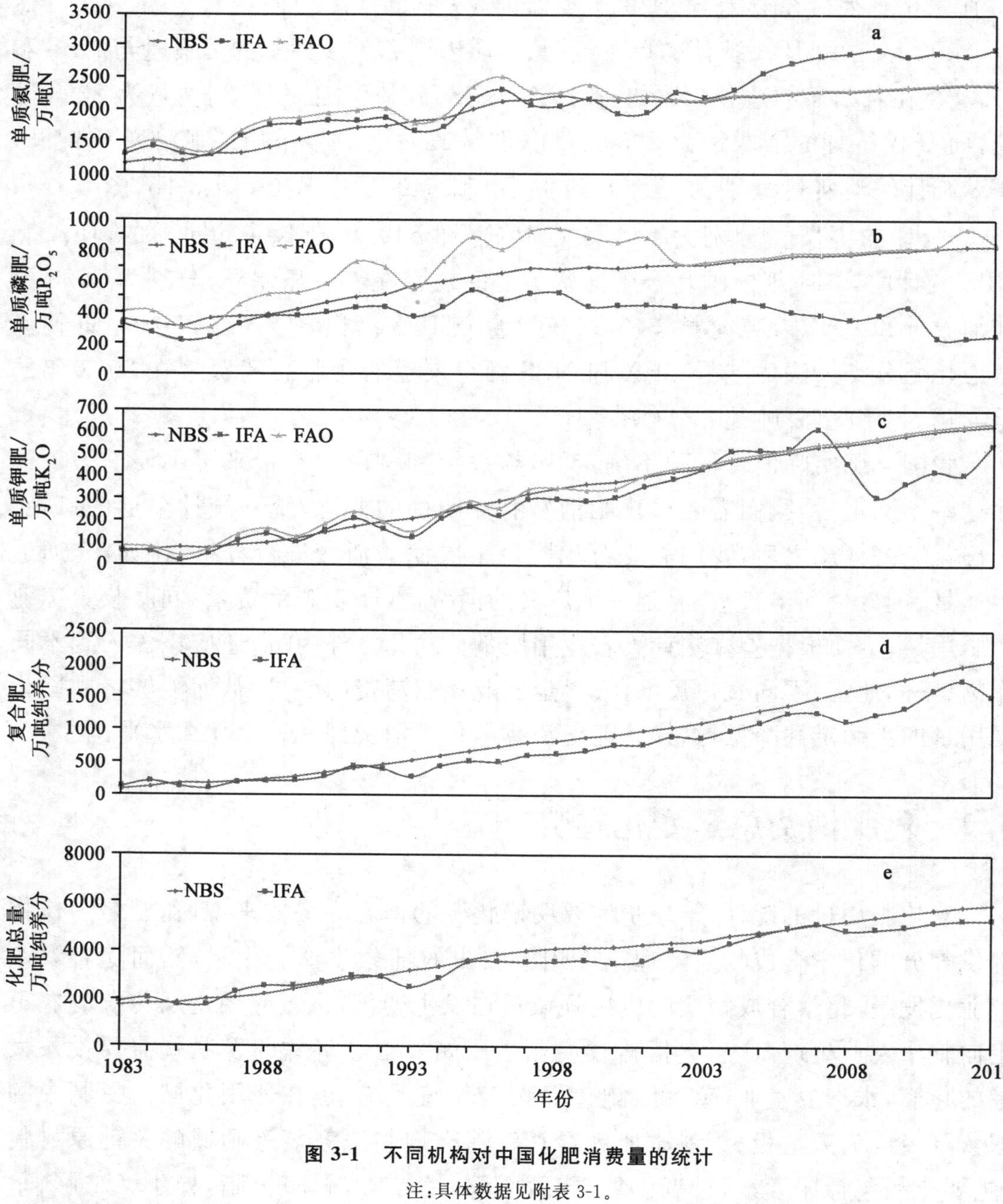

图 3-1　不同机构对中国化肥消费量的统计

注：具体数据见附表 3-1。

次来理解：第一层，将为大田农作物提供养分的化肥我们称之为狭义的化肥，而往上一层，我们将可以用于其他途径但主要用于作物营养的所有化学合成养分载体称为广义的化肥，而在统计时，将用于工业但采用农用化肥包装的部分也应纳入其中。

明确化肥的概念之后，我们对化肥每个层面的消费进行分析。首先是广义的化肥消费，由于广义的化肥消费不存在部门间的分配，我们设定在一个国家整体经济体系中，化肥的消费是一个系统平衡，即它的消费等于系统内部的资源量，在这里我们将这种资源量表述为表观消费量，具体表示为：表观消费量＝生产量＋进口量－出口量。这种方法忽视了库存的变化，因此与实际消费量之间有一定的差距。运用国家化肥生产和贸易数据计算表观消费量具有较高的可靠度，因为一方面工业部门经营者相对集中，全国化肥生产者不过几千家，远远小于上亿的农户，数据采集相对容易；另外一方面全国主要化肥企业一直执行上报制度，行业协会在数据收集方面也有着优良的传统，而化肥一直是我国重要的一种贸易产品，国家海关系统对化肥贸易有相关的监测和上报系统，且贸易数据可以和国际很多机构进行校验，其准确度更高。

从表3-1(具体情况详见附表3-2)可以看出，近20年来中国化肥表观消费量明显增长，从“九五”时期平均3648万吨增长至“十二五”时期平均6050万吨，增长了将近2400万吨，年平均增长约160万吨；但是，后十年(2006—2015)与前十年(1996—2005)相比，增长幅度下降了105万吨。表观消费量的增幅降低的原因主要有：①化肥生产量的大幅度提高，从“九五”期间的2900万吨增长至“十二五”期间的将近6600万吨；②化肥进口量在前十五年大幅下降，后五年回升幅度太小；③化肥的出口量在近20年来指数增加，增长幅度从前十年的120万吨增长至后十年的560万吨。表观消费量年际间的标准偏差也从“九五”期间的87万吨增长至“十二五”期间的330万吨，主要是因为生产量年度波动的增加。

表3-1 近20年中国化肥消费总量变化 万吨($N+P_2O_5+K_2O$)

时期	生产量	进口量	出口量	表观消费量	工业用量	农业用量
1996—2000年	2900±189	826±107	79±23	3648±87	82±19	3565±73
2001—2005年	4006±611	731±109	196±29	4541±109	221±23	4319±90
2006—2010年	5275±319	448±89	472±27	5251±335	497±28	4754±311
2011—2015年	6574±472	508±93	1033±58	6050±330	775±27^{e}	5274±306

注：数据为各个时期的平均值±标准差；e为估计值。

数据来源：生产量和工业用量数据由中国工业协会提供(中国氮肥工业协会、中国磷复肥工业协会、中国无机盐工业协会钾盐钾肥行业分会)，进口量和出口量数据由中国化工信息中心提供；农业用量＝表观消费量－工业用量，因此此处农业用量包含种植业和林牧渔业化肥用量；原始数据见附表3-2。

从农业用量来看，为了养活全中国，农业集约化生产方式不断发展，20年中的前十年，农用化肥呈现大幅度的增长，“十五”期间比“九五”期间增长了754万吨；后十年开始重视资源高效、环境安全，“十一五”和“十二五”期间，农用化肥用量增长幅度明显小于前十年，增长幅度下降到520万吨，降低了31%。“十二五”期间农用化肥用量为5274万吨，远远低于6574万吨的总用量。主要是由于工业用量的增幅远远高于农业用量，从“九五”期间的82万吨增长至“十二五”期间的776万吨，年增长率从139万吨/年增长至278万吨/年。而且各个时期工业用量的标准偏差无明显变化，而农业用量的偏差不断增大，说明工业用肥呈现稳定增长，而农业用肥开始波动。

3.2.1 氮肥消费量

从表3-2(具体情况详见附表3-3)可以看出，近20年来中国氮肥表观消费量明显增长，从“九五”时期平均2442万吨N增长至“十二五”时期平均3773万吨N，约增长了1330万吨N，年平均增长将近90万吨N；但是，后十年(2006—2015)与前十年(1996—2005)相比，增长幅度从569万吨N下降到365万吨N，下降了204万吨N。表观消费量的增幅降低主要是由于氮肥进口量和出口量此消彼长的变化：进口量呈指数下降，而出口量却呈指数增长，且增长幅度较进口幅度大。

表3-2 近20年中国氮肥消费总量变化 万吨N

时期	生产量	进口量	出口量	表观消费量	工业用量	农业用量
1996—2000年	2242±165	222±140	22±17	2442±114	63±14	2378±112
2001—2005年	3019±417	108±79	115±27	3011±117	181±16	2830±105
2006—2010年	3659±145	33±37	285±26	3407±246	436±20	2970±228
2011—2015年	4403±347	24±40	654±53	3773±215	676±20[e]	3096±199

注：数据为各个时期的平均值±标准差；e为估计值，部分数据缺失。

数据来源：生产量和工业用量数据由中国氮肥工业协会提供，进口量和出口量数据由中国化工信息中心提供；农业用量=表观消费量-工业用量，因此此处农业用量包含种植业和林牧渔业化肥用量。

从氮肥农业用量来看，“十五”期间比“九五”期间增长了452万吨N；而“十一五”到“十二五”期间，增长幅度下降到126万吨N，下降了72%。近20年，特别是2006年以来，更重视作物高产资源高效、资源环境安全，随着新技术的应用(如测土配方施肥)和农民认知度的提高，农民施氮量相对稳定，中国氮肥消费量缓慢增长并趋于稳定，农业用量的标准偏差在“十一五”到“十二五”期间，从228万吨N下降到199万吨N，变异度(标准差除以平均值)明显下降。

从工业用量来看，近20年来呈现出加速增长的趋势，从“九五”期间63万吨N增长至“十二五”期间676万吨，增长幅度从前十年117万吨N增长至后十年的240万吨N。工业氮肥以工业尿素和硝酸铵为主，广泛用于人造板、三聚氰胺、陶瓷、涂料、医药、除雾剂、洗涤用品、民爆炸药等方面，而近些年随着环保要求提高，环保领域(电厂脱硝、ADC 发泡剂、氰脲酸、车用尿素)的发展也带动氮肥工业用量的迅猛增长。工业用量标准偏差稍有增长。

3.2.2　磷肥消费量

从表 3-3(具体情况详见附表 3-4)可以看出，中国的磷肥消费主要来自于农业领域，表观消费量与农业用量是一致的。近 20 年来中国磷肥用量增速呈倒 U 形变化，“十五”期间比“九五”增长 134 万吨 P_2O_5，“十一五”比“十五”增长 225 万吨 P_2O_5，增速提高。但“十二五”比“十一五”增长 125 万吨 P_2O_5，增速降低。磷肥表观消费量从“九五”期间的 881 万吨 P_2O_5 增加至“十二五”期间的 1365 万吨 P_2O_5。中国磷肥生产量、进口量、出口量和农业消费量均日趋稳定，年际间变异度逐渐减小。

表 3-3　近 20 年中国磷肥消费总量变化　　万吨 P_2O_5

时期	生产量	进口量	出口量	表观消费量	工业用量	农业用量
1996—2000 年	636±38	264±32	19±6	881±51	0±0	881±51
2001—2005 年	911±153	165±48	62±8	1015±28	0±0	1015±28
2006—2010 年	1363±139	47±40	170±13	1240±50	0±0	1240±50
2011—2015 年	1698±60	28±39	361±16	1365±60	0±0	1365±60

注:数据为各个时期的平均值±标准差。

数据来源:生产量和工业用量数据由中国磷复肥工业协会提供，进口量和出口量数据由中国化工信息中心提供;农业用量=表观消费量－工业用量，因此此处农业用量包含种植业和林牧渔业化肥用量。

3.2.3　钾肥消费量

从表 3-4(具体情况详见附表 3-5)可以看出，近 20 年来中国钾肥表观消费量呈增长趋势，从“九五”时期的平均 323 万吨 K_2O 增长至“十二五”时期的平均 912 万吨 K_2O，增长了 589 万吨 K_2O，年平均增长将近 30 万吨 K_2O；后十年(2006—2015)与前十年(1996—2005)相比，增长幅度从 191 万吨 K_2O 上升到 309 万吨 K_2O，上升了 118 万吨 K_2O，增速提高。钾素增长主要由于钾肥生产量的快速增长与稳定的进口量，国产钾肥从“九五”期间的 22 万吨 K_2O 增加至“十二五”期间的 473 万吨 K_2O；而钾肥进口量一直维持 340 万～460 万吨 K_2O 之间。

从农业用量来看，“十五”期间比“九五”期间增长了 169 万吨 K_2O；“十一五”比“十五”增长了 68 万吨 K_2O，增速下降了约 100 万吨 K_2O；然而从“十一五”到

“十二五”，农业钾肥用量增加了约 270 万吨，增速大幅增加。近 20 年，特别是进入 2010 年之后，钾肥价格稳定以及经济作物钾肥用量的增加，使得“十二五”期间的农业钾肥用量明显高于其他时期。“十二五”期间的五年中国钾肥消费量逐渐趋于稳定，农业用量的变异度（标准差除以平均值）从“九五”到“十二五”期间，从 0.15 降到 0.07，有明显下降。

钾肥工业用量成倍的增长，从“九五”期间的 18 万吨 K_2O 增长至“十二五”期间的 99 万吨 K_2O，增长幅度从前十年 22 万吨 K_2O 增长至后十年的 39 万吨 K_2O。工业用量标准偏差稍有增长，但变幅较小。

表 3-4　近 20 年中国钾肥消费总量变化　　万吨 K_2O

时期	生产量	进口量	出口量	表观消费量	工业用量	农业用量
1996—2000 年	22±3	339±50	38±8	323±50	18±5	305±46
2001—2005 年	75±44	457±24	18±11	514±31	40±7	474±25
2006—2010 年	253±62	366±49	16±12	603±62	60±7	542±55
2011—2015 年	473±88	455±44	16±13	912±63	99±7^{e}	813±56

注：数据为各个时期的平均值±标准差；e 为估计值，部分数据缺失。

数据来源：生产量和工业用量数据由中国无机盐工业协会钾盐钾肥行业分会提供，进口量和出口量数据由中国化工信息中心提供；农业用量＝表观消费量－工业用量，因此此处农业用量包含种植业和林牧渔业化肥用量。

3.3　主要作物肥料用量变化

国家发改委主编的《农产品成本收益资料汇编》是目前国内针对主要作物用肥情况统计最全面的资料，虽然其统计方法及结果与部分专家调研资料有偏差，但是据我们研究，其数据与我们在全国大样本调研的匹配度越来越高。因此，我们根据《农产品成本收益资料汇编》统计的中国近 20 年来主要作物单位面积施肥用量的数据，以及中国农业大学调研的 2000—2013 年期间的农户不同养分施肥面积比例数据（例如施用氮肥的稻田占调研总面积的比例，农户调研样本约 68000 个），同时结合不同作物的播种面积数据，计算中国主要作物肥料总用量的变化。

3.3.1　稻谷

根据 FAO 官方统计数据（FAO，2016），2013 年全球稻谷产量 7.39 亿吨，中国稻谷产量 2.05 亿吨，占全球产量的 28%，居世界第一位；中国稻谷单产 6.7 吨/公顷，高出世界平均水平 49%，单产水平在全球位居第 14 位，达到全球单产最高国家(澳大利亚:10.2 吨/公顷)的 66%。全球稻谷收获面积 1.64 亿公顷,中国稻谷收获面积将近 0.31 亿公顷,占全球收获面积的 19%,仅次于印度,居世界第二。稻谷是我国的主粮,南方水稻种植区域占全国总播种面积的 94%,其中长江流域水稻面积已占全国的 66%;北方稻作区约占全国播种面积的 6%,主要分布在黑龙江省。近 20 年来(表 3-5,具体情况详见附表 3-6),我国水稻单位面积氮肥用量在缓慢下降,磷肥和钾肥用量呈增长趋势。水稻平均施肥水平的变化与水稻生产区域格局演变有关。我国水稻生产布局已由传统的“南方稻作区”向“北兴南衰”的水稻生产布局趋势转变(徐萌,2010)。水稻种植比例显著减少的地区主要集中在福建、广东和浙江等沿海省份,其次是江西、湖南、安徽南部、四川盆地和重庆等地,减少程度相对于沿海较轻(刘珍环等,2016)。20 年来全国水稻种植总面积相对稳定,原因是东北寒地水稻播种面积快速增长。东北寒地水稻氮肥用量远远低于南方水稻,从而拉低了我国氮肥施肥水平。施用氮肥和磷肥的农户比例在“十五”期间就已经较高,说明稻农对氮磷肥的认知度很高,而钾肥施用比例在近些年持续提高,“十二五”期间已到达 75%,钾肥逐渐普及到水稻生产中。随着单位面积用量、施肥比例以及播种面积三个指标的综合变化,水稻的化肥总量出现不同的变化规律,其中氮肥总用量在逐渐地下降,磷肥和钾肥的用量在不断地增加。

表 3-5 近 20 年来中国稻谷施肥量变化

时期	播种面积/千公顷	单产/(千克/公顷)	单位面积化肥用量/(千克/公顷)			施肥比例			化肥总用量/万吨		
			N	P_2O_5	K_2O	N	P_2O_5	K_2O	N	P_2O_5	K_2O
1996—2000 年	31126	6678	236	54	43	0.8	0.91	0.45	588	152	60
2001—2005 年	28150	6827	224	57	48	0.9	0.91	0.55	568	145	74
2006—2010 年	29320	7273	212	59	64	0.8	0.9	0.65	498	156	121
2011—2015 年	30206	7688	200	66	77	0.8	0.9	0.75	483	179	175

注:化肥总用量=单位面积用量×播种面积×施肥面积比例,单位面积用量数据来源于国家发改委《农产品成本收益资料汇编》,播种面积数据来源于国家统计局统计年鉴,施肥面积比例根据农户调研数据推算。

3.3.2 小麦

根据 FAO 官方统计数据(FAO,2016),2013 年全球小麦产量 7.11 亿吨,中国小麦产量 1.22 亿吨,占全球产量的 17%,居世界第一位;中国小麦单产 5.05 吨/公顷,高出世界平均水平 55%,单产水平在全球位居第 21 位,达到全球单产最高国家(新西兰:9.1 吨/公顷)的 56%。全球小麦收获面积 2.18 亿公顷,中国收获面积将近0.24亿公顷,占全球收获面积的11%,仅次于印度(0.3亿公顷),居世界第二。小麦是我国的主粮,但是种植区域结构发生了显著变化,其中“九五”到“十五”期间出现过下滑,“十五”后开始大幅回升(表3-6,具体情况详见附表3-7)。在总播种面积变化的同时,区域布局发生显著变化,东北、西北等地小麦播种面积下降,而华北平原小麦播种面积增长。由于华北地区单产水平高、施肥量相对较高,因此近些年随着小麦向华北集中,小麦的平均施肥量呈现增长趋势。

表3-6 近20年来中国小麦施肥量变化

时期	播种面积/千公顷	单产/(千克/公顷)	单位面积化肥用量/(千克/公顷)			施肥比例			化肥总用量/万吨		
			N	P_2O_5	K_2O	N	P_2O_5	K_2O	N	P_2O_5	K_2O
1996—2000年	28990	4006	193	67	42	0.6	0.79	0.28	336	154	34
2001—2005年	22998	4332	188	69	40	0.7	0.79	0.41	302	126	38
2006—2010年	23900	5544	202	84	63	0.8	0.93	0.59	386	187	88
2011—2015年	24173	5985	219	90	81	0.8	0.93	0.75	424	203	147

注:化肥总用量=单位面积用量×播种面积×施肥面积比例,单位面积用量数据来源于国家发改委《农产品成本收益资料汇编》,播种面积数据来源于国家统计局统计年鉴,施肥面积比例根据农户调研数据推算。

3.3.3 玉米

根据FAO官方统计数据(FAO,2016),2013年全球玉米产量10.14亿吨,中国玉米产量2.19亿吨,占全球产量的22%,仅次于美国,居世界第二位;中国玉米单产6.01吨/公顷,高出世界平均水平10%,单产水平在全球位居第43位,与美国相比,单产水平为美国的60%。全球玉米收获面积1.86亿公顷,中国收获面积将近0.36亿公顷,占全球收获面积的20%,居世界第一。在中国,玉米的用途主要包括:①直接食用;②饲料用途;③工业加工:玉米淀粉、玉米发酵加工、玉米制糖、玉米油等。根据中国国家统计局数据,2015年玉米产量占主要粮食作物的36%,播种面积占主要粮食作物的34%。我国的玉米主要产区是东北(黑龙江、吉林和辽宁)、华北(北京、河北、河南、江苏、山东、天津、安徽)和西南山区(广西、云南和贵州),其产量和播种面积均占全国的69%。从表3-7(具体情况详见附表3-8)可以看出,近20年来,我国玉米的单位面积氮肥用量略有下降,磷肥和钾肥呈增长趋势,而且随着氮、磷、钾等肥料的施用比例(普及率)不断提高,以及播种面积持续增长,玉米化肥总用量呈现大幅增长的趋势。

表 3-7　近 20 年来中国玉米施肥量变化

时期	播种面积/千公顷	单产/(千克/公顷)	单位面积化肥用量/(千克/公顷)			施肥比例			化肥总用量/万吨		
			N	P_2O_5	K_2O	N	P_2O_5	K_2O	N	P_2O_5	K_2O
1996—2000 年	24494	5480	226	45	29	0.6	0.43	0.17	333	48	12
2001—2005 年	24958	5960	214	50	32	0.7	0.51	0.23	375	64	18
2006—2010 年	30297	6557	205	60	50	0.7	0.59	0.27	435	107	41
2011—2015 年	36027	7324	203	76	73	0.8	0.67	0.48	586	184	126

注:化肥总用量＝单位面积用量×播种面积×施肥面积比例,单位面积用量数据来源于国家发改委《农产品成本收益资料汇编》,播种面积数据来源于国家统计局统计年鉴,施肥面积比例根据农户调研数据推算。

3.3.4　豆类

本节主要讨论以大豆为代表的豆类作物。根据 FAO 官方统计数据(FAO,2016),2013 年全球大豆产量 2.78 亿吨,中国大豆产量 0.12 亿吨,仅占全球产量的 4%,位于美国(33%)、巴西(30%)和阿根廷(18%)之后,居世界第四位;中国大豆单产 1.76 吨/公顷,低于世界平均水平,单产水平在全球位居第 42 位,达到全球单产最高国家(泰国:6.25 吨/公顷)的 28%,与美国相比,单产水平为美国的 59%。全球大豆收获面积 1.11 亿公顷,中国收获面积将近 0.07 亿公顷,占全球收获面积的 6%,居世界第五位。根据中国国家统计局数据,2015 年豆类作物播种面积占我国主要农作物播种面积的 5.3%,其主产区分布在东北地区,仅黑龙江省大豆播种面积就占全国豆类总播种面积的 28%。从表 3-8(具体情况详见附表 3-9)可以看出,近 20 年来,我国豆类的单位面积氮肥用量基本不变,磷肥和钾肥用量有所增长,化肥施用比例均相对较低。随着进口大豆的增加,中国大豆种植结构发生了较大的调整,总体播种面积不断缩减。以黑龙江省为例,大豆种植结构明显北扩东移(董菲菲等,2017),尤其是最近 5 年很多地区大豆改种玉米,使得豆类面积下降幅度相对较大。2009—2014 年间,仅黑龙江省大豆播种面积就下降了 3000 万亩,几乎减少一半(宋晓娟,2016)。

3.3.5　薯类

薯类作物又称根茎类作物,主要包括甘薯、马铃薯、山药、芋类等。根据 FAO 官方统计数据(FAO,2016),2013 年全球薯类产量 8.14 亿吨,中国薯类产量 1.70 亿吨,占全球产量的 21%,居世界第一位;中国薯类单产 18.5 吨/公顷,高于世界平均水平,单产水平在全球位居第 67 位,达到全球单产最高国家(科威特:120 吨/公顷)的 15%。全球薯类收获面积 0.61 亿公顷,中国收获面积将近 0.09 亿公顷,占全球收获面积的 15%,仅次于尼日利亚,居世界第二位。根据中国国家统计局数据,薯类作物播种面积占我国主要农作物播种面积的 5.3%,其主要分布在西北和西南山区各省(自治区、直辖市),如四川省、贵州省、重庆市、云南省、甘肃省和内蒙古自治区,共占全国薯类总播种面积的 54%。近些年虽然我国薯类总面积变化不大,但是商业化生产、区域性集中非常明显,带动了化肥的施用。从表 3-9(具体情况详见附表 3-10)可以看出,近 20 年来,我国薯类的单位面积氮肥、磷肥和钾肥用量均在不断上升,但是考虑到仍有很多地方马铃薯作为庭院蔬菜,因此其施肥面积比例相对较低。但总体而言,薯类作物仍是近些年氮肥、磷肥和钾肥总用量增长的主要贡献者。

表 3-8　近 20 年来中国豆类施肥量变化

时期	播种面积/千公顷	单产/(千克/公顷)	单位面积化肥用量/(千克/公顷)			施肥比例			化肥总用量/万吨		
			N	P_2O_5	K_2O	N	P_2O_5	K_2O	N	P_2O_5	K_2O
1996—2000 年	11445	1804	49	21	13	0.4	0.64	0.31	22	15	5
2001—2005 年	12882	1904	53	30	19	0.4	0.64	0.31	27	25	8
2006—2010 年	11854	1965	56	34	32	0.5	0.65	0.32	33	26	12
2011—2015 年	9526	2139	55	37	38	0.5	0.65	0.32	26	23	12

注:化肥总用量=单位面积用量×播种面积×施肥面积比例,单位面积用量数据来源于国家发改委《农产品成本收益资料汇编》,播种面积数据来源于国家统计局统计年鉴,施肥面积比例根据农户调研数据推算。

表 3-9　近 20 年来中国薯类施肥量变化

时期	播种面积/千公顷	单产/(千克/公顷)	单位面积化肥用量/(千克/公顷)			施肥比例			化肥总用量/万吨		
			N	P_2O_5	K_2O	N	P_2O_5	K_2O	N	P_2O_5	K_2O
1996—2000 年											
2001—2005 年	9480	23384	184	82	52	0.5	0.5	0.32	87	39	16
2006—2010 年	8354	22707	196	92	73	0.6	0.5	0.32	98	39	20
2011—2015 年	8907	23478	226	120	93	0.6	0.5	0.32	121	53	27

注:化肥总用量=单位面积用量×播种面积×施肥面积比例,单位面积用量数据来源于国家发改委《农产品成本收益资料汇编》,播种面积数据来源于国家统计局统计年鉴,施肥面积比例根据农户调研数据推算。

3.3.6 水果

根据 FAO 官方统计数据(FAO,2016),2013 年全球水果产量 6.73 亿吨,中国水果产量 1.50 亿吨,占全球产量的 22%,居世界第一位;中国水果单产 11 吨/

公顷，略高于世界平均水平，单产水平在全球位居第 69 位。全球水果收获面积 0.60 亿公顷，中国收获面积将近 0.14 亿公顷，占全球收获面积的 23%，居世界第一位。根据中国国家统计局数据，2015 年我国果园面积为 12816.7 千公顷，我国主要农作物播种面积为 166373.8 千公顷，果园面积仅为农作物播种面积的 7.8%。水果在中国种植非常广泛，其中陕西、广西、广东、河北、新疆和山东等地排在前列，其播种面积占全国总播种面积的 49%。国家发改委调研的水果主要包括柑橘和苹果，本书中用各个省(自治区、直辖市)的苹果和柑橘的肥料用量代表所有水果的肥料平均用量。从表 3-10(具体情况详见附表 3-11)可以看出，近 20 年来，我国果树的单位面积氮肥用量增长速度相对较小，而磷肥和钾肥用量却在大幅增长。由于果树大部分为经济作物，氮磷钾肥施用比例均非常高。除此之外，果树种植面积在近 20 年来增长非常快，71% 的水果种植县的种植比例增加趋势显著(刘珍环等，2016)，从而导致氮、磷、钾总用量均表现出大幅增加。

表 3-10　近 20 年来中国水果施肥量变化

时期	播种面积/千公顷	单产/(千克/公顷)	单位面积化肥用量/(千克/公顷)			施肥比例			化肥总用量/万吨		
			N	P_2O_5	K_2O	N	P_2O_5	K_2O	N	P_2O_5	K_2O
1996—2000 年	8667	23990	362	145	132	0.8	0.91	0.7	251	114	80
2001—2005 年	9476	23490	397	176	186	0.8	0.91	0.7	301	152	123
2006—2010 年	10802	26781	359	207	206	0.85	0.91	0.8	330	204	178
2011—2015 年	12457	28978	379	263	253	0.9	0.91	0.8	425	299	252

注：化肥总用量＝单位面积用量×播种面积×施肥面积比例，单位面积用量数据来源于国家发改委《农产品成本收益资料汇编》，播种面积数据来源于国家统计局统计年鉴，施肥面积比例根据农户调研数据推算。

3.3.7　蔬菜

根据食用部分，蔬菜可分为根菜类、茎菜类、叶菜类、花菜类、果菜类等。根据 FAO 官方统计数据(FAO，2016)，2013 年全球蔬菜产量 11.3 亿吨，中国蔬菜产量 5.8 亿吨，占全球产量的 51%，居世界第一位；中国蔬菜单产 23.9 吨/公顷，略高于世界平均水平，单产水平在全球位居第 43 位。全球蔬菜收获面积 0.58 亿公顷，中国收获面积将近 0.24 亿公顷，占全球收获面积的 41%，居世界第一位。根据中国国家统计局数据，2015 年我国蔬菜播种面积高达 21999.7 千公顷，占我国主要农作物播种面积的 13%，31 个省(自治区、直辖市)均有蔬菜种植，排名前十的是山东、河南、江苏、广东、湖南、四川、河北、广西、湖北和云南，其播种面积占全国蔬菜总播种面积的 63%。国家发改委调研的蔬菜主要分为大棚蔬菜(设施蔬菜)和露地蔬菜,各个地方的叫法不一样。其中,大棚蔬菜主要有菜椒、黄瓜、茄子、番茄;露地蔬菜主要有菜花、菜椒、大白菜、豆角、黄瓜、番茄和圆白菜等。本书用调研样本平均的化肥用量来估计整个蔬菜的平均用量,与国家统计局的蔬菜播种面积(所有种类)进行匹配,从而计算全国的总量。从表 3-11(具体情况详见附表 3-12)可以看出,近 20 年来,我国蔬菜的单位面积氮肥用量在前十年一直处于不断增长的情况,进入"十二五"期间,氮肥用量开始逐步下降。而对于磷肥和钾肥,单位面积用量一直在不断增长。作为主要经济作物,我国的蔬菜化肥施用比例都非常高。除此之外,由于大棚、温室等设施的发展,蔬菜的种植面积在不断攀升,全国将近 88%的蔬菜种植县的种植比例增加趋势显著(刘珍环等,2016),从而导致氮磷钾肥的总用量均大幅增长。

表 3-11 近 20 年来中国蔬菜施肥量变化

时期	播种面积/千公顷	单产/(千克/公顷)	单位面积化肥用量/(千克/公顷)			施肥比例			化肥总用量/万吨		
			N	P_2O_5	K_2O	N	P_2O_5	K_2O	N	P_2O_5	K_2O
1996—2000 年	13626	46390	344	105	95	0.7	0.79	0.7	328	113	91
2001—2005 年	17398	49903	344	129	114	0.75	0.79	0.75	449	178	149
2006—2010 年	17847	53049	351	156	146	0.8	0.79	0.8	502	220	209
2011—2015 年	20859	55196	335	194	198	0.85	0.79	0.85	593	320	351

注:化肥总用量=单位面积用量×播种面积×施肥面积比例,单位面积用量数据来源于国家发改委《农产品成本收益资料汇编》,播种面积数据来源于国家统计局统计年鉴,施肥面积比例根据农户调研数据推算。

3.3.8 甘蔗

全世界有 100 多个国家出产甘蔗,最大的甘蔗生产国是巴西、印度和中国。根据 FAO 官方统计数据(FAO,2016),2013 年全球甘蔗产量 19 亿吨,中国甘蔗产量 1.3 亿吨,仅占全球产量的 7%,位于巴西和印度之后,居世界第三位;中国甘蔗单产 70.5 吨/公顷,略低于世界平均水平,单产水平在全球位居第 33 位。全球甘蔗收获面积 0.27 亿公顷,中国收获面积将近 0.02 亿公顷,占全球收获面积的 7%,居世界第三位。根据中国国家统计局数据,2015 年我国甘蔗播种面积达 1599.7 千公顷,其主产区主要在广西、云南和广东,其播种面积占全国甘蔗总播种面积的 90%。虽然甘蔗的种植面积相对较小,但随着糖料需求的增长以及鲜食果蔗需求的增长,播种面积增长速度较快。随着播种面积和种植结构的变化,近 20 年来我国甘蔗的单位面积氮肥用量下降之后又逐步回升,磷肥和钾肥单位面积用量一直在不断增长(表 3-12,具体情况详见附表 3-13)。由于甘蔗的市场化程度较高，氮、磷、钾肥施用面积比例较高。随着单位面积用量、施肥面积比例、播种面积的增长，甘蔗氮磷钾肥的总用量均不断增长。

表 3-12　近 20 年来中国甘蔗施肥量变化

时期	播种面积/千公顷	单产/(千克/公顷)	单位面积化肥用量/(千克/公顷)			施肥比例			化肥总用量/万吨		
			N	P_2O_5	K_2O	N	P_2O_5	K_2O	N	P_2O_5	K_2O
1996—2000 年	1282	72437	507	143	148	0.5	0.94	0.48	32	17	9
2001—2005 年	1357	70677	398	160	157	0.6	0.94	0.49	32	20	10
2006—2010 年	1618	74186	428	160	190	0.6	0.94	0.51	42	24	16
2011—2015 年	1738	74675	472	204	223	0.7	0.94	0.53	57	33	21

注：化肥总用量＝单位面积用量×播种面积×施肥面积比例，单位面积用量数据来源于国家发改委《农产品成本收益资料汇编》，播种面积数据来源于国家统计局统计年鉴，施肥面积比例根据农户调研数据推算。

3.3.9　甜菜

甜菜原产于欧洲西部和南部沿海，从瑞典移植到西班牙，大约在 1500 年前从阿拉伯国家传入中国。1906 年糖用甜菜引进中国。根据 FAO 官方统计数据（FAO，2016），2013 年全球甜菜产量 2.48 亿吨，中国甜菜产量 0.09 亿吨，仅占全球产量的 4%，居世界第十位；中国甜菜单产 50.9 吨/公顷，低于世界平均水平，单产水平在全球位居第 28 位。全球甜菜收获面积 0.04 亿公顷，中国收获面积将近 18 万公顷，占全球收获面积的 4%，居世界第九位。根据中国国家统计局数据，2015 年我国甜菜播种面积为 136.9 千公顷，其主产区主要在新疆和内蒙古等地区，两自治区播种面积占全国甜菜总播种面积的 81%。从表 3-13（具体情况详见附表 3-14）可以看出，近 20 年来，我国甜菜的单位面积氮肥、磷肥和钾肥用量均在下降之后又逐步回升。磷肥的施用比例较氮肥和钾肥高。但甜菜的播种面积相对较小且不断降低，从而导致氮磷钾肥的总用量均不断下降。

3.3.10　油料

油料作物主要包括花生和油菜。根据 FAO 官方统计数据（FAO，2016），2013 年全球油料产量 1.97 亿吨，中国油料产量 0.17 亿吨，仅占全球产量的 9%，居世界第四位；中国油料单产 0.67 吨/公顷，低于世界平均水平，单产水平在全球位居第 67 位。全球油料收获面积 2.86 亿公顷，中国收获面积将近 0.26 亿公顷，占全球收获面积的 9%，居世界第四位。

表 3-13 近 20 年来中国甜菜施肥量变化

时期	播种面积/千公顷	单产/(千克/公顷)	单位面积化肥用量/(千克/公顷)			施肥比例			化肥总用量/万吨		
			N	P_2O_5	K_2O	N	P_2O_5	K_2O	N	P_2O_5	K_2O
1996—2000 年	501	32119	244	88	64	0.5	0.94	0.48	6	4	2
2001—2005 年	296	37655	204	60	55	0.6	0.94	0.49	4	2	1
2006—2010 年	211	47654	214	75	77	0.6	0.94	0.51	3	1	1
2011—2015 年	184	52494	247	95	101	0.7	0.94	0.53	3	2	1

注:化肥总用量=单位面积用量×播种面积×施肥面积比例,单位面积用量数据来源于国家发改委《农产品成本收益资料汇编》,播种面积数据来源于国家统计局统计年鉴,施肥面积比例根据农户调研数据推算。

(1)花生

根据中国国家统计局数据,2015 年我国花生播种面积为 4615.7 千公顷,花生种植范围较广,排名前五的省份分别是河南、山东、广东、河北和辽宁,五省播种面积占全国花生总播种面积的 61%。从表 3-14(具体情况详见附表 3-15)可以看出,近 20 年来,我国花生的单位面积氮肥用量下降之后又逐步回升,磷肥和钾肥单位面积用量一直在不断增长。磷肥的施用比例较氮肥和钾肥高。花生的种植面积相对较小,年际间有所波动,总体上氮磷钾肥的总用量均相对较小,对化肥消费贡献不大。

表 3-14 近 20 年来中国花生施肥量变化

时期	播种面积/千公顷	单产/(千克/公顷)	单位面积化肥用量/(千克/公顷)			施肥比例			化肥总用量/万吨		
			N	P_2O_5	K_2O	N	P_2O_5	K_2O	N	P_2O_5	K_2O
1996—2000 年	4100	2628	104	55	31	0.4	0.68	0.22	17	15	3
2001—2005 年	4875	2888	95	66	43	0.5	0.68	0.24	23	22	5
2006—2010 年	4211	3246	117	81	66	0.5	0.68	0.26	25	23	7
2011—2015 年	4615	3584	121	89	76	0.6	0.68	0.26	34	28	9

注:化肥总用量=单位面积用量×播种面积×施肥面积比例,单位面积用量数据来源于国家发改委《农产品成本收益资料汇编》,播种面积数据来源于国家统计局统计年鉴,施肥面积比例根据农户调研数据推算。

(2)油菜

根据中国国家统计局数据,2015 年我国油菜播种面积为 7534.4 千公顷,分布于中国 28 个省份,其中长江流域的江汉平原为油菜主产区,其次是四川盆地;湖南、湖北、江西和四川四省播种面积占全国油菜总播种面积的 55%。从表 3-15(具体情况详见附表 3-16)可以看出,近 20 年来,我国油菜的单位面积氮肥用量在逐步下降,磷肥和钾肥呈增长趋势。磷肥的施用比例较氮肥和钾肥高。油菜的播种面积波动幅度较大，年际间差别较大。油菜的氮肥、磷肥和钾肥的总用量呈现小幅增长趋势。

表 3-15　近 20 年来中国油菜施肥量变化

时期	播种面积/千公顷	单产/(千克/公顷)	单位面积化肥用量/(千克/公顷)			施肥比例			化肥总用量/万吨		
			N	P_2O_5	K_2O	N	P_2O_5	K_2O	N	P_2O_5	K_2O
1996—2000 年	6826	1631	141	51	18	0.4	0.68	0.22	38	24	3
2001—2005 年	7202	1835	139	57	22	0.5	0.68	0.24	50	28	4
2006—2010 年	6573	2010	137	56	29	0.5	0.68	0.26	45	25	5
2011—2015 年	7487	2017	134	57	38	0.6	0.68	0.26	60	29	7

注：化肥总用量＝单位面积用量×播种面积×施肥面积比例，单位面积用量数据来源于国家发改委《农产品成本收益资料汇编》，播种面积数据来源于国家统计局统计年鉴，施肥面积比例根据农户调研数据推算。

3.3.11　棉花

根据 FAO 官方统计数据(FAO，2016)，2013 年全球棉花产量 0.45 亿吨，中国棉花产量 0.13 亿吨，占全球产量的 29%，居世界第一位。根据中国国家统计局数据，2015 年我国棉花播种面积为 3796 千公顷，我国棉花主要产区在南疆棉区、江淮平原、江汉平原、冀中南、鲁西北、豫北平原、长江下游滨海沿江平原。其中仅新疆播种面积占全国总播种面积的一半左右。从表 3-16(具体情况详见附表 3-17)可以看出，近 20 年来，我国棉花的单位面积氮肥、磷肥和钾肥用量均逐步增长。磷肥的施用比例较氮肥和钾肥高。我国棉花种植成本利益经历了规模递增阶段，现在正处于“高投入，低产出”的规模报酬递减阶段(李先东等，2016)。棉花的播种面积从“九五”到“十一五”期间曾呈增长趋势，进入“十二五”期间，播种面积大幅下降，从而导致棉花的氮肥、磷肥和钾肥的总用量在“十二五”期间呈现下降趋势。

3.3.12　烟叶

烟叶原产于南美洲，世界各地均有栽培。根据 FAO 官方统计数据(FAO，2016)，2013 年全球烟叶产量 0.08 亿吨，中国烟叶产量 0.03 亿吨，占全球产量的 45%，居世界第一位；中国烟叶单产 2.1 吨/公顷，高于世界平均水平，单产水平在全球位居第 35 位。全球烟叶收获面积 0.042 亿公顷，中国收获面积将近 0.016 亿公顷，占全球收获面积的 39%，居世界第一位。根据中国国家统计局数据,2015年我国烟叶播种面积为1314千公顷,其主产区主要在云南、贵州、河南、湖南和四川等地,五省播种面积占全国烟叶总播种面积的72%。从表3-17(具体情况详见附表3-18)可以看出,近20年来我国烟叶的单位面积氮肥和磷肥用量增长不明显,钾肥用量增长较明显。氮磷钾肥施用比例相对较高。烟草的播种面积从"九五"到"十一五"期间不断缩减,进入"十二五"期间,播种面积突升,由此导致烟草的氮、磷、钾肥的总用量略有上升。

表3-16 近20年来中国棉花施肥量变化

时期	播种面积/千公顷	单产/(千克/公顷)	单位面积化肥用量/(千克/公顷)			施肥比例			化肥总用量/万吨		
			N	P_2O_5	K_2O	N	P_2O_5	K_2O	N	P_2O_5	K_2O
1996—2000年	4288	998	239	76	59	0.5	0.95	0.17	51	31	4
2001—2005年	4972	1141	280	91	81	0.5	0.95	0.17	70	43	7
2006—2010年	5459	1201	307	110	112	0.6	0.95	0.47	101	57	29
2011—2015年	4418	1300	341	129	140	0.6	0.95	0.47	90	54	29

注:化肥总用量=单位面积用量×播种面积×施肥面积比例,单位面积用量数据来源于国家发改委《农产品成本收益资料汇编》,播种面积数据来源于国家统计局统计年鉴,施肥面积比例根据农户调研数据推算。

表3-17 近20年来中国烟叶施肥量变化

时期	播种面积/千公顷	单产/(千克/公顷)	单位面积化肥用量/(千克/公顷)			施肥比例			化肥总用量/万吨		
			N	P_2O_5	K_2O	N	P_2O_5	K_2O	N	P_2O_5	K_2O
1996—2000年	1676	2041	156	151	175	0.6	0.88	0.7	16	22	21
2001—2005年	1312	1921	138	153	161	0.6	0.88	0.7	11	18	15
2006—2010年	1283	2146	138	162	210	0.8	0.88	0.8	14	18	22
2011—2015年	1492	2144	140	158	221	0.8	0.88	0.8	17	21	26

注:化肥总用量=单位面积用量×播种面积×施肥面积比例,单位面积用量数据来源于国家发改委《农产品成本收益资料汇编》,播种面积数据来源于国家统计局统计年鉴,施肥面积比例根据农户调研数据推算。

3.4 化肥消费去向变化

我国肥料主要应用在种植业、工业、林业、渔业、畜牧业、草地和设施园艺领域。其中氮肥应用领域较广,包括种植业、人造板、三聚氰胺、民爆炸药、林业、渔业、畜牧业、草地和设施园艺等领域;磷肥主要应用在种植业、林业、渔业、畜牧业、草地和设施园艺等领域;钾肥主要应用在种植业、工业和设施园艺领域。

3.4.1　用肥领域面积的变化

农业产业结构调整是农业化肥(氮肥、磷肥、钾肥)消费量变化的重要原因。近 20 年来,我国农业产业结构不断调整,粮食作物种植面积比较稳定,但是比例不断降低,经济作物种植面积比例不断扩大(表 3-18)。我国粮食作物总播种面积相对稳定,玉米播种面积有明显的增加,而豆类和薯类的播种面积有显著的下降。其他经济作物面积有增有减,如油料、棉花、烟叶等作物,而蔬菜和果园种植面积大幅增加。蔬菜和果树种植面积增加是 2006 年以来农业化肥消费量增加的主要原因。另外,我国其他领域结构调整也是我国化肥用量不断增加的驱动因素之一。如我国渔业产量(人工淡水养殖水产品产量),人工林地、草地、设施园艺、花卉的种植面积不断增加。

表 3-18　近 20 年来中国主要用肥领域的变化

项目	1996—2000 年	2001—2005 年	2006—2010 年	2011—2015 年
稻谷播种面积	3113	2815	2932	3021
小麦播种面积	2899	2300	2390	2417
玉米播种面积	2449	2496	3030	3603
豆类播种面积	1145	1288	1185	953
薯类播种面积	1010	975	835	891
油料播种面积	1343	1463	1268	1398
棉花播种面积	429	497	546	442
糖料播种面积	178	166	183	192
烟叶播种面积	168	131	128	149
蔬菜播种面积	1253	1740	1785	2086
茶园面积	109	122	172	246
果园面积	867	948	1080	1246
人工林面积	—	5365	5992	6933
人工淡水养殖水产品产量	1168	1547	2092	2783

注:单位:面积,万公顷;产量,万吨。

数据来源:国家统计局。

3.4.2　不同领域的化肥用量分配

从表 3-19 可以发现,农业氮肥用量占表观消费量的比例在逐渐下降,工业氮肥用量比例在逐年提高,农用氮肥比例从“九五”期间的 83%下降到“十二五”

期间的 77%；磷肥主要用在农业方面；钾肥工业用量也有所增长，不过由于农业用量增长的幅度比工业增长幅度大，所以农业用量比例依然保持在 90%左右。目前磷钾肥农业用量和工业用量超过了总的表观消费量，造成了数据的不确定性，其中磷肥的不确定性在 10%以内，而钾肥的不确定性高达 30%，这种不确定性一部分是由于库存变化引起的，另一部分可能是由于肥料统计过程中存在部分误差导致的，比如边贸钾肥的数据可能有所低估。

表 3-19　近 20 年来中国各领域化肥消费去向　%

项目	1996—2000 年			2001—2005 年			2006—2010 年			2011—2015 年		
	N	P_2O_5	K_2O	N	P_2O_5	K_2O	N	P_2O_5	K_2O	N	P_2O_5	K_2O
表观消费量	100	100	100	100	100	100	100	100	100	100	100	100
工业用量	2.6	0.0	5.7	6.0	0.0	7.9	12.8	0.0	10.0	17.9	0.0	10.9
农业用量	97.4	100.0	94.3	94.0	100.0	92.1	87.2	100.0	90.0	82.1	100.0	89.1
种植业用量	82.6	80.4	103.8	76.3	84.7	91.0	73.6	87.7	117.6	77.3	104.6	123.1
水稻	24.1	17.2	18.4	18.8	14.3	14.3	14.6	12.6	20.1	12.8	13.1	19.2
小麦	13.7	17.4	14.7	10.0	12.4	7.3	11.3	15.1	11.2	11.2	14.9	11.6
玉米	13.6	5.4	3.7	12.4	6.3	3.6	12.8	8.6	6.8	15.5	13.5	13.8
蔬菜	13.4	12.8	28.0	14.9	17.5	29.0	14.7	17.7	34.6	15.7	23.5	38.5
水果	10.3	13.0	24.7	10.0	14.9	24.0	9.7	16.4	29.5	11.3	21.9	27.6
豆类	0.9	1.7	1.5	0.9	2.4	1.5	1.0	2.1	2.0	0.7	1.7	1.3
薯类	0.0	0.0	0.0	2.9	3.8	3.1	2.9	3.1	3.2	3.2	3.9	2.9
甘蔗	1.3	2.0	2.8	1.1	2.0	2.0	1.2	2.0	2.6	1.5	2.4	2.2
甜菜	0.2	0.5	0.5	0.1	0.2	0.2	0.1	0.1	0.1	0.1	0.1	0.1
花生	0.7	1.8	0.9	0.8	2.2	1.0	0.7	1.9	1.2	0.9	2.0	1.0
油菜	1.6	2.7	0.9	1.7	2.7	0.7	1.3	2.0	0.8	1.6	2.1	0.8
棉花	2.1	3.5	1.3	2.3	4.2	1.3	3.0	4.6	1.7	2.4	4.0	1.2
烟叶	0.6	2.5	6.4	0.4	1.7	2.9	0.4	1.5	3.6	0.4	1.5	2.9
林牧渔业	14.7	19.6	0.0	17.7	15.3	1.1	13.5	12.3	0.0	4.7	0.0	0.0
不确定性	0.0	0.0	−9.6	0.0	0.0	0.0	0.0	0.0	−27.6	0.0	−4.6	−34.0

注：表观消费量＝生产量＋进口量－出口量；工业用量为肥料工业协会统计数据；农业用量＝表观消费量－工业用量；种植业用量为中国主要作物（包括：稻谷、小麦、玉米、豆类、薯类、甘蔗、甜菜、花生、油菜、棉花、烟叶、水果、蔬菜）化肥用量；化肥总用量＝单位面积用量×播种面积×施肥面积比例，单位面积用量数据来源于国家发改委《农产品成本收益资料汇编》，播种面积数据来源于国家统计局，施肥面积比例根据学科农户调研数据推算；不确定性＝农业用量－种植业－林牧渔业。

种植结构对化肥用量的影响可以通过粮食作物与主要经济作物(如蔬菜和水果)化肥用量比例变化得出。由表 3-19 可以看出,过去 20 多年来,三大主要粮食作物氮肥用量比例下降非常明显,从“九五”期间 51.4%(水稻 24.1%,小麦 13.7%,玉米 13.6%)下降到“十二五”期间的 39.5%(水稻 12.8%,小麦11.2%,玉米 15.5%),下降了 12 个百分点;而蔬菜和水果氮肥用量的比例稍有增加,从 13.4%和 10.3%增长至 15.7%和 11.3%;粮食作物占磷肥用量的比例在 36%~40%之间波动,而蔬菜和水果占磷肥用量比例在逐步增长,从 25.8%增长至 45.4%;粮食作物占钾肥用量的比例稍有增长,从 36.8%增长至 44.6%,而蔬菜和水果对钾肥用量的比例增长则比较明显,从 52.7%增长至 66.1%,上升了 13.4 个百分点。

3.4.3　不同区域化肥用量变化

近 20 年来,中国不同肥料在不同省(自治区、直辖市)的消费趋势变化差异较大(具体情况见附表 3-19)。对比“十一五”和“十二五”期间(2006—2015)与“九五”和“十五”期间(1996—2005),可以发现:①对于单质氮肥,总共有 20 个省份用量有增加,10 个省(直辖市)用量在下降。氮肥用量下降的省份排名依次是山东、江苏、安徽、浙江、江西、福建、上海、北京、山西和辽宁。②对于单质磷肥,总共有 21 个省份用量在下降,10 个省份用量在上升;下降的主要省(直辖市)依次是安徽、上海、浙江、北京、宁夏、吉林、辽宁等,上升的省(自治区)主要是河南、新疆、黑龙江和内蒙古等。③对于单质钾肥,几乎所有省份用量均在增加,增量较大的省份主要是河南、黑龙江、广西、陕西、湖北、内蒙古、广东、湖南、云南、新疆等缺钾或经济作物种植省份。④对于复合肥,除北京外,全国所有省(自治区、直辖市)用量均在增加,排名前十的省(自治区)依次是河南、山东、安徽、吉林、陕西、湖北、广西、河北、内蒙古等粮食大省。

参考文献

董菲菲,刘爱民,封志明,薛莉,杨晓. 大豆传统产区种植结构变化及影响因素的定量化评价——以黑龙江省嫩江县为例. 自然资源学报,2017,32(1):40-49.

李先东,米巧,余国新. 中国棉花种植成本收益的演变. 中国农业资源与区划,2016,(03):5-10.

刘珍环,杨鹏,吴文斌,李正国,游良志. 近 30 年中国农作物种植结构时空变化分析. 地理学报,2016,(05):840-851.

宋秀娟,崔宁波. 国产大豆成本收益情况调查分析. 黑龙江粮食,2015,(02):24-26.

徐萌,展进涛. 中国水稻生产区域布局变迁分析——基于局部调整模型的研究. 江西农业学报,2010,22(2): 204-206.

中国统计年鉴 2015, http: // www. stats. gov. cn/tjsj/ndsj/2012/indexch. htm.

中国国家统计局,http: // data. stats. gov. cn/easyquery. htm? cn = C01,(2016).

FAOSTAT,http: // www. fao. org/faostat/en/ # home,(2016).

IFASTAT,http: // www. fertilizer. org/Statistics,(2016).

易俊杰,张卫峰,郭明亮,刘元英,彭显龙,高强,李翠兰,叶优良,黄玉芳,王朝辉,赵护兵,贾相平,丁吉萍,石孝均,周鑫斌,郭世伟,杨秀霞,张承林,涂攀峰,宋付朋,李文西,许秀成,侯翠红

第4章 十年测土配方施肥评估

2014年底，农业部组织有关专家对全国三大主粮测土配方施肥实施十年(2005—2014)的成效开展了系统、全面的评估工作。这次评估首次以配方肥为主线，以全国粮食主产区农户为重点评估对象，围绕配方设计—配方肥生产—配方肥供应—配方肥施用—社会贡献五个环节，通过13个二级指标、25个三级指标的定量化测算，对测土配方施肥技术覆盖率、技术应用率、技术贡献率等三个方面进行了综合评估。评估结果显示：十年来我国在定量化施肥方面取得明显进展，正在从过去单纯施增产肥向增产肥、经济肥、环保肥综合目标转变；从过去单一的施肥技术正向施肥技术与其他栽培管理措施相结合；水肥一体化技术、秸秆还田技术、动物废弃物处理技术取得了显著进展；完善了土壤作物测试、植株叶片诊断等技术，发展和稳定了全国土肥技术队伍；制定了我国三大粮食作物区域大配方，促进了化肥产业技术进步和产业升级，推动了化肥工业与农业的密切结合。

2013年技术服务覆盖度达到68%，2008年为47%，2000年仅为9%，十年测土配方施肥不仅恢复了我国土肥领域的基础服务体系，而且初步构建了现代化服务模式，土壤、植物、农产品和环境样本测试，技术集成示范，宣传培训和咨询等基础服务建设逐渐完备。2013年技术到位率达到39%，2008为32%，2000年为27%。十年科学施肥的推广已经让1/3的农户在控制肥料用量、优化施肥时期、选择合理的肥料产品、采用高效施肥方式等方面达到了合理化水平。2013年技术贡献率达到32%，比2008年提升了6个百分点，比2000年提升13个百分点。说明科学施肥工作的持续推进显著改善了农民的施肥观念和知识，显著提升了化肥的增产增收作用，促进了肥料企业和农业生产的结合，取得了良好的社会效益。

4.1 评估背景和方法

4.1.1 全国测土配方施肥工作进展

自2005年全国测土配方施肥补贴项目开展以来，国家累计投入70多亿元，动员全国农业技术推广部门、科研院所、肥料企业及广大农民，利用十年时间针对科学施肥技术、应用模式开展了大量工作。总体而言，这些工作涵盖以下几个方面：

(1)2005—2009 年间建设试验室、开展土壤测试，截至 2011 年建成或完善试验室 1571 个，全国各项目县基本拥有 1～2 个使用面积大于 200 米^2，年分析化验能力超过 2 万项次的试验室。截至 2013 年全国累计完成 1500 万土壤样品、115 万植株样品的测试工作。

(2)2005 年至今连续开展田间试验和示范，开展了主要粮食作物的 3414 田间试验、测土配方施肥示范试验等 30 万项次，建立了全国主要区域三大粮食作物高效生产技术规程。

(3)2005 年至今大力开展了“建议卡”入户、“示范片”到村、“培训班”进田、“施肥方案”上墙、“配方肥”下地、“触摸屏”进店等技术推广组合措施，为测土配方施肥知识和理念向千家万户传播建立了有效的渠道。

(4)2008 年开始综合各地试验示范数据，农业部发布施肥指导意见，测土配方施肥开始进入大面积应用阶段。2009 年根据企业参与的需求，各省(自治区、直辖市)公布了以县级为单位的小配方，使企业开展服务有了依据。

(5)2010 年开始探索整村、整乡、整县开展测土配方施肥的有效模式和工作机制，选择了大量的农民合作社、示范村进行集中连片推广。2011 年农业部与各省(自治区、直辖市)农业单位选择优秀企业与示范片对接。

(6)2012 年部分省(自治区、直辖市)将触摸屏和配肥机纳入农机补贴，并进一步开展了农企对接整建制推动配方肥行动，加强了对企业的引导，发挥企业在技术大面积应用中的作用。

4.1.2 科学技术进步

随着测土配方施肥项目的深入开展，一系列和施肥相关的技术在迅速发展，技术进步明显，主要表现在以下几个方面：

4.1.2.1 粮食作物高产高效测土配方技术发展

测土配方施肥发展以来，基于根际活化、根层养分调控和不同养分资源特征的研究进展，发展了以氮肥“总量控制、分期调控”和磷钾肥“恒量监控”为核心的养分资源综合管理技术，这一技术体系进一步提高了科学施肥的精度，将增产肥扩展到了“增产肥、经济肥、环保肥”三者结合。目前我国 12 种主要作物(小麦、玉米、水稻、大豆、马铃薯、苹果、蔬菜、甜菜、棉花、花生、油菜和烟叶)的技术指标体系已经建立,大量试验示范结果表明,该技术在增产 12%的同时,可使高投入体系的氮肥用量平均降低 24%,损失减少 40%(相关文章 2009 年和 2011 年在 PNAS 发表)。这一技术体系已经应用到了各地配方肥设计工作中。同时为了适应高产高效的需要,以土壤-作物系统综合管理理论为基础,协调品种、播期、播量、收获日期、土壤管理的土壤-作物系统养分管理技术体系日趋成熟,2008—2013 年的大面积实验证明,氮肥用量不增的同时,小麦、玉米、水稻的产量分别可以增长 24%、35%、18%(相关文章 2014 年在 *Nature* 发表)。

4.1.2.2　大配方、小调整配方肥研制技术体系成熟

过去十年,以土壤测试为基础,根据作物养分需求、土壤类型、区域特点和灌溉条件,设计区域大配方的技术工作逐步成熟,并建立了适合于工业应用的“大配方、小调整”思路。在这一思路的指导下,全国各级农业部门开展了大量田间试验并制定了大量配方,农业部测土配方施肥技术专家组于 2013 年公布了三大粮食作物 38 个大配方。各地省级农业部门也汇总本省的配方,形成了更细化的配方,29 个省(自治区、直辖市)发布了省级配方 572 个。各个市县进一步细化形成了 2435 个“小配方”,比 2009 年各省(自治区、直辖市)公布的县级小配方增长 230 个。全国 241 个试验示范数据表明,配方肥节肥 6.4 千克/亩,增产 9.3%,节约成本 33.7 元/亩,增收 195 元/亩。

4.1.2.3　经济作物高产高效高品质技术发展

过去十年,重点针对经济作物“三高一低”即高产量、高用肥、高损失和低效率的生产问题,开发了高产高效高品质的技术体系。例如苹果,针对贮藏营养不足或分配不合理和果实膨大期养分供应不稳定等高产高效主要限制因素,提出了土壤诊断、植株分析和外观诊断相结合的营养诊断技术,明确“以产定肥”即根据目标产量确定施肥量的原则,施肥时期上“重视基肥、追肥后移”,提出根层施肥、水肥一体化等精准施肥技术。

4.1.2.4　机械化施肥技术发展

经过近十年的努力,全国以引进和研发的形式在小麦、玉米、水稻、蔬菜、柑橘、马铃薯、番茄、萝卜、油菜等作物生产体系中,结合农民生产习惯和区域生产条件,针对播种、施肥、灌溉、覆膜等多个生产环节,研制了各种施肥机械。诸如

大型机械播种施肥机(小麦宽幅播种施肥一体机,水稻开沟起垄精量直播施肥一体化技术,北方寒地水稻机械育秧、插秧、施肥技术,适用于丘陵淹水稻田的"水稻垄作免耕轻简化栽培施肥一体机",马铃薯滴灌施肥播种机,萝卜起垄播种一体化机等)。追肥机械包括高地隙中耕施肥机、小型玉米中耕追肥机。相关配套机械的成功研制对缓解劳动力不足、农业效率低下起到了重要作用,对高产高效农业技术的推广应用表现出了强大的支撑力。

4.1.2.5 有机肥堆制及施用技术进展

经过十多年的发展,建立了动物废弃物四种清粪方式:水冲粪、干清粪、水泡粪以及生态发酵床等。规模化养殖场大多采用干清粪工艺。而且针对粪便的干燥、除臭、综合利用等几方面开展了技术创新。例如干燥技术发展了生物干燥、自然干燥、烘干膨化干燥、高温快速干燥及机械脱水干燥等方式。其中在规模化养殖场中主要以生物干燥法为主流应用技术。随着动物废弃物处理技术的发展,动物废弃物综合利用程度提高。

4.1.2.6 新型肥料

过去十年逐渐明确了我国新型肥料发展方向,进入了新型肥料创制的高峰期。得到快速发展的新型肥料主要包括缓释肥料、增值肥料、水溶性肥料、有机-无机复混肥料、商品化有机肥料和微生物肥料等。缓释肥料发展完善了以下类型:包膜缓释肥料(树脂包衣缓释肥料、硫包衣缓释肥料、包裹型缓释肥料、其他类型包膜的缓释肥料)、稳定性肥料和脲醛类肥料等。增值肥料发展了以海藻酸类、腐植酸类和氨基酸类等天然活性物质为主的改性增效产品。水溶肥料发展了大量元素水溶肥料、微量元素水溶肥料、中量元素水溶肥料、含氨基酸水溶肥料、含腐植酸水溶肥料和有机水溶肥料六大类(详见第 2 章)。

4.1.2.7 水肥一体化

针对我国水资源短缺、肥料用量普遍偏大、劳动力短缺的问题,在过去十多年中,水肥一体化技术取得了显著的进步。发展应用了滴灌施肥、膜下滴灌施肥、喷水带施肥、膜下喷水带施肥、微喷灌施肥、喷灌施肥及喷灌机施肥等技术体系。主要施肥方法有旁通罐法,文丘里施肥法,泵吸施肥法,泵注肥法,自压重力施肥法,比例施肥器法等。滴灌施肥技术大量应用于起垄栽培的作物,如香蕉、马铃薯、葡萄、柑橘、苹果、大棚瓜果类蔬菜等。这些年开始在玉米、小麦、水稻上应用，如在内蒙古、辽宁、吉林、黑龙江、新疆、甘肃、河北等地玉米水肥一体化面积超过 1000 万亩，新疆等地在小麦上大面积推广应用水肥一体化技术，初步统计应用面积已经达到 130 万亩。

4.1.3　科学施肥服务体系发展

在过去的十年中，国家测土配方施肥项目让几乎处于停滞状态的基层土肥工作站重新焕发了活力；通过大量的土壤测试明确了自 20 世纪 80 年代（全国第二次土壤普查）以来的土壤肥力变化；通过大量田间试验明确了当前我国主要作物肥效反应，建立了主要作物（特别是大田作物）新的测土配方施肥指标体系；通过农企对接活动逐步建立了教学、科研、推广和企业相结合的测土配方施肥工作平台。社会各界的广泛参与加强了配方肥的应用，科学施肥观念深入人心，支撑了粮食年年增产。经过多年的不懈努力，各地农业部门、企业和教学科研单位积极探索了多种形式的科学施肥大面积应用方式。

4.1.3.1　多元化服务的格局初步形成

过去十年测土配方施肥大面积应用主要围绕"政府测土、专家配方、企业供肥、联合服务"的思路推进，通过这一思路逐步形成了多方参与的机制。首先是政府与科研机构合作测土配方的机制日趋成熟，目前国家测土配方施肥技术专家组的成员已经包括 27 名，各个省（自治区、直辖市）也积极建立省级专家组。专家组在技术数据审核、技术创新、配方制定、发展规划和效益评估方面的作用越来越明显。如 2008 年以来农业部专家组逐年制定科学施肥指导意见，2009 年专家组开展了项目评估和决策支撑，2010 年起专家组积极探索农企合作模式，2013 年专家组发布三大粮食作物区域大配方和肥料利用率等。科研机构的积极参与将为技术创新和服务到位提供支撑。

另一方面是企业参与的机制日趋成熟。2012 年农业部实施整建制推动以来，确立了 200 家部级合作企业，各地陆续确立了 800 余家农企对接的肥料企业，目前已经形成了国家龙头企业、大型民营企业、地方小型配肥企业、经销商共同参与的局面。各类企业积极创新产品，同时通过建立培训中心、田间学校、专家大院、示范观摩等方式，提高农户知识水平。例如湖北新洋丰肥业股份有限公司（简称新洋丰）在北京和荆门建立了培训中心，司尔特在安徽宣城建立了培训中心，中化公司在基层建立肥料连锁超市并配套田间学校等，安徽明光农技部门建立了专家大院和农民田间学校。一些公司和经销商也建立了专职的农化服务队伍，并配套了土壤测试和服务宣传车。市场力量的参与和市场机制的形成将为整建制推动技术应用注入新活力。

4.1.3.2 全国涌现出多种有效的服务模式

由于我国农户受教育程度较低，物化的肥料产品是实现科学施肥的关键举措。过去十年中，测土配方施肥技术应用的主流思路是设计更适合土壤和作物需要的肥料产品(也称为配方肥)来替代不合理的肥料产品。但配方肥的设计、生产、供应和服务模式在不同区域受到多种因素影响，也派生出了多种模式。

1)中成药模式

因土因作物的配方肥设计需要系统的数据资料和较高的专业技术水平，大部分肥料企业尚处于工业时代，不具备开发全国性配方肥的条件。另外，配方肥分配到适宜的区域和作物上也需要极高的物流和销售体系来支撑。如何将肥料产业从大工业、通用型时代转向专业性的新时代是关键。设计相对覆盖面较大的配方既能降低生产企业的压力，也能降低农户应用的难度，“大配方”应运而生。过去十年在测土配方施肥项目的支撑下，大配方得到了广泛的认可，也形成了一套“中成药”式的服务模式。即多地农业部门在取土化验、田间试验、配方研制的基础上，对各个“小配方”进行提炼，将区域和作物相近的肥料配方进行合并，形成适应较大区域的“大配方”，为大中型肥料企业批量化生产供应配方肥提供了便利。这种“中成药”式的农企合作模式正在各地推进。这种模式下，农业部门负责制定肥料配方和指导服务，肥料企业负责配方肥生产，经销网点负责配方肥销售。这种方式结合了农业部门公益职能和企业经营行为两方面的优势，有力推动了配方肥落到实处。

以新洋丰与中国农业大学合作建立的全国配方肥协作网络为例，自 2011 年开始通过优化产品配方，生产配方肥，建立配方肥示范推广基地，整建制推进配方肥应用，取得明显效果。首先，与全国 20 余家农业教学科研单位合作，围绕 20 余种作物，设计了 50 余个大配方，逐步替换原有的 15-15-15 等通用型配方。截止到 2015 年底，新洋丰通用型配方占销售收入的比例降低到 41.6%，新开发的苹果、柑橘、小麦、玉米、水稻、油菜等专用肥在销售中的比例提高到 11.7%。其次，与各地政府合作扩大效应。通过培训、示范观摩等活动体现新配方的效果，转变经销商和农户的观念。2012—2015 年共召开 112 场观摩会，630 场培训会，培训指导人数 60920 人次，包括企业农化员、经销商、农民。第三，推动经销商转变经营方式，从以价促销转向卖服务。在吉林农安县，新洋丰经销商张野抓住测土配方施肥的良机实现了经营转型，主要做法是通过店面建设、专营系统设计、农化服务体系建设，五年内销量从 1200 吨增长到 10000 吨。他先后为农民取土 1200 个，组织了 7 台农化宣传车，发放技术资料 30000 份，同时结合中国农业大学、吉林农业大学等科研力量走访了农安县每个村落。

安徽司尔特公司是另一个成功案例，其中在安徽芜湖县的高产高效测土配方施肥技术示范与推广中，总结出一整套的推进方法，经过三年努力一季稻配方 18-12-15 在芜湖占据市场 80%的份额，基本实现了整建制覆盖。这一做法是从 2010 年开始，中国农业大学、安徽省农业科学院为了探索整建制推动的做法，在芜湖县选择了一个村，根据本村的土壤和作物生产条件，制定了 18-12-15 的配方，由司尔特公司生产，随后司尔特公司协同县级经销商，建立示范田，通过合作社供肥到户，并通过技术单页的方法指导广大农户应用。在小农户为主、分散经营的区域，大配方是实现科学施肥的有效途径。

2)中草药代煎模式

随着测土配方施肥的宣传，很多农村明白人逐渐理解了自家土地的肥力情况，期望得到更加精准的肥料产品。在大配方供应不及时或者大配方不能满足需要的地区，很多企业和政府不断探索，摸索出一套以“中草药代煎”的方式来生产配方肥。“中草药代煎”方式是通过认定测土配方施肥供应服务网点，引导服务网点装备智能化配肥设备，为农民提供现配现混服务，以“中草药代煎”的方式引导农民选用配方肥。四川美丰在射洪县建立区域配肥中心，与农业局合作，根据全县的测土情况进行配肥，提出配方，利用县域的配肥机生产所需要的配方肥，现场混配。吉林伊通县利用测土数据形成专家系统，并与地方通信部门合作，农民通过拨打手机就可获得所在地周边土壤采样点的数据，同时知道所在地块的需肥量及配方，配肥机就能够按照农民的配肥需求进行现场混配。甘肃省山丹县利用全县土壤测试数据制定了适于各村的施肥台历，并且通过逐年覆盖的方式发送到全县农民手中，同时对全县肥料市场进行了清理，建立了四个大型的肥料供应点，大农户可以根据配方在供肥点选择所需肥料，或者现场混配肥料。为了适应小农户需求，山丹县建立了县级配肥中心，通过每个村建立购肥联系点，为各个村配送配方肥。

3)个性化服务

随着规模化经营的发展，合作社、大户、家庭农场对测土配方施肥提出了更高的要求，不仅需要更科学的配方，而且需要从种到收的全套服务方案。目前已经有众多的服务组织或者机构开展了针对大户的个性化服务工作。典型做法包括肥料企业提供套餐式服务，套餐服务主要是根据当地作物、土壤、气候以及农民的施肥习惯，制定一整套作物养分供应方案，然后依据养分供应方案生产套餐肥。中国农业大学在河北王庄小麦合作社提供的种子、施肥、打药、机械、技术以及管理等套餐方案，实现王庄村平均增产 16.9%的效果。中国农业大学、山东农业大学和湖北新洋丰肥业股份有限公司在陕西苹果产区针对苹果的养分需求、土壤供应以及气候和农民习惯，制定苹果专用有机肥＋苹果专用基肥＋苹果专用追肥以及配合叶面施肥一整套施肥方案来解决大户的需求，2015 年苹果专用套餐肥在黄土高原苹果产区仅以苹果专业合作社的形式实现销量 4 万吨，平均节省费用 800 元/亩；同时将服务进一步延伸到农产品的收储和销售的环节，新洋丰在陕西省洛川县成立了新洋丰果业发展有限公司，通过帮助农户测土、邀请专家现场指导、委派专业技术人员入住合作社指导农户进行储藏分拣等技术，并回购农户的苹果来提高农户收入，最终实现增产 19%，收购价格平均高出市场价 0.6～1.0 元/千克，使得农户丰产的同时增收。

另一种是合作社提供的托管服务模式。在山东章丘成立的秋实粮食种植专业合作社购买了大型拖拉机、大型收割机、播种机、施肥机、大型喷药机和秸秆还田机等农业机械，为周边的大户和农户提供专业化的生产托管服务，服务采用协议的方式，与种粮大户进行协商。服务内容主要为种粮大户提供玉米播种（提供种子、拌种）、施肥、除草、病虫害防治、收获等一系列服务，每亩地收 315 元服务费（2013 年度价格）。小麦季提供施肥、耕地、播种、喷除草剂和防虫剂、收获等服务，每亩地托管费 476 元（2012 年度价格）。托管服务模式已经在多个粮食主产区快速发展，例如山东阳信的润丰农业公司。

第三种是合作社统一标准化服务模式。以山东桓台县供销益农粮食种植农民专业合作社为例，他们前期以作物病虫草害统防统治作为突破口发展社员，然后依托合作社的规模化效益，以较低的价格采购优质农资分发给社员，将实惠返给社员，形成合作社-社员-农资商三者均衡产业链条。另外，合作社还有专人负责病情测报和气象情况的搜集，及时帮助社员开展主要病虫害的提前预防工作，使当地农业生产不断走上规模化、专业化、标准化、信息化的路子。以此为基础，合作社不断发展自己对新技术的消化吸收能力，例如 2012 年合作社引进的玉米灭茬深松全层施肥精准播种机，一次作业即可将灭茬、旋耕、深松、立体全层施肥、单粒精准播种全部实现，既降低了成本，又通过技术使得玉米氮肥用量降低，最终产量突破了 700 千克/亩，实现了粮食生产比较效益的显著提升。在辽宁省辽中县，种粮大户于会怀带领的会怀粮食合作社经营2.7万亩耕地，利用1200个土壤检测数据、3个肥料配方师、1台触摸式肥料信息查询一体机、1套全自动配肥终端机构建了“四统一”的施肥模式。统一测土、配方和供肥有效节省了时间和成本。

4.1.3.3 多种服务手段开始尝试

过去十年在农户服务手段上做了大量的创新，取得了显著的成效。例如农户非常重视自家土壤信息，如何将这些信息传播出去？我们发现将土壤分布图、作物配方分布图做成展板在经销店展示，让农户在购肥的同时可以随时查阅比较实用。相对于技术明白纸，把技术材料根据每个村的不同情况做成台历发放到农户家中，既提高了针对性又提高了利用价值，农户每天可以查询。利用手机、互联网、电视、报纸等形式建立查询和宣传渠道。比如安徽明光手机查询系统和网络服务系统，江西天气预报式的施肥建议，中化免费咨询电话，吉林梨树远程教育系统等多种途径正在摸索。2008年明光市开通了农业科技手机短信服务系统。该系统收集了12个配方肥生产企业、266个供肥企业、218个专业合作社、2000个科技示范户信息。农民利用手机通过短信系统，可以查询到本市任何乡镇、村和某个采样地块的土壤养分数据及相应的主要作物推荐施肥配方、施肥技术，主要作物缺素症状等信息，同时该系统会定期向农民发送农业生产技术信息，受到广大农户的欢迎。江西兴国县电视台近期播出的《水稻施肥预告》节目里，借助这种天气预报式的施肥预告，科学施肥技术一瞬间便传入全县千家万户。《水稻施肥预告》由兴国县农粮局制作，它采用图文并茂、声像俱全的多媒体方式，在县电视台黄金时段，发布兴国县不同施肥分区土壤的养分状况、施肥时间、施肥量、施肥比例及方法，具有形象生动、传播迅速、不受地域和交通条件限制等特点，便于农民理解、记忆和掌握，是兴国县测土配方施肥技术在推广普及方式上的创新和突破。中化从2001年7月起就率先在全国开通了800-810-9991免费咨询电话，免费为农民朋友提供专业的技术咨询。开通以来，备受广大农民朋友的欢迎。从2004年开始，中化化肥-农大研发中心的教授及专家团队亲自接听800免费服务电话，现场为农民朋友提供有关施肥及种田方面的咨询，使每一位咨询的农民朋友都能得到满意的答复。2011年，中化化肥又在800客户服务电话的基础上升级开通了400-890-9991专家服务热线，满足手机用户的咨询。

4.1.4 已经产生影响的现象和案例

随着测土配方施肥项目的不断深入，项目的一些效果逐渐凸显，测土配方施肥项目专家组、各级技术服务组织、企业和农民逐渐反映出来以下实效，例如：

(1)全社会技术服务能力大幅度提高。通过中央的投资，带动了地方和企业的投资积极性，各地技术服务投资明显增加。地方农技体系以及企业的服务硬件增加，如培训中心、流动式服务车、测试化验设备；服务人员尤其是企业服务人员明显增多；服务内容丰富，其中培训和示范已经变成企业的重要工作；专业化的服务方式，土壤测试、田间指导等明显增加。

(2)配方制定标准化。地方农技部门配方制定走向科学化，例如农业部门根据地力分级或者衡量监控确定磷钾用量，根据目标产量确定氮肥用量。企业开始在政府的引导下逐渐与农业部门设计的配方进行对接，完全按照原料价格制定配方的现象有所缓解。

(3)化肥产业科学化发展。作物专用肥比例提高，尤其是套餐式的肥料增加。新型肥料发展针对性逐步提高。

(4)农户认知度提高，传统的“水大粪勤不用问人”，“施肥越多产量越高”等错误观念得到改善，多施肥对土壤和环境产生影响的理念开始被农户了解，农户施肥技术改善。配方施肥的发展推动了养分配比合理度提高，偏施氮肥和磷肥的现象有所缓解，中微量元素认知度大幅提高。

(5)机械化施肥水平提高，尤其是种肥同播和基肥机械化水平提高，部分地区和作物追肥机械化发展较快。经济作物水肥一体化快速发展。

(6)全国有机无机配合度提高，其中秸秆还田比例明显增加，推动了废弃物处理，保护环境，但粮食作物上有机肥用量可能在下降。

(7)整建制推动区域农户用肥变异缩小，部分地区农户肥料用量明显下降，部分地区农户肥料用量可能增加，农户用肥向中间值靠拢。

(8)科学施肥后农药用量减少：一是过量施肥得到缓解降低了作物染病的概率；二是养分配比合理提高了作物抗性，例如钾肥投入增加、叶面喷施增加；三是药肥一体化提高了防治效果，例如一喷三防(在小麦生长期使用杀虫剂、杀菌剂、植物生长调节剂、叶面肥、微肥等混配剂喷雾，达到防病虫害、防干热风、防倒伏，增粒增重，确保小麦增产的一项关键技术措施)。

(9)科学施肥后直接推动了土壤有机质提升、肥料利用率提升、作物产量提升,间接改善了土壤酸化、水体和大气污染。

上述成效大多是直观印象,缺少量化数据的支撑,而且很多方面的成效在不同区域存在着差异,由此导致社会大众对项目存在褒贬不一的看法。另一方面,项目在实施中也边摸索边前进,有成功也有不成功的方面,但缺乏系统的总结和分析。量化科学施肥的成效,深入分析存在的问题,是科学施肥走进深化发展的必要条件。因此,在农业部统一组织下,测土配方施肥技术专家组对测土配方施肥项目成效进行了全面评估。

4.1.5　评估思路

(1)此次评估的核心目标是:分析我国科学施肥的发展程度,尤其是农户真正应用情况。寻找进一步完善的方向。总结各地成功的经验,为下一阶段发展提供建议。

(2)评估的原则:首先遵循客观真实的原则,寻找可以客观反映事实的指标。遵循全面系统的原则,从基础建设、农户应用和实施效果三方面评估。遵循全员参与的原则,积极调动政府、企业和科研机构的积极性。遵循可操作的原则,简化并大众化各种科学指标,为年度快速评估建立基础。

(3)评估指标设计:科学施肥主要反映农户施肥理念和生产行为是否有利于生产、经济和环境的可持续性。而由于测土配方施肥工作在过去九年更重要的是建立基础服务系统,因此现阶段的评估不可忽视服务能力的提升。由于我国科学施肥技术的发展仍处于初级阶段,配方肥是过去九年工作的核心点,因此应该将配方肥作为贯穿此次评估的主线。从配方肥的工作内容可以确定评估的环节,即测、配、产、供、施五个环节。因此,我们从配方设计—配方肥生产—配方肥供应—配方肥施用—社会贡献五个环节评估。将这五个环节综合为三个指标,包括技术覆盖率、技术应用率、技术贡献率三个方面,分别反映对科技服务系统(政府和企业)、农户、国家三个方面的影响。同时由于测土配方施肥过去九年重点集中在粮食作物上,因此目前评估以小麦、玉米、水稻三种作物为核心,今后逐步向其他作物体系延伸(测土配方施肥评估指标设计及含义详见附表 4-1)。

4.1.6　评估工作方法

此次评估工作于 2013 年底启动至 2014 年 11 月结束,以全国小麦、玉米、水稻三大粮食作物为主要对象,采用技术数据收集、专项调研、专家会商等形式,主要工作内容如下：

(1)调查配方制定情况：2014 年 5—7 月统计了国家级、省级、市县级小麦、玉米、水稻配方制定覆盖度。此次调研覆盖全国所有省(自治区、直辖市)和农业生产县、计划单列市、农垦、兵团，这些省(自治区、直辖市)上报了已正式公布的配方，阐明配方制定原理并明确配方覆盖区域和作物。

(2)调查配方肥生产情况：主要统计配方肥生产与农业需求的匹配度。38 个省(自治区、直辖市)及中央直属垦区负责统计了近 5 年(2009—2013 年)肥料产品(复混肥、掺混肥、有机肥料、有机-无机复混肥、苗床调理剂)的登记信息，包括产品登记证号、企业名称、产品通用名、商品名称、产品性状、养分含量的技术指标、适用区域和作物说明等，通过分析登记数据与农业部门公布配方的匹配情况，反映农业配方的转化率和工业配方与农业需求的匹配度。

(3)调查配方肥产品和服务供应情况：主要统计各省(自治区、直辖市)肥料销售量、配方肥销售量及对配方肥推广财政补贴情况，由各省(自治区、直辖市)农业系统统计上报。同时统计了技术服务体系建设情况，例如触摸屏、信息系统和智能配肥设备建设情况。同时根据农户调研，分析了配方肥市场占有率及服务被农户获得情况。

(4)调查配方肥技术采用情况：重点评估农户技术到位情况。农业部测土配方施肥专家组对黑龙江(含农垦)、吉林、河北、河南、山东、陕西、甘肃、安徽、江苏、湖南、广西等 11 个省(自治区)进行实地调查。选择典型农户调查配方肥应用情况，评估配方肥与作物和区域的匹配、氮磷钾养分配比、施肥量变异大小、合理性和机械化等现代施肥技术应用情况。其中吉林、河北、河南、山东、陕西、江苏、湖南、广西八省(自治区)为 2009 年调研过的跟踪区域。

为了保证数据的真实性和科学性，调研问卷由中国农业大学统一设计，自 2013 年 12 月至 2014 年 5 月历时 6 个月完成论证和预调研工作。正式调研于 2014 年 5 月 12 日开始，共组织了 150 位研究生和在读大学生，在三位教授的带领下前往 11 个省(自治区)调研，得到了 11 个省(自治区)、44 个县土肥站约 300 名领导和基层农技推广人员的大力支持。至 2014 年 7 月 9 日结束，历时 59 天。共调研农户 2244 户，其中大户 199 户，跟踪 520 户农户，获得有效问卷 2172 份，覆盖 3214 个作物地块，5112.1 公顷耕地。在报告中，为了保证数据的可对比性，仅保留了三期调研中省份和作物均一致的样本，具体描述见表 4-1 和表 4-2，在以下的报告中，如无特殊说明，均以此样本量为准。

表 4-1　样本描述

小农户	指的是普通规模的农户，非合作社社长和种粮大户
跟踪农户	指的是 2009 年和 2014 年调研的同一农户的样本。在所有调研样本中尽量确保都是跟踪户对提高两个年度的可比性很重要
大户	指的是种粮大户、家庭农场和合作社社长，拥有的粮食作物播种面积显著大于当地人均耕地面积，考虑到地区间的差异，在全国没有设定统一的面积标准。例如，在湖南的山区，30 亩田为大户；在华北平原，1000 亩的为大户
调研样本	指的是调研的地块数量。每个农户只调研一个地块，这个地块是最大的种粮地块，调研作物为周年轮作的三大粮食作物。例如，一个东北的农户一年只种植春玉米，则调研样本为 1；一个湖南的农户一年种植双季稻，则调研样本为 2；一个广西的农户一年种植稻-稻-油（早稻、晚稻、油菜）作物，其调研样本为 2
调研面积	因为每个农户仅调研了最大地块的粮食作物的化肥用量、产量和其他农技措施，所以统计调研面积仅统计每个农户的最大地块面积
粮食主产区	粮食主产区指的是小麦、水稻、玉米的主产区，考虑到样本的代表性，在统计时剔除了一部分非主产区的样本，包括：湖南的冬小麦，广西和湖南的春玉米

表 4-2　农户调研样本分布

作物	2001 年调研样本情况			2009 年调研样本情况			2014 年调研样本情况		
	覆盖区域	地块数量	调研面积/公顷	覆盖区域	地块数量	调研面积/公顷	覆盖区域	地块作物数量	调研面积/公顷
水稻	广西(445)、湖南(307)、江苏(2082)	2834	818.6	广西(263)、湖南(253)、江苏(190)	706	69.5	广西(239)、湖南(249)、江苏(192)	680	230.6
小麦	河北(411)、河南(1921)、山东(620)	2952	1071.6	河北(203)、河南(317)、山东(227)、陕西(180)	927	217.8	河北(203)、河南(199)、山东(203)、陕西(148)	753	815.0
玉米	广西(210)、河北(678)、河南(1463)、吉林(76)、山东(688)	3115	905.8	广西(52)、河北(203)、河南(310)、吉林(301)、山东(227)、陕西(186)	1279	353.8	广西(51)、河北(202)、河南(200)、吉林(192)、山东(205)、陕西(179)	1029	965.3

注：各省（自治区）名称后面括号里的数字代表调研作物地块数量。各作物样本构成如下：

1. 小麦指冬小麦。

2. 玉米包括春玉米和夏玉米，其中吉林与广西的玉米全为春玉米，河南、河北和山东的玉米全为夏玉米；陕西既有春玉米也有夏玉米，2009 年陕西春玉米与夏玉米样本分别为 58 与 128，2014 年春玉米与夏玉米样本分别为 47 与 132。

3. 水稻由早稻、晚稻和一季稻构成，其中，2009 年广西、湖南的早稻、晚稻及一季稻的样本量分别为：139、111、13，64、67、122；江苏全为一季稻。2014 年广西、湖南早稻、晚稻及一季稻的样本量分别为：104、105、30，67、66、116；江苏全为一季稻。

4.2 技术覆盖率

技术覆盖率用于反映测土配方施肥技术服务体系建设情况，由于过去九年项目重点围绕配方肥开展了工作，因此技术覆盖率以配方肥为主线，通过配方制定覆盖度、配方肥生产匹配度、配方肥市场占有率、配方服务覆盖度几个方面反映。评估指标的含义、统计方法及结果如下：

4.2.1 配方制定情况

过去九年，我国围绕"大配方、小调整"思路开展了大量田间试验并制定了大量配方，农业部测土配方施肥技术专家组于 2013 年公布了三大粮食作物大配方，共发布了 38 个配方。各地省级农业部门也汇总本省的配方，形成了更细化的配方，29 个省份发布了省级配方 572 个。各个市县进一步细化形成了 2435 个"小配方"，比 2009 年各省份公布的县级小配方增长 230 个（表 4-3）。

表 4-3 各级农业部门配方发布情况 个

作物	国家大配方		省级大配方		县级小配方	
	2009 年	2014 年	2009 年	2014 年	2009 年	2014 年
小麦		9		192	757	751
玉米		16		146	818	977
水稻		13		234	630	707
合计		38		572	2205	2435

农业部大配方是根据区域生产布局、气候条件（积温和降水）、栽培条件（种植制度、灌溉条件和耕作方式）、地形（平原、丘陵、山地和高原）和土壤条件（土壤类型和土壤地力）将我国玉米、小麦和水稻各划分为 5 个大区。依据区域内土壤养分供应特征、作物需求规律和肥效反应，结合"氮素总量控制、分期调控，磷素恒量监控，钾素肥效反应"的推荐施肥基本原则，提出了 38 个推荐配方和施肥建议，覆盖了全国三大主粮 98%的区域。

各省（自治区、直辖市）和市县进一步细分了主要地区、土壤类型和种植模式下的配方需求。小配方制定分区主要包括八种方式：①按行政区划；②按土壤类型；③按种植模式；④按行政区划和土壤类型；⑤按土壤类型和种植模式；⑥按行政区划和种植模式；⑦按行政区划、土壤类型和种植模式；⑧按模糊边界界定（如某省北部、丘陵区等）。配方制定方法主要有三种，分别是地力分级、目标产量、肥料效应函数法(表 4-4)。

表 4-4　各地配方制定方法

方法	省级配方	市县级配方
地力分区(级)配方法	吉林、辽宁、内蒙古、天津、河南、甘肃、新疆、江苏、上海、宁波、福建、湖北、湖南、广西、四川、贵州	吉林、辽宁、内蒙古、河南、山西、甘肃、安徽、上海、宁波、福建、湖北、广西、海南、贵州
目标产量配方法	黑龙江、吉林、辽宁、大连、内蒙古、天津、河北、河南、山东、青岛、山西、宁夏、陕西、甘肃、青海、新疆兵团、上海、浙江、宁波、湖北、广西、广东农垦、海南、西藏、四川、云南	黑龙江、吉林、辽宁、大连、内蒙古、天津、河北、河南、山东、青岛、山西、宁夏、陕西、甘肃、青海、新疆、新疆兵团、上海、浙江、湖北、湖南、广西、广东农垦、海南、西藏、四川、重庆、贵州、云南
肥料效应函数法	黑龙江农垦、辽宁、内蒙古、北京、山东、宁夏、江苏、安徽、浙江、江西、湖北、广西、广东、广东农垦、西藏、四川	黑龙江农垦、辽宁、内蒙古、北京、天津、山东、山西、宁夏、新疆、江苏、安徽、浙江、宁波、江西、湖北、湖南、广西、广东、广东农垦、海南、西藏、四川、重庆、云南

农业部门设计的配方在田间示范和媒体公布的过程中被企业转化为产品，转化中不断提升科学性与实用性。我们通过分析各级配方与市场流通产品的匹配性发现，如果仅匹配 N-P-K 配合式，国家大配方和省级大配方中的 92% 在市场上可以找到同样的产品，而市县级公布的配方有 77% 在市场上可以找到同样的产品。但如果与市场上流通的粮食作物专用肥按照配合式、作物匹配，则国家、省、市县级配方的匹配度下降到 32%、27%、15%。如果进一步限定区域，则匹配度下降到 3%、2%、2%(表 4-5)。说明农业部门对肥料生产部门提供的产品配合式采用率高，但企业并没有完全按照配方设计的区域和作物去定向生产和销售肥料。可能存在配方设计本身的问题、科学配方对生产工艺和原材料供应要求高、科学配方成本高、竞争力弱等问题，也与肥料管理体系薄弱有关。

表 4-5　配方转化率　　%

配方类别	匹配省(自治区、直辖市)和作物		仅匹配作物		模糊匹配	
	2009 年	2014 年	2009 年	2014 年	2009 年	2014 年
国家级		3		32		92
省级		2		27		92
县级	3	2	11	15	78	77

注：配方转化率＝企业登记的肥料氮磷钾配比和各级农业部门公布的配比相符合的数量/设计的配方总数×100%；匹配省份和作物：每个省(自治区、直辖市)发布的配方在每个省(自治区、直辖市)登记的专用产品中可以找到，配方标注小麦、水稻、玉米；仅匹配作物：所有省(自治区、直辖市)发布的配方在各地登记的专用产品中可以找到，配方标注粮食作物专用；模糊匹配：所有省(自治区、直辖市)发布的配方在各地登记的产品中可以找到，且配方不标注作物。

4.2.2 对化肥行业发展的带动

4.2.2.1 化肥产品种类丰富程度

2005 年测土配方施肥项目开展以来，农业发展，尤其是土壤、作物、生产方式的演变对肥料发展提出了新的需求，这些需求引导肥料企业转变产品发展方向，各种肥料产品极大地丰富。农业部及各省(自治区、直辖市)肥料登记信息显示，2008 年共登记产品 35132 个(含复混肥料、水溶肥料等在农业部门登记的产品)，而截止到 2013 年 12 月 31 日共登记产品 64340 个。随着产品总数的增长，适应农业需求的产品比例显著增长。适应水肥一体化发展需求，水溶肥料增长了 398%，为适应一次性施肥及增效施肥目标，缓控释肥增长了 68%；根据土壤改良需要，土壤调理剂增长了 27%，而且硝态肥料、钙镁磷肥已经被添加到复混肥中作为酸性土壤改良措施；适应土壤有机质提升，有机-无机复混肥料产品增长了 98%；中量元素肥料登记数量增长了 225%，说明企业在氮磷钾大量施用的同时也开始关注中量元素的平衡施肥(表 4-6)。

表 4-6 2008 年和 2013 年肥料登记分类对比

肥料类别	2008 年底登记数量/个	2013 年底登记数量/个	变化/%
所有肥料	35132	64340	+83
掺混肥料	4511	20346	+351
大量元素水溶肥料	11	48	+336
中量元素肥料	4	13	+225
有机-无机复混肥	1632	3225	+98
有机肥料	3137	5890	+88
缓控释肥料	676	1133	+68
中量元素水溶肥料	51	78	+53
复混肥料	24222	32942	+36
调理剂	278	352	+27
农业用硫酸镁	7	8	+14
微量元素水溶肥料	1242	1357	+9
生物肥	349	376	+8
微量元素肥料	42	16	−62
农业用硝酸钙	6	2	−67

注：2008 年数据根据国家化肥质量监督检验中心(北京)网站(http://www.fernet.cn/SoisWeb/home/index.html)公布数据整理，2013 年数据为全国 38 个省级单位上报统计得出。

4.2.2.2　市场上肥料产品科学性评估

测土配方施肥大面积应用的重点抓手是推动配方肥的发展。配方肥并没有作为一类肥料在登记管理中体现，而是将氮磷钾等元素配比与土壤和作物需求一致的产品统称为配方肥。从狭义的角度，配方肥就是含有氮磷钾且其配比与农业部门推荐配比一致的复混肥、掺混肥、有机-无机复混肥、有机肥、土壤调理剂（现场混配的产品配方不易统计，此次评估不包括在内）。通过比对全国肥料登记数据，以及各个省（自治区、直辖市）公布的配方，我们发现化肥产业产品的科学性有所提高，登记的含 NPK 三种元素的产品配方总数从 2008 年的 6128 个增长到 2013 年底的 8071 个（表 4-7），作物和区域专用配方产品占登记产品总数的比例从 15%提高到了 21%。

表 4-7　含氮磷钾三种元素的复混肥生产情况

分析项目	2008 年	2013 年
登记的配方总数（掺混肥、复混肥、有机-无机复混肥、有机肥、土壤调理剂）/个	6128	8071
均衡型配方数/个	87	129
高氮配方数/个	2419	3445
高氮配方占配方总数比例/%	39	43
专用肥配方数/个	932	1698
粮食作物专用型配方总数（不分地区）/个	559	1346
粮食专用配方占配方总数的比例/%	9	17
粮食作物专用肥中高氮肥比例/%	41	43

注：登记配方总数为全国不重复的配方数量；通用型配方指 15-15-15、16-16-16、17-17-17、18-18-18、19-19-19、20-20-20 和氮磷钾浓度相差 1 的配方（例如，14-15-16 等）；专用肥是指产品名称或者通用名中含有“专用”二字；与大配方匹配度＝（匹配的登记专用肥配方数量/专用配方数量）×100%，其中 2008 年用了当年各省（自治区、直辖市）公布的配方以及调研县市的配方。

粮食作物专用型配方总数从 559 个增长到 1346 个，在配方中所占比例也从 9%快速提高到 17%。但是将登记的这些粮食专用肥配方和各级农业部门发布的配方相比发现，如果不限定作物和区域，则国家、省、县匹配度分别可达 2%、18%、42%（表 4-8）。如果限定作物而不限定区域，则匹配度分别下降到 1%、11%和 27%。如果严格限定作物、区域，则匹配度下降到 0、1%、5%。而且比较 2008 年和 2013 年发现，匹配度是在下降的。造成这一结果的原因是，高氮肥是过去五年增长的主流，在登记的产品配方中占 43%，企业在粮食作物专用肥中也以高氮肥为主，这一思路与各级农业部门推荐是不一致的。另一方面，我国肥料企业尚没有形成稳定的市场格局,因此尽可能生产不限定区域和作物的肥料,从而降低生产、物流、销售压力,这也是区域和作物专用肥发展的关键瓶颈。

表 4-8 肥料产品配方与农业部门发布配方的一致性 %

配方类别	匹配省(自治区、直辖市)和作物		只匹配作物		模糊匹配	
	2008 年	2013 年	2008 年	2013 年	2008 年	2013 年
国家级		0		1		2
省级		1		11		18
县级	15	5	42	27	58	42

注:肥料产品配方与农业部门发布配方的一致性是指企业登记的肥料氮磷钾配比和各级农业部门公布的配比相符合的数量/登记的配方总数×100%;匹配省(自治区、直辖市)和作物:按照省(自治区、直辖市)、作物和 N-P-K 配合式匹配;只匹配作物:按照作物和 N-P-K 配合式匹配;模糊匹配:仅 N-P-K 配合式匹配。

4.2.3 配方肥市场占有率

配方肥是否适销对路也是关系技术到位的关键环节,我们设计了"配方肥市场占有率"来反映配方肥在整个化肥或者复混肥中的占比,用于反映经销和流通环节对配方肥到位的影响。此次评估采取两种办法:一种是针对农企合作的 152 个示范县、307 个企业进行汇总,初步评估结果是 2013 年定点企业配方肥供应量占示范县肥料需求总量的 25%。另一种是由各省(自治区、直辖市)农业部门对本省(自治区、直辖市)的配方肥和化肥销售总量进行统计,分析配方肥占有情况。分析结果表明,2013 年全国各省(自治区、直辖市)化肥销售总量为 5723 万吨(折纯量,无特殊说明下同),其中配方肥销售量为 1421 万吨,配方肥占比为 24.9%(这个指标因为配方肥不一定是针对所有作物的,可能针对粮食作物,而我们没有粮食作物的化肥销售总量,如果考虑粮食作物占化肥用量的 50%,而配方肥都指粮食作物配方肥,那么配方肥市场占有率可能提高到 50%以上)(表 4-9)。

表 4-9 2013 年农企对接示范县及全国配方肥市场占有率

项目	152 个示范县、307 个企业统计情况*			全国统计情况**	
	定点企业配方肥供应量(实物量)	定点企业销售总量(实物量)	示范县总需求量(实物量)	配方肥销售量(折纯)	化肥销售量(折纯)
肥料量	159 万吨	452 万吨	639 万吨	1421 万吨	5723 万吨
配方肥占比	35%		25%	24.9%	

*示范县的数据来源于全国测土配方施肥农企对接工作进展统计系统。

** 全国统计的数据指 2014 年 38 个省(直辖市)(含农垦、兵团)的农业部门上报数据。

从典型地区农户调研数据中更容易判断配方肥的市场占有率。我们分析了 8 个省两个年度的配方肥市场占有率发现，所有农户配方肥用量占总化肥用量的比例也达到 23%(表 4-10)，与全国统计数据相近。而如果考虑目前配方肥只是基肥用肥的话，则占基肥用量的比例已经达到 32%，其中稻区显著高于玉米区。从两年的对比来看，所有地区和作物配方肥市场占有都显著增加，其中冬小麦和夏玉米配方肥采用率增长幅度最大(夏玉米的全生育期比例大于基肥配方肥比例，因为夏玉米有一部分农户没用基肥，而且追肥中有大量的配方肥)。

表 4-10　2008 年和 2013 年主要粮食作物配方肥用量占比

作物	样本量		全生育期配方肥施用量比例/%		基肥期配方肥施用量比例/%	
	2008 年	2013 年	2008 年	2013 年	2008 年	2013 年
春玉米	359	243	9	13	11	15
冬小麦	1112	942	12	22	13	29
晚稻	178	171	13	20	25	37
夏玉米	868	739	7	31	5	28
一季稻	358	338	23	29	35	50
早稻	203	171	11	21	20	39
全国平均			13	23	17	32

注：样本为跟踪到省的样本，8 个省。

全生育期配方肥施用量比例＝所有农户的配方肥总用量/所有农户的化肥总用量。

基肥期配方肥施用量比例＝所有农户的基肥配方肥总用量/所有农户的基肥总用量。

配方肥是指包装袋标注为配方肥的复混肥，包含现场混配。

4.2.4　配方肥服务覆盖度

测土配方施肥项目实施以来，政府和企业开展了大量的服务工作，例如“四统一”、信息化服务、培训和示范等。我们从两个角度进行评估，首先评估服务工作开展情况，一方面借助于测土配方施肥项目统计管理系统(http://tufei.chinafarmland.com.cn/Default.aspx)统计数据，同时调研补充了该系统中未涵盖的触摸屏、信息系统和配肥机。另一方面，通过农户调研系统了解农户接受服务的情况，即农户技术服务获得率。

农业部测土配方施肥统计数据(表 4-11)表明，2005—2013 年测土配方施肥实施的十年间，全国共建成 1571 个实验室，每个项目县均有 1～2 个；全国测试土壤样品约 1500 万，覆盖了 18 亿亩耕地的 83%；开展肥效试验示范 52 万个，大约每个行政村有1个；全国建立了测土配方施肥专家系统的县有2037个，覆盖了粮食主产县的83%；制定粮食作物施肥配方3045个，覆盖了全国粮区98%的面积；企业生产粮食专用肥产品1346个，覆盖全国所有主产区；配备触摸屏11361个，相当于每三个乡镇就有一台；发展配肥机1003台，设计生产能力1400万吨，占化肥总产量的12%。

表4-11　2013年测土配方施肥技术服务体系建设及农户使用情况

服务项目	建设数量	覆盖率
测土	1503万次	83%
培训	2.3亿人次	36%
配方卡	7.7亿个	100%
示范	52万个	6%
宣传栏(电视、报纸、墙体广告等)	196万个	每个村2.5个宣传栏
触摸屏	11361台	每2.9个乡镇1台
发展专家系统的县	2037个	71%
发展信息化服务系统(网络、手机、咨询电话)的县	1421个	50%
配肥机	1003台	12%

注：测土覆盖率＝测土的数量×每个测土样品覆盖的面积(100亩)÷全国总耕地面积。
培训覆盖率＝总培训次数÷全国农业人口数量(64222万人)。
配方卡覆盖率＝配方卡发放数量÷全国农业人口数量(64222万人)。
示范覆盖率＝每个示范影响25个农户，全国农户数2.3亿。
发展专家系统的县覆盖率＝发展专家系统县数量÷全国县级单位数量(2861个)。
发展信息化服务系统的县覆盖率＝发展信息化服务系统县数量÷全国县级单位数量(2861个)。
按照《中国统计年鉴2014》公布，全国有40497个乡镇，按照每个乡镇20个村估算，全国约有80万个村。

为了评估各种服务的真正应用情况，我们主要从农户调研测度了各种服务被农户获得的情况，从而更真实地反映技术服务覆盖度。结果表明，各种常规服务(不含信息化服务)农户获得率从2000年的1%～18%提高到了2008年的22%～80%，2013年已经达到了52%～88%，如果假定各种服务方式都同等重要，则农户获得率平均值从47%增长到68%。同时发现，通过宣传，测土配方施肥已经深入人心，80%以上的农户已经知晓测土配方施肥并接受过技术服务。拿到测土结果和配方卡的农户比例从2000年的1%提高到2008年的22%，目前已经达到52%(表4-12)。网络传播农业信息技术是未来发展的一个趋势，调研数据也反映出这个指标从2000年的0%增加到了2013年的8%，但是这个数值的绝对量还很低，说明这项服务采用率很低。

表 4-12　2000—2013 年测土配方施肥技术服务体系农户获得情况　%

项目	2000 年	2008 年	2013 年
知道测土配方的农户比例	18*	80	88
被测过土的农户比例	2*	34	71
拿到测土结果的农户比例	1*	22	52
拿到配方卡的农户比例	12*	52	52
接受农技员服务的农户比例	14**	59	81
接受过技术培训的农户比例	8*	34	63
采用网络途径获取农业技术信息的农户比例	0***	4	8

数据来源：全国测土配方农户调研。

* 黄季焜，胡瑞法等，基层农业推广体系 30 年发展与改革：政策评估和建议，中国软科学，2004。

** 杨帆，测土配方施肥技术在我国的发展与现状，中国农资，2006；林东升，五省市测土配方施肥落实处，农民日报，2005。

*** 该项数据在当时并没有统计，考虑到当时农村还没有互联网，手机服务也几乎没有，所以估计为 0。

4.2.5　小结

测土配方施肥项目开展的大量技术和服务项目已经产生了很多技术成果，其中配方是核心成果。利用土壤测试、作物肥料等数据，各个层次的粮食作物配方已经设计出来，其中国家发布了 38 个配方，29 个省公布了 2435 个市县一级的配方。这些配方在设计中充分考虑了土壤、农业生产等方面的差异，表现出了很高的覆盖率。

这些产品和技术揭示了农业需求，带动肥料产业发展专用型、针对性强的产品，如专用型产品比例从 15％提高到了 21％。粮食作物专用肥配方也增长到 1346 个。配方肥也成为市场上主流产品之一，根据各种数据统计，在包装袋上标识配方肥的产品已经占 23％，比五年前提高了 10 个百分点。在影响到肥料产业的同时，很多技术服务也已经深入到农户中，农户对测土配方施肥的认知达到 88％，半数的农户拿到过测土结果，接受过培训。

但是农业部门设计的科学配方与市场上流通的配方之间仍然存在差距，我们发现几个问题：首先是两类配方在氮磷钾配比上匹配度很高，例如国家和省级农业部门设计的配方中的 92％、市县级配方的 77％在市场上能找到，说明这类产品是能生产出来的。但是，却在特定区域和特地作物上的匹配度很低，例如国家发布的大配方只有 3％被企业严格按照区域和作物生产供应。因地因作物科学施用肥料和企业发展普适性产品之间的矛盾仍然很突出。企业愿意生产的是通用型和高经济效益型的产品，例如高氮型配方已经占据市场登记产品数量的 43％。

4.3 技术到位率

技术到位率重点评估用户即农户施肥技术和观念的转变。根据近些年主推技术和主要工作内容，我们确定了以配方肥为主线，评价农户产品选择、肥料用量、机械化深施技术、氮肥运筹技术的应用情况。由于采用农户调研数据分析，2009 年的调研反映的是 2008 年的粮食生产情况，2014 年的调研反映的是 2013 年的粮食生产情况，因此书中我们统一用 2008 年和 2013 年来表示两次调研。每一个评估的具体指标如下：

4.3.1 控量施肥采用率

肥料用量是评价农田施肥技术的关键指标，由于我国近些年盲目、过量施肥问题突出，控制肥料用量成为科学施肥的第一要务。我们确定以农户用量合理度来评估控量施肥到位情况。

首先从所有农户施肥量与产量的散点图来看，我国三大粮食作物的肥料用量与产量的关系从 2008 年的无相关转变为 2013 年的正相关，农户根据产量水平投入肥料的趋势开始显现出来，同时也说明肥料的施用仍然具有增产效应。其中小麦、玉米 95%的农户（灰色阴影部分）产量与施肥量正相关关系更明确，而水稻肥料用量与产量的关系从 2008 年的负相关，转变为 2013 年的正相关关系（图 4-1）。专门来看氮肥用量和产量的相关性散点图可以得到相同的结论，但正相关趋势更加明显，尤其是在水稻上（图 4-2）。

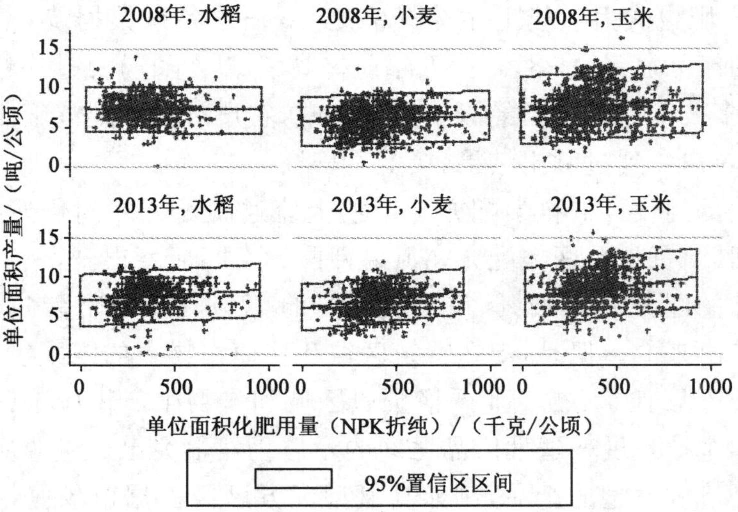

图 4-1 作物单产与化肥用量关系散点图

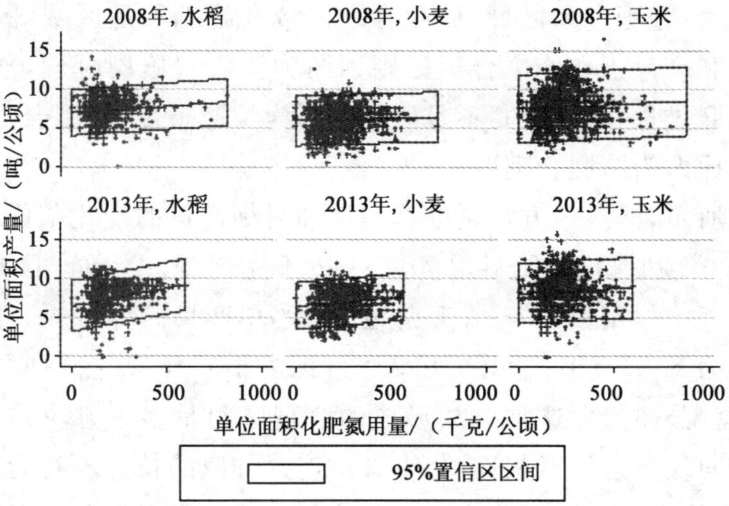

图 4-2　作物单产与氮肥用量关系散点图

我们进一步用两种方法来判断技术进步的农户比例：一种方法是将农户化肥用量与专家推荐量对比，对比的方法是"拟合曲线法"；另一种方法是用农户用量和理论的"养分平衡"进行比较。两种方法的含义和具体计算过程如下：

4.3.1.1　拟合曲线法

2013 年农业部办公厅印发《小麦、玉米、水稻三大粮食作物区域大配方与施肥建议(2013)》(农办农〔2013〕45 号)。该配方是测土配方施肥技术专家组在总结 9 年全国测土配方施肥成果的基础上，根据小麦、玉米、水稻三大粮食作物需肥特点和不同区域土壤养分供应状况及肥效反应而制定的，是至今为止最系统、最全面的全国性的区域大配方，具有较高的理论与实践指导意义。区域大配方针对不同地区的作物设计了目标产量和相应的推荐施肥量。我们选取这一推荐方案作为评价农户用量的标准。具体的评价按照以下几个步骤开展：

(1)调研区域与"大配方"区域匹配情况

区域大配方是按照生态区制定的，2014 年农户调研按照省(自治区、直辖市)、县、乡、村等行政区实施。为增强评价的精准性，我们为每个调研县选择了与其相对应的区域大配方作为参照标准，具体匹配情况见附表 4-2。

(2)施肥合理的标准

首先，根据"大配方"中作物的目标产量及推荐施肥量，利用曲线拟合的方法建立施肥合理区，其次将农户的施肥情况与合理区进行匹配，根据匹配情况将农户施肥量划分为：施肥过量区域、施肥合理区域和施肥不足区域（图 4-3）。如果农户的施肥量和产量落在施肥合理区则判断为该农户施肥合理，落在施肥过量区则判断为施肥过量，落在施肥不足区则判断为施肥不足；施肥合理的农户占所有农户的百分比即为施肥合理度。

如图 4-3 所示，深灰色方块是推荐用量和目标产量的变化范围，当单产目标为 0～A 千克/公顷时，推荐肥料用量为 a～b 千克/公顷；当单产目标为 A～B 千克/公顷时，推荐肥料用量为 b～c 千克/公顷；当单产目标为 B～C 千克/公顷时，推荐施肥用量为 c～d 千克/公顷；当单产目标大于 C 千克/公顷时，推荐肥料用量为 d～e 千克/公顷。但这种方法形成的合理区间是多个方块构成的阶梯形，方块与方块之间仅通过一点相连，与小农户连续分散的特点不符合。因此，我们做了如下处理，将产量水平划分为 0～A、A～B、B～C、C～$+\infty$ 四个水平，相应的推荐施肥量分为最小值、最大值两个水平，分别选取每个产量水平下的最小值与最大值拟合出两条曲线，即通过(A，a)、(B，b)、(C，c)三点拟合出合理施肥区域的下限曲线，通过(A，c)、(B，d)、(C，e)三点拟合出合理施肥区域的上限曲线。最终确定浅灰色区域为施肥合理区域，浅灰色部分以上为施肥过量区域，浅灰色部分以下为施肥不足区域。

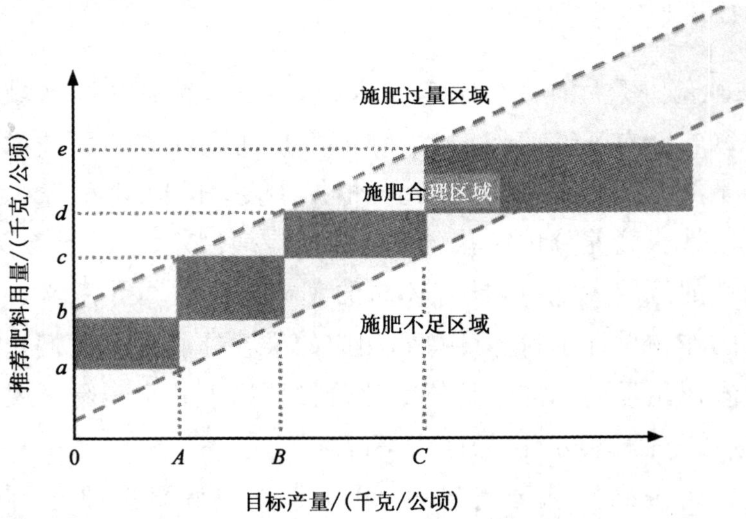

图 4-3　施肥合理标准示意图

理论上，当产量水平大于 C 时，推荐施肥量为 d～e 千克/公顷，故合理区间在 C 点之后应该趋向于水平（“线性＋平台”模型）；但是求出每个区域“线性与平台的交点”比较困难，所以简单地采用了直线拟合的方法进行判断。

(3)氮肥合理、过量与不足

以拟合曲线法评价农户氮肥用量，结果表明：项目开展十年来，氮合理的农户比例稳步提升，其中贡献最大的为水稻，从 2000 年的 21%提升到 2013 年的 43%，玉米有小幅的提升，小麦有所下降(表 4-13)。从区域上来讲，水稻所有区域的氮合理度均在提升；小麦大多数省份的氮合理度在下降，只有山东省的合理度大幅提升，从 2000 年的 17%提高到 2013 年的 35%；玉米东北和华北平原的氮合理度在波动中小幅提升，南方的玉米有小幅下降。

表 4-13　2000—2013 年全国主要粮食作物氮肥用量合理性评价

作物	样本量			氮合理农户比例/%			氮过量农户比例/%			氮不足农户比例/%		
	2000 年	2008 年	2013 年	2000 年	2008 年	2013 年	2000 年	2008 年	2013 年	2000 年	2008 年	2013 年
小麦	2952	927	753	30	26	25	59	61	61	11	13	14
冬小麦		927	753		26	25		61	61		13	14
水稻	2834	706	680	21	41	43	21	29	32	58	30	25
早稻		203	171		46	53		29	21		26	26
晚稻		178	171		45	42		28	32		27	26
一季稻		325	338		36	39		30	38		34	23
玉米	3115	1279	1033	27	25	28	62	56	53	11	19	19
春玉米		411	294		25	16		64	73		11	11
夏玉米		868	739		25	32		52	45		23	23
三大作物平均	8901	2912	2466	26	31	30	45	49	51	29	21	19

注：农户比例为每个作物的全国农户比例，三大作物平均为《中国统计年鉴》相应年份相应作物的全国播种面积平均。

(4)磷肥合理、过量与不足

同样分析磷肥用量合理性发现，磷肥用量合理的农户比例是上升的，尤其是 2008—2013 年。三大作物合理用磷的农户平均从 2000 年的 17%提升到了 2008 年的 19%，进一步提高到 2013 年的 26%(表 4-14)。磷肥过量的农户在小麦上有明显减少，在玉米上反而显著增加；磷肥不足的农户比例在玉米上显著降低，降幅达到 43 个百分点，小麦的磷不足的农户比例有小幅增加。总体而言，旱地上磷肥过量的农户比例最高，而水田上投入不足的比例最高。

表 4-14　2000—2013 年全国主要粮食作物磷肥用量合理性评价

作物	样本量			磷合理 农户比例/%			磷过量 农户比例/%			磷不足 农户比例/%		
	2000 年	2008 年	2013 年	2000 年	2008 年	2013 年	2000 年	2008 年	2013 年	2000 年	2008 年	2013 年
小麦	2952	927	753	20	21	31	64	63	44	16	16	25
冬小麦		927	753		21	31		63	44		16	25
水稻	2834	706	680	19	16	26	20	31	22	61	54	53
早稻		203	171		15	34		41	23		43	43
晚稻		178	171		11	29		38	31		52	40
一季稻		325	338		18	20		20	16		62	64
玉米	3115	1279	1033	10	16	22	28	55	59	62	29	19
春玉米		411	294		28	28		40	49		32	23
夏玉米		868	739		11	20		62	63		27	17
三大作物平均	8901	2912	2466	17	19	26	37	46	41	46	35	33

注:农户比例为每个作物的全国农户比例,三大作物平均为《中国统计年鉴》相应年份相应作物的全国播种面积平均。

(5)钾肥合理、过量与不足

分析钾肥用量发现,过去 13 年间,钾肥用量合理的农户比例总体呈上升趋势,三大作物合理用钾的农户平均从 2000 年的 13%提升到了 2008 年的 17%,进一步提高到 2013 年的 22%。三大粮食作物均有不同程度的增加(表 4-15)。钾肥不足的农户比例明显减少,减少的幅度为 22～34 个百分点。钾肥过量的农户比例显著增加,已经占总量的 55%。总体而言,钾肥过量施用的农户最多,合理和不足的农户相对较少。

表 4-15　2000—2013 年全国主要粮食作物钾肥用量合理性评价

作物	样本量			钾合理 农户比例/%			钾过量 农户比例/%			钾不足 农户比例/%		
	2000 年	2008 年	2013 年	2000 年	2008 年	2013 年	2000 年	2008 年	2013 年	2000 年	2008 年	2013 年
小麦	2952	927	753	10	14	20	25	53	50	65	33	30
冬小麦		927	753		14	20		53	50		33	30
水稻	2834	706	680	18	20	24	33	54	59	50	26	17
早稻		203	171		22	14		56	72		22	14
晚稻		178	171		21	16		58	68		21	15
一季稻		325	338		18	33		50	48		32	20
玉米	3115	1279	1033	10	17	21	13	47	50	77	37	29
春玉米		411	294		23	16		56	72		20	12
夏玉米		868	739		14	23		42	41		45	36
三大作物平均	8901	2912	2466	13	17	22	25	52	55	63	31	23

注:农户比例为每个作物的全国农户比例,三大作物平均为《中国统计年鉴》相应年份相应作物的全国播种面积平均。

4.3.1.2　养分平衡法

养分从外界投入农田，一部分养分经作物吸收利用而存在于作物体内，一部分养分经土壤固持而残留在土壤中，一部分养分损失到地表水、地下水或大气中。维持养分投入与作物收获养分的平衡，保持土壤的肥力，降低养分的损失，是农田生态系统可持续发展的标志。评估农户施肥是否合理，是否符合可持续发展的原则，其农田养分平衡是重要指标。农田养分平衡的组成包括养分投入与养分输出，如图 4-4 所示。

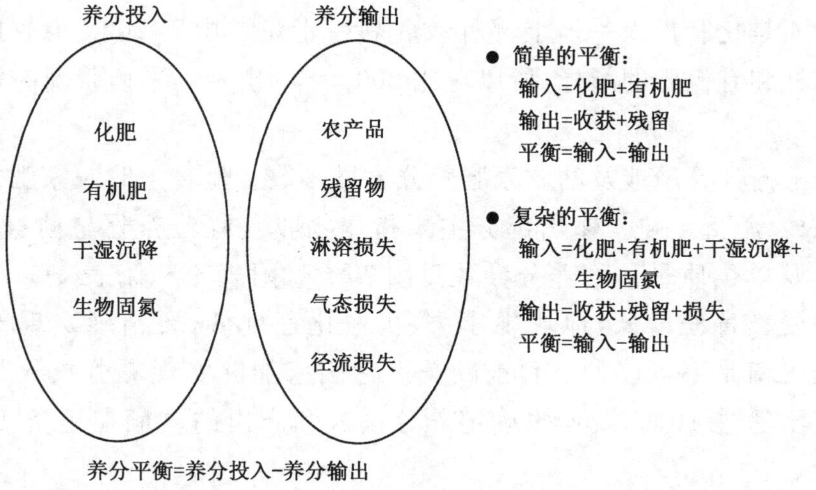

图 4-4　养分平衡示意图

（资料来源：Stoorvogel 和 Smaling，1990）

不同的养分平衡将对作物生产、土壤肥力和环境产生不同的影响。按照欧美发达国家的经验，氮用量与作物地上部吸收量持平，因为秸秆还田会归还一部分氮素，所以相当于在继续增加土壤氮素累积，但显然是土壤有机质提升和增产所需要。磷钾肥用量则与籽粒等收获物带走一致，说明充分考虑秸秆养分的归还情况，因此在保持土壤肥力，但如果动物废弃物等外源投入增加，其实是在继续增加土壤输入，培肥地力，美国就是这种情况。而英国磷钾投入远低于籽粒带走量，原因在于长期大量施用导致土壤累积较多，另一方面因为动物废弃物和城市废弃物循环补充较多。为了评估农田养分投入对作物生产、土壤肥力和环境的影响，我们建立以下平衡方法：

平衡 1 是化肥投入 N＝籽粒 N 和秸秆 N；化肥投入 P 或 K＝籽粒 P 或 K；达到平衡意味着不仅满足作物需求，而且持续培肥地力，但仍存在养分损失和环境污染的风险。

平衡2是化肥投入=地上部收获物带走量(地上部吸收量—秸秆还田的养分;其中如果秸秆粉碎或覆盖还田,则秸秆中氮磷钾养分全部还田;如果秸秆焚烧,则氮全部损失,磷钾还田率为100%;如果秸秆带走,则氮磷钾还田率为0),意味着满足作物需求的同时,保持土壤肥力,环境损失较小。

平衡3是化肥投入=地上部收获物带走量—有机肥施用的养分。如果实现平衡,则表示不仅满足作物需求,保持土壤肥力,而且加强养分循环,大幅降低环境污染。

平衡4是化肥投入=地上部籽粒收获带走量。由于2000年数据缺乏农户层面的秸秆和有机肥的指标,所以对比2000年的磷钾肥平衡状况时需要采用此方法。

养分平衡计算中涉及的农家肥养分含量参数见附表4-3,农家肥采用鲜基换算,一方农家肥折1吨。输出部分主要指作物收获籽粒养分与秸秆养分,籽粒养分浓度及单位质量秸秆养分参数见附表4-4、附表4-5、附表4-6。另外,由于我国农户受教育程度低,地块规模小、机械化程度低,要精确实现养分投入与产出完全平衡是不可能的。目前欧美发达国家能够实现养分投入与养分产出之间相差不超过10%,我们也确定养分投入和产出的差额在正负10%以内为养分平衡。

我们分别计算了氮磷钾的养分平衡、盈余和亏缺的农户比例,分别以10%的养分盈亏率为界线:

养分平衡指盈亏率介于—10%和+10%之间;

养分盈余指盈亏率大于+10%;

养分亏缺指盈亏率小于—10%。

(1)氮平衡、盈余与亏缺

从分析结果来看,即使按照平衡1计算,2013年我国氮素平衡的农户比例仅13%,比2008年增长2个百分点(表4-16)。如果进一步按照严格的平衡2和平衡3计算,则实现平衡的农户比例降低到7%~8%。不平衡的农户主要表现为盈余(表4-16),按照三个标准分别评价的结果显示,2013年盈余的农户比例分别为72%,86%和88%,而且与2000年的64%相比呈现小幅增长。氮素亏缺的农户比例较低,按照平衡1的标准,16%的农户处于亏缺状态,按照平衡2和平衡3,仅有6%以下的农户亏缺(表4-17和表4-18)。大量的氮盈余将会存在于土壤中,也可能进入大气或者水体形成污染源。

表 4-16　2000—2013 年氮平衡变化(方法 1)

作物	样本量			氮平衡农户比例/%			氮亏缺农户比例/%			氮盈余农户比例/%		
	2000 年	2008 年	2013 年	2000 年	2008 年	2013 年	2000 年	2008 年	2013 年	2000 年	2008 年	2013 年
小麦	2952	927	753	9	10	12	15	20	17	76	69	72
冬小麦		927	753		10	12		20	17		69	72
水稻	2834	706	680	10	11	16	45	23	17	45	66	68
早稻		203	171		12	15		20	18		67	67
晚稻		178	171		10	14		21	20		69	66
一季稻		325	338		11	17		26	15		63	69
玉米	3115	1279	1033	10	11	11	13	17	15	77	72	74
春玉米		411	294		13	9		12	12		75	79
夏玉米		868	739		11	12		19	16		70	72
三大作物平均	8901	2912	2466	10	11	13	26	20	16	64	69	72

注:每个农户比例为相应农户数量除以当年相应作物的总样本量得出。三大作物平均为小麦、水稻、玉米的农户比例加权相应的全国总播种面积平均,总播种面积数据来源于《中国统计年鉴》。

表 4-17　2008 年和 2013 年氮平衡变化(方法 2)

作物	样本量		氮平衡农户比例/%		氮亏缺农户比例/%		氮盈余农户比例/%	
	2008 年	2013 年	2008 年	2013 年	2008 年	2013 年	2008 年	2013 年
小麦	927	753	4	3	6	3	90	94
冬小麦	927	753	4	3	6	3	90	94
水稻	706	680	8	10	15	8	76	81
早稻	203	171	10	11	16	10	74	79
晚稻	178	171	8	11	15	12	76	77
一季稻	325	338	8	9	15	6	77	85
玉米	1279	1033	9	7	10	6	80	87
春玉米	411	294	12	8	9	11	79	81
夏玉米	868	739	8	7	11	4	81	89
三大作物平均	2912	2466	8	7	11	6	82	86

注:每个农户比例为相应农户数量除以当年相应作物的总样本量得出。三大作物平均为小麦、水稻、玉米的农户比例加权相应的全国总播种面积平均,总播种面积数据来源于《中国统计年鉴》。

表 4-18　2008 年和 2013 年氮平衡变化(方法 3)

作物	样本量		氮平衡农户比例/%		氮亏缺农户比例/%		氮盈余农户比例/%	
	2008 年	2013 年	2008 年	2013 年	2008 年	2013 年	2008 年	2013 年
小麦	927	753	3	3	4	2	92	95
冬小麦	927	753	3	3	4	2	92	95
水稻	706	680	10	9	8	7	82	84
早稻	203	171	12	8	6	9	82	83
晚稻	178	171	8	11	12	11	79	78
一季稻	325	338	9	9	8	4	83	88
玉米	1279	1033	9	7	9	6	82	87
春玉米	411	294	9	7	7	9	84	84
夏玉米	868	739	8	7	10	4	81	89
三大作物平均	2912	2466	7	7	7	5	85	88

注:每个农户比例为相应农户数量除以当年相应作物的总样本量得出。三大作物平均为小麦、水稻、玉米的农户比例加权相应的全国总播种面积平均,总播种面积数据来源于《中国统计年鉴》。

(2)磷平衡、盈余与亏缺

磷平衡的情况与氮相似,即平衡的农户比例较低,仅 6%～13%,但也能看到比 2000 年有所增加。以方法 1 为例,过去 13 年实现平衡的农户增加了 7 个百分点(表 4-19)。过量的农户比例小幅增加,增幅达到 4 个百分点,不足的农户比例有所下降。但是,最近五年(2008—2013)来,这种过量的趋势已经趋于乐观,2013 年同 2008 年比,方法 1 和方法 2 均显示出磷合理的农户比例增加了 4～7 个百分点,过量的农户比例已经开始下降,下降了 5～9 个百分点(表 4-19 和表 4-20)。总体而言,磷盈余的农户比例还是很高,这虽然可以进一步提高土壤磷含量,但应该警惕继续提高土壤磷含量带来的环境影响(表 4-19 至表 2-22)。过去五年磷肥管理的进步小于氮肥。过量施肥的农户比例偏高值得注意引导过量农民减少磷肥在不同作物上的分配效率。

表 4-19 2000—2013 年磷平衡变化(方法 1)

作物	样本量			磷平衡农户比例/%			磷亏缺农户比例/%			磷盈余农户比例/%		
	2000 年	2008 年	2013 年	2000 年	2008 年	2013 年	2000 年	2008 年	2013 年	2000 年	2008 年	2013 年
小麦	2952	927	753	4	6	9	16	14	24	80	79	67
冬小麦		927	753		6	9		14	24		79	67
水稻	2834	706	680	8	8	14	69	58	60	23	33	26
早稻		203	171		8	19		46	51		45	30
晚稻		178	171		6	15		54	50		39	35
一季稻		325	338		9	11		68	70		23	19
玉米	3115	1279	1033	4	11	14	74	42	39	22	47	47
春玉米		411	294		17	19		43	30		40	51
夏玉米		868	739		8	12		42	42		50	45
三大作物平均	8901	2912	2466	6	9	13	53	41	42	41	50	45

注:每个农户比例为相应农户数量除以当年相应作物的总样本量得出。三大作物平均为小麦、水稻、玉米的农户比例加权相应的全国总播种面积平均,总播种面积数据来源于《中国统计年鉴》。

表 4-20 2008 年和 2013 年磷平衡变化(方法 2)

作物	样本量		磷平衡农户比例/%		磷亏缺农户比例/%		磷盈余农户比例/%	
	2008 年	2013 年	2008 年	2013 年	2008 年	2013 年	2008 年	2013 年
小麦	927	753	2	5	4	6	94	89
冬小麦	927	753	2	5	4	6	94	89
水稻	706	680	10	18	47	47	43	35
早稻	203	171	10	20	33	39	58	42
晚稻	178	171	8	13	43	40	48	47
一季稻	325	338	11	19	59	55	30	26
玉米	1279	1033	5	13	29	32	66	55
春玉米	411	294	5	19	9	25	86	56
夏玉米	868	739	6	10	38	35	57	54
三大作物平均	2912	2466	6	13	28	30	66	57

注:每个农户比例为相应农户数量除以当年相应作物的总样本量得出。三大作物平均为小麦、水稻、玉米的农户比例加权相应的全国总播种面积平均,总播种面积数据来源于《中国统计年鉴》。

表 4-21　2008 年和 2013 年磷平衡变化(方法 3)

作物	样本量		磷平衡农户比例/%		磷亏缺农户比例/%		磷盈余农户比例/%	
	2008 年	2013 年	2008 年	2013 年	2008 年	2013 年	2008 年	2013 年
小麦	927	753	2	4	3	6	96	90
冬小麦	927	753	2	4	3	6	96	90
水稻	706	680	10	16	34	43	56	41
早稻	203	171	7	17	18	36	75	47
晚稻	178	171	11	13	36	37	53	50
一季稻	325	338	11	17	42	49	46	34
玉米	1279	1033	5	12	26	30	69	58
春玉米	411	294	2	16	4	19	94	65
夏玉米	868	739	6	11	37	34	57	55
三大作物平均	2912	2466	6	12	21	27	74	61

注:每个农户比例为相应农户数量除以当年相应作物的总样本量得出。三大作物平均为小麦、水稻、玉米的农户比例加权相应的全国总播种面积平均,总播种面积数据来源于《中国统计年鉴》。

表 4-22　2000—2013 年磷平衡变化(方法 4)

作物	样本量			磷平衡农户比例/%			磷亏缺农户比例/%			磷盈余农户比例/%		
	2000 年	2008 年	2013 年	2000 年	2008 年	2013 年	2000 年	2008 年	2013 年	2000 年	2008 年	2013 年
小麦	2952	927	753	2	2	5	11	7	12	87	91	83
冬小麦		927	753		2	5		7	12		91	83
水稻	2834	706	680	8	9	14	47	43	30	45	48	55
早稻		203	171		9	13		33	25		58	63
晚稻		178	171		7	12		43	29		49	60
一季稻		325	338		9	16		50	34		41	50
玉米	3115	1279	1033	3	7	7	68	28	23	29	65	70
春玉米		411	294		12	8		16	12		71	80
夏玉米		868	739		5	7		33	27		62	66
三大作物平均	8901	2912	2466	4	7	9	41	27	22	55	66	69

注:每个农户比例为相应农户数量除以当年相应作物的总样本量得出。三大作物平均为小麦、水稻、玉米的农户比例加权相应的全国总播种面积平均,总播种面积数据来源于《中国统计年鉴》。

(3)钾平衡、盈余与亏缺

从钾的分析结果来看,三个方法之间有很大的差异,主要是由于 80% 的钾存在于秸秆中,方法 1 并没有考虑秸秆还田的作用,所以导致和方法 2、3、4 差异很大(表 4-23 至表 4-26)。从方法 4 上看,2000—2013 年钾平衡并没有显著变化;从方法 2 和方法 3 来看,2008—2013 年钾合理的农户比例上升了 1 个百分点,变幅也很小。主要作物体系钾亏缺的农户比例小幅增加,钾肥过量的农户比 2000 年显著下降。这一变化的主要原因是:一方面,在政府的呼吁和管理下,秸秆还田快速大面积推进,秸秆钾的带入量增加;另一方面,钾肥价格较高,农业生产的比较效益下降,尤其是春玉米上钾过量的农户比例下降幅度最大,降幅达到 57 个百分点(表 4-24,方法 2)。同时发现,处于平衡状态的地块仍然只是较少部分,按照两个方法的标准来看,仅 10% 的农户地块钾肥平衡(表 4-24 和表 4-25)。

表 4-23　2000—2013 年钾平衡变化(方法 1)

作物	样本量			钾平衡 农户比例/%			钾亏缺 农户比例/%			钾盈余 农户比例/%		
	2000 年	2008 年	2013 年	2000 年	2008 年	2013 年	2000 年	2008 年	2013 年	2000 年	2008 年	2013 年
小麦	2952	927	753	3	5	3	93	86	93	4	8	3
冬小麦		927	753		5	3		86	93		8	3
水稻	2834	706	680	2	5	5	94	86	84	4	9	11
早稻		203	171		8	6		78	78		14	15
晚稻		178	171		8	8		76	70		16	22
一季稻		325	338		1	3		98	93		1	4
玉米	3115	1279	1033	1	5	5	95	86	87	4	9	8
春玉米		411	294		2	5		94	84		4	12
夏玉米		868	739		7	5		82	88		11	7
三大作物平均	8901	2912	2466	2	4	4	94	88	88	4	8	8

注:每个农户比例为相应农户数量除以当年相应作物的总样本量得出。三大作物平均为小麦、水稻、玉米的农户比例加权相应的全国总播种面积平均,总播种面积数据来源于《中国统计年鉴》。

表 4-24　2008 年和 2013 年钾平衡变化(方法 2)

作物	样本量		钾平衡农户比例/%		钾亏缺农户比例/%		钾盈余农户比例/%	
	2008 年	2013 年	2008 年	2013 年	2008 年	2013 年	2008 年	2013 年
小麦	927	753	10	8	10	20	80	72
冬小麦	927	753	10	8	10	20	80	72
水稻	706	680	13	10	42	54	44	35
早稻	203	171	21	10	12	43	67	47
晚稻	178	171	16	6	19	35	65	59
一季稻	325	338	7	13	74	70	19	17
玉米	1279	1033	9	16	38	52	53	32
春玉米	411	294	2	4	12	67	86	29
夏玉米	868	739	12	20	50	46	38	33
三大作物平均	2912	2466	10	11	32	47	59	42

注:每个农户比例为相应农户数量除以当年相应作物的总样本量得出。三大作物平均为小麦、水稻、玉米的农户比例加权相应的全国总播种面积平均,总播种面积数据来源于《中国统计年鉴》。

表 4-25　2008 年和 2013 年钾平衡变化(方法 3)

作物	样本量		钾平衡农户比例/%		钾亏缺农户比例/%		钾盈余农户比例/%	
	2008 年	2013 年	2008 年	2013 年	2008 年	2013 年	2008 年	2013 年
小麦	927	753	9	8	7	19	84	73
冬小麦	927	753	9	8	7	19	84	73
水稻	706	680	14	10	38	53	48	37
早稻	203	171	18	10	7	42	74	49
晚稻	178	171	17	5	17	35	66	61
一季稻	325	338	9	12	69	68	22	20
玉米	1279	1033	9	16	36	50	54	33
春玉米	411	294	2	6	9	63	89	31
夏玉米	868	739	12	20	49	45	38	34
三大作物平均	2912	2466	10	11	29	45	61	44

注:每个农户比例为相应农户数量除以当年相应作物的总样本量得出。三大作物平均为小麦、水稻、玉米的农户比例加权相应的全国总播种面积平均,总播种面积数据来源于《中国统计年鉴》。

表 4-26　2000—2013 年钾平衡变化(方法 4)

作物	样本量			钾平衡 农户比例/%			钾亏缺 农户比例/%			钾盈余 农户比例/%		
	2000 年	2008 年	2013 年	2000 年	2008 年	2013 年	2000 年	2008 年	2013 年	2000 年	2008 年	2013 年
小麦	2952	927	753	0	1	1	62	25	12	37	74	87
冬小麦		927	753		1	1		25	12		74	87
水稻	2834	706	680	3	4	1	36	10	3	60	86	95
早稻		203	171		3	0		6	2		91	98
晚稻		178	171		3	1		7	3		90	96
一季稻		325	338		6	3		13	4		81	93
玉米	3115	1279	1033	0	2	1	79	24	12	21	75	87
春玉米		411	294		2	1		7	9		91	91
夏玉米		868	739		2	1		32	14		67	85
三大作物平均	8901	2912	2466	1	2	1	57	18	9	41	80	90

注:每个农户比例为相应农户数量除以当年相应作物的总样本量得出。三大作物平均为小麦、水稻、玉米的农户比例加权相应的全国总播种面积平均,总播种面积数据来源于《中国统计年鉴》。

4.3.1.3　合理施肥与作物产量的关系

施肥不足是否是当前作物产量的限制因素?或者施肥过量是否是当前产量的限制因素?我们进一步分析了施肥不足、施肥合理以及施肥过量的农户产量差异。

1)氮肥合理施用与产量的关系

从氮肥分析的结果来看,按照专家推荐量评估的氮肥用量不足、合理及过量的农户用量相差非常大,不足的农户平均用量为 120 千克/公顷,合理的农户为 181 千克/公顷,过量的农户为 294 千克/公顷(表 4-27)。按照养分平衡评估的氮肥用量不足、合理及过量的农户平均用量分别为 112 千克/公顷,163 千克/公顷,262 千克/公顷,说明专家推荐用量略高于养分平衡(表 4-28)。但两种方法评估的所有作物产量差异表现出一致的趋势,即施肥不足的农户产量高于施肥合理的农户,施肥合理的农户产量又高于施肥过量的农户,而且之间的差异显著。

这一结果与我们传统认识完全相反,但至少证明施肥不足已不是产量低的直接原因,反而证明施肥过量是产量低的原因。至于施肥合理的农户(符合专家推荐或者满足养分平衡)产量并不是最高的,甚至低于施肥不足的农户,其原因是多方面的,主要是:①土壤基础地力的影响;②施氮时期和施氮方式的影响。

表 4-27 氮不足、合理、过量的农户平均施氮量和产量(按大配方推荐)

作物	样本量			平均施氮量/(千克/公顷)			平均单产/(千克/公顷)		
	氮不足	氮合理	氮过量	氮不足	氮合理	氮过量	氮不足	氮合理	氮过量
冬小麦	105	188	460	113	191	305	7729	7651	6977
早稻	45	90	36	109	156	271	7420	6489	6337
晚稻	45	72	54	107	153	246	7642	6348	5857
一季稻	79	131	128	144	199	334	8996	8200	7633
春玉米	32	47	215	118	178	263	11119	9361	8687
夏玉米	169	240	330	115	173	295	8596	7935	7517
三大作物平均	475	768	1223	120	181	294	8792	7985	7429

注:仅采用 2013 年样本,合理度计算方法同表 4-13。

表 4-28 氮亏缺、平衡、盈余的农户平均施氮量和产量(按养分平衡方法 1)

作物	样本量			平均施氮量/(千克/公顷)			平均单产/(千克/公顷)		
	氮亏缺	氮平衡	氮盈余	氮亏缺	氮平衡	氮盈余	氮亏缺	氮平衡	氮盈余
冬小麦	126	88	539	119	188	291	7655	7894	7051
早稻	31	26	114	93	132	196	7202	7006	6496
晚稻	34	24	113	96	124	202	7557	6714	6187
一季稻	50	56	232	120	151	283	8897	8233	8000
春玉米	36	26	232	121	186	256	10856	10515	8618
夏玉米	117	92	530	97	144	252	8331	8322	7731
三大作物平均	394	312	1760	112	163	262	8628	8418	7585

注:仅采用 2013 年样本,每个农户比例为相应农户数量除以当年相应作物的总样本量得出。三大作物平均为小麦、水稻、玉米的农户比例加权相应的全国总播种面积平均,总播种面积数据来源于《中国统计年鉴》。

2)磷肥合理施用与产量的关系

磷肥的情况与氮肥相似,按照专家推荐量评估的磷肥用量不足、合理及过量的农户用量相差非常大,不足的农户平均用量为 37 千克/公顷,合理的农户为 73 千克/公顷,过量的农户为 134 千克/公顷(表 2-29)。按照养分平衡评估的磷肥用量不足、合理及过量的农户平均用量分别为 35 千克/公顷,65 千克/公顷,115 千克/公顷,同样表现出专家推荐用量略高于养分平衡(表 4-30)。但两种方法评估的所有作物产量差异表现出一致的趋势,即施肥不足的农户产量高于施肥合理的农户，施肥合理的农户产量又高于施肥过量的农户。与氮略有不同的是施磷不足的农户产量与合理用量之间作物产量相差不大，但施肥过量的农户产量显著低于用量不足及合理的农户。

同样这一结果与我们传统认识完全相反，也证明施肥不足已不是产量低的原因，以及施肥过量导致产量降低。按照“大配方”评估施肥合理的农户产量并不是最大的，甚至略低于不足的农户。但是按照养分平衡评估施肥合理的农户产量是最高的。现阶段将磷的推荐量向养分平衡靠拢有助于增产节肥。

表 4-29　磷不足、合理、过量的农户平均施磷量和产量(按大配方推荐)

作物	样本量			平均施磷量/(千克/公顷)			平均单产/(千克/公顷)		
	磷不足	磷合理	磷过量	磷不足	磷合理	磷过量	磷不足	磷合理	磷过量
冬小麦	189	231	333	44	90	167	7860	7406	6797
早稻	74	58	39	29	63	123	6629	6716	6819
晚稻	68	50	53	27	58	105	6924	6663	5909
一季稻	216	67	55	43	67	121	8670	7574	6941
春玉米	69	82	143	42	89	136	8523	9041	9329
夏玉米	127	145	467	20	50	116	8211	8103	7752
三大作物平均	743	633	1090	37	73	134	8076	7799	7447

注：仅采用 2013 年样本，合理度计算方法同表 4-13。

表 4-30　磷亏缺、平衡和盈余的农户平均施磷量和产量(按养分平衡方法 2)

作物	样本量			平均施磷量/(千克/公顷)			平均单产/(千克/公顷)		
	磷亏缺	磷平衡	磷盈余	磷亏缺	磷平衡	磷盈余	磷亏缺	磷平衡	磷盈余
冬小麦	48	38	667	25	45	123	7700	7973	7177
早稻	66	34	71	28	57	96	6733	6849	6602
晚稻	68	22	81	28	57	89	6928	7236	6012
一季稻	186	63	89	41	61	101	8719	8165	7031
春玉米	73	56	165	49	97	125	8963	10386	8652
夏玉米	261	77	401	33	68	124	8179	8350	7631
三大作物平均	702	290	1474	35	65	115	8129	8433	7405

注：仅采用 2013 年样本，每个农户比例为相应农户数量除以当年相应作物的总样本量得出。三大作物平均为小麦、水稻、玉米的农户比例加权相应的全国总播种面积平均，总播种面积数据来源于《中国统计年鉴》。

3)钾肥合理施用与产量的关系

从钾肥分析的结果来看，按照专家推荐量评估的钾肥用量不足、合理及过量的农户用量相差很大，不足的农户平均用量为 26 千克/公顷，合理的农户为 56 千克/公顷，过量的农户为 125 千克/公顷(表 4-31)。按照养分平衡评估的钾肥用量不足、合理及过量的农户平均用量分别为 65 千克/公顷，77 千克/公顷，121 千克/公顷，说明专家推荐用量略低于养分平衡(表 4-32)。两种方法评估的所有作物产量差异表现出不一致的趋势，按照专家推荐量分析看到投入不足、投入合理以及投入过量的农户间产量差距不大，而按照养分平衡分析看到施肥不足的农户产量高于施肥合理的农户，施肥合理的农户产量又高于施肥过量的农户，而且之间的差异显著。

表 4-31　钾不足、合理、过量的农户平均施钾量和产量(按大配方推荐)

作物	样本量			平均施钾量/(千克/公顷)			平均单产/(千克/公顷)		
	钾不足	钾合理	钾过量	钾不足	钾合理	钾过量	钾不足	钾合理	钾过量
冬小麦	226	151	376	23	53	110	7425	7256	7143
早稻	24	24	123	39	58	159	6578	6336	6797
晚稻	26	28	117	32	68	173	6707	6398	6527
一季稻	67	110	161	39	64	122	8854	8749	7493
春玉米	36	46	212	12	49	125	7920	8157	9449
夏玉米	263	173	303	23	54	118	8129	7885	7709
三大作物平均	642	532	1292	26	56	125	7842	7736	7710

注：仅采用 2013 年样本，每个农户比例为相应农户数量除以当年相应作物的总样本量得出。三大作物平均为小麦、水稻、玉米的农户比例加权相应的全国总播种面积平均，总播种面积数据来源于《中国统计年鉴》。

表 4-32　钾亏缺、平衡和盈余的农户平均施钾量和产量(按养分平衡方法 2)

作物	样本量			平均施钾量/(千克/公顷)			平均单产/(千克/公顷)		
	钾亏缺	钾平衡	钾盈余	钾亏缺	钾平衡	钾盈余	钾亏缺	钾平衡	钾盈余
冬小麦	151	62	540	57	26	82	6875	7524	7324
早稻	74	17	80	78	127	174	6560	7423	6679
晚稻	60	10	101	74	108	173	7159	6825	6133
一季稻	236	44	58	69	96	150	8541	8301	6569
春玉米	198	12	84	96	111	107	10236	7097	6566
夏玉米	343	151	245	34	65	123	8142	8008	7495
三大作物平均	1062	296	1108	65	77	121	8117	7636	6931

注：仅采用 2013 年样本，每个农户比例为相应农户数量除以当年相应作物的总样本量得出。三大作物平均为小麦、水稻、玉米的农户比例加权相应的全国总播种面积平均，总播种面积数据来源于《中国统计年鉴》。

这一结果与我们传统认识完全相反，证明施肥不足不是产量低的原因，反而证明施肥过量是产量低的原因。至于施肥合理的农户（符合专家推荐或者满足养分平衡）产量并不是最大的，甚至低于不足的农户，原因在于施肥不足的农户可能大部分位于土壤肥沃的地区。

4.3.1.4　小结

综合以上结果可知，控制化肥用量仍然是我国现阶段的主要任务。用农业部发布的大配方中的推荐用量和目标产量对农户施肥量和产量进行双向评估，发现 2013 年合理施用氮磷钾肥料的农户比例分别为 30%、26%、22%（表 4-33 至表 4-35），而氮磷钾同时合理的农户比例为 2%（表 4-36），说明绝大多数农户是不合理的。但是如果考虑将欧美发达国家应用的养分平衡作为评判标准，氮肥按照平衡 1 方法，磷钾肥按照平衡 2 方法，我们发现氮磷钾投入产出平衡的农户比例分别为 13%，13%和 13%，其中氮磷钾同时平衡的农户比例为 0%。说明绝大部分农户养分投入与作物吸收是不平衡的。但两种方法都表明 2000—2013 年，主要作物体系有明显的进步，按照专家推荐量评价发现氮磷钾用量合理度分别提升了 4%、9%、9%；按照养分平衡的方法表明，氮磷钾合理度分别提升了 3%，5%，0%。总体而言，磷的进步大于氮，氮的进步又大于钾。

进一步分析的结果表明，施肥不足的农户作物产量并不低，反而高于过量施肥的农户，氮磷钾都表现出相同的趋势，说明目前所谓的施肥不足其实已经满足了作物需求，或者土壤中累积了大量的养分足以充分供应作物需求。而施肥过量反而导致产量水平最低，可能是过量施肥导致的负面影响显著抑制作物生长。由此可见，我国粮食作物长期施用化肥导致土壤累积，减少过量施肥是有助于作物增产的。从目前的评价结果来看，专家推荐施肥量略高于养分平衡施肥量，将专家推荐量向养分平衡靠拢可能有助于节肥增产。

表 4-33　2000—2013 年全国主要粮食作物氮平衡小结

作物	样本量			与全国推荐量相一致的农户比例/%			与作物吸收量平衡的农户比例/%		
	2000 年	2008 年	2013 年	2000 年	2008 年	2013 年	2000 年	2008 年	2013 年
水稻	2834	706	680	21	41	43	10	11	16
小麦	2952	927	753	30	26	25	9	10	12
玉米	3115	1279	1033	27	25	28	10	11	11
三大作物平均	8901	2912	2466	26	31	30	10	11	13

注：与全国推荐量相一致的农户比例选取表 4-13 的方法；与作物吸收量平衡的农户比例选取平衡方法 1 的结果，见表 4-16。

表 4-34　2000—2013 年主要作物磷肥施用合理的农户比例变化

作物	样本量			与全国推荐量相一致的农户比例/%			与作物吸收量平衡的农户比例/%		
	2000 年	2008 年	2013 年	2000 年	2008 年	2013 年	2000 年	2008 年	2013 年
水稻	2834	706	680	19	16	26	8	9	14
小麦	2952	927	753	20	21	31	2	2	5
玉米	3115	1279	1033	10	16	22	3	7	7
三大作物平均	8901	2912	2466	17	19	26	4	7	9

注：与全国推荐量相一致的农户比例选取表 4-14 的方法；与作物吸收量平衡的农户比例选取平衡方法 2 的结果，见表 4-22。

表 4-35　2000—2013 年主要作物钾肥施用合理的农户比例变化

作物	样本量			与全国推荐量相一致的农户比例/%			与作物吸收量平衡的农户比例/%		
	2000 年	2008 年	2013 年	2000 年	2008 年	2013 年	2000 年	2008 年	2013 年
水稻	2834	706	680	18	20	24	3	4	1
小麦	2952	927	753	10	14	20	0	1	1
玉米	3115	1279	1033	10	17	21	0	2	1
三大作物平均	8901	2912	2466	13	17	22	1	2	1

注：与全国推荐量相一致的农户比例选取表 4-15 的方法；与作物吸收量平衡的农户比例选取平衡方法 4 的结果，见表 4-26。

表 4-36　2000—2013 年主要作物氮磷钾用量均合理的农户比例变化

作物	样本量			与全国推荐量相一致的农户比例/%			与作物吸收量平衡的农户比例/%		
	2000 年	2008 年	2013 年	2000 年	2008 年	2013 年	2000 年	2008 年	2013 年
水稻	2834	706	680	1	2	2	0	0	0
小麦	2952	927	753	2	1	2	0	0	0
玉米	3115	1279	1033	1	1	3	0	0	0
三大作物平均	8901	2912	2466	1	1	2	0	0	0

注：氮磷钾用量合理指三个元素同时合理的农户。其中，与全国推荐量相一致的农户比例选取方法同表 4-13、表 4-14、表 4-15；与作物吸收量平衡的农户比例计算方法同表 4-16、表 4-20、表 4-23。

4.3.2　肥料运筹技术采用率

实现养分供应与作物需求在时间上一致是高产高效的基本原理，在欧美发达国家，控制施肥时期也是保护环境的重要举措。欧美国家经过发展测土配方施肥，严格控制施肥时间，避免养分损失和环境污染，例如严格控制冬闲期间施肥，在确保种肥（启动肥）和基肥及时施用的条件下，又根据土壤养分供应情况确定是否追肥以及何时追肥，有时在高肥力土壤条件并不连年追肥，尤其是磷和钾。按照我国的概念，粮食作物区分为种肥、基肥和追肥。但我国土壤有机质低、障碍性中低产田较多，高产作物体系后期养分需求显著高于传统生产方式，尤其是氮和钾的需求，另外由于作物诊断技术并不普及，目前仍需要按照相对固定的追肥模式操作。

从这次调研的结果来看，我国粮食种植户施肥次数有多有少，有施用四次肥料的，也有只施用一次肥料的，其中北方旱地的春玉米、夏玉米、冬小麦一次性施肥的农户比例较高。从年度变化情况来看，2013 年和 2008 年整体变化不大，但春玉米一次性施用肥料的农户比例显著提高（表 4-37）。

表 4-37　农户施肥次数分布

作物	年份	样本量	不同施肥次数农户所占百分比/%				
			1 次	2 次	3 次	4 次	5 次
春玉米	2008	359	30	59	11	0	0
	2013	243	63	35	2	0	0
冬小麦	2008	912	32	62	6	0	0
	2013	752	25	72	3	0	0
夏玉米	2008	830	47	47	6	0	0
	2013	739	50	48	3	0	0
一季稻	2008	325	4	47	25	24	0
	2013	338	2	46	27	20	5
早稻	2008	203	2	66	29	3	0
	2013	170	4	61	34	2	0
晚稻	2008	178	3	63	30	3	0
	2013	170	2	65	31	2	0

注：不同施肥次数农户所占百分比指针对最大地块上的每一种作物，农户的每一种施肥次数占所有类型施肥次数的农户百分数。此处不含施肥量为 0 的农户样本。

同时发现，在所有作物上，随着施肥次数的增加，单位面积氮肥的总用量是增加的，尤其是相对于一次性施肥，分次施肥都显著增加了投入量；而磷肥用量与施肥次数在不同作物上表现不一致：春玉米随着施肥次数增加有所下降，其他作物有所增加；在夏玉米、早稻和晚稻上钾肥用量也随着施肥次数的增多而增加

(图 4-5)。但从产量来看,随着施肥次数的增加,作物产量并没有表现出一致的规律性(图 4-6),因为产量与其他因素有关,例如肥料产品,我们在下边几节做详细的分析。

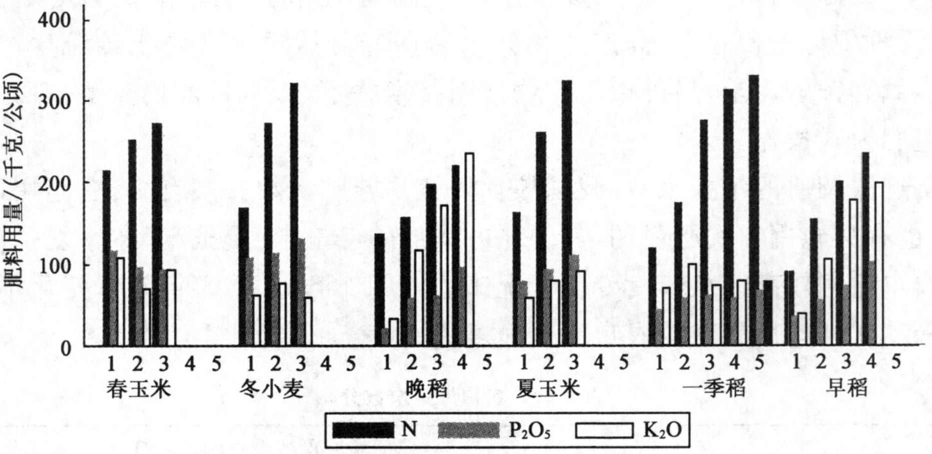

图 4-5 肥料用量与施肥次数的关系图(2013 年)

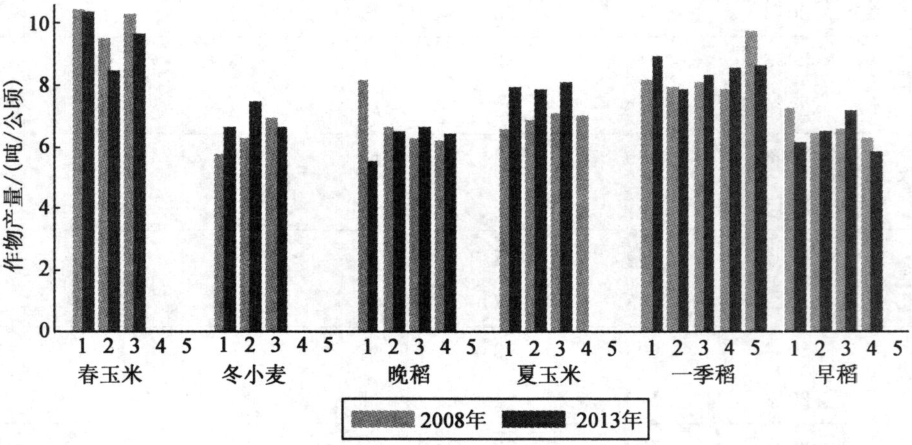

图 4-6 作物产量与施肥次数的关系图

4.3.2.1 播种与施肥同步

1)概念、指标设计

(1)播种和施肥在同一天,即认为播种与施肥同步,主要考虑肥料施用之后在较短的时间里肥料的吸收利用与种子生长发育同步,减少肥料的无效损失,提高肥料的利用效率。播种和施肥同步在具体生产中包括基肥施用与播种的关系，以及种肥施用和播种的关系。

从统计结果来看，农户施肥时间无序分布，以播种和施肥相差零天为中心点，第一次施肥的时间最早早于播种 9 天以上，最晚则在播种 90 天以后才施肥（表 4-38）。在播种前一星期内用肥的农户比例较高，从氮素的释放周期来看，一般一星期就会达到释放高峰，但此时作物尚未播种，这部分营养是白白损失掉了。而在播种 30 天后才施肥，作物在播种 30 天内完全依赖于土壤养分供应，在土壤养分供应能力较弱的地区或者气候条件较差的地区，养分供应不足可能导致出苗差、高产群体建成不良等不利影响。

表 4-38　第一次基肥距播种或移栽时间分布变化

作物	年份	样本量	基肥距播种或移栽时间分布/%							
			小于−7	[−7,0)	0	(0,7]	(7,30]	(30,60]	(60,90]	大于 90
春玉米	2008	314	37	34	25	3	1	0	0	0
	2013	237	32	29	38	1	0	0	0	0
冬小麦	2008	693	32	15	48	2	3	0	0	0
	2013	660	9	31	58	2	1	0	0	0
夏玉米	2008	158	17	6	72	0	3	3	0	0
	2013	380	1	7	83	2	4	1	0	1
一季稻	2008	318	8	49	39	2	1	0	0	0
	2013	330	12	36	45	3	3	0	0	0
早稻	2008	197	8	60	30	1	1	0	0	0
	2013	167	14	40	42	2	2	0	0	1
晚稻	2008	171	4	67	26	1	1	0	0	1
	2013	164	18	38	39	3	2	0	0	0

第一次施肥时间与播种时间在同一天的农户我们认为是最合理的，2013 年调研发现已有三分之一以上的农户这样操作，而夏玉米达到 83％。2008—2013 年所有作物都取得了显著进步，播种施肥在同一天的农户比例比 2008 年显著增加，春玉米、冬小麦、夏玉米、一季稻、早稻、晚稻分别增长了 13％、10％、11％、6％、12％、13％。原因在于农户想省工，不愿意多次下地。另一方面，也因为机械的发展，让农户可以同时进行播种和施肥。

(2)种肥(也叫作启动肥)在播种同时施用,常用硫酸铵或二铵,其用量很小。种肥的作用主要是促进种子萌发、确保幼苗顺利发育。种肥因为与种子伴随,精确的用量和精确的施用位置使得其在低温、干旱、贫瘠土壤上对促进出苗尤其重要。通过机械严格控制种肥的用量及与种子的相对位置是一项重要的生产技术。由统计结果可知,近五年播种和施肥同步的农户增长了12%,其中夏玉米播种和施肥同步的农户比例上升了26%,其中种肥同播的农户比例上升了20%(表4-39)。

表4-39 2008—2013年播种与施肥同步率变化情况

作物	播种和施肥同步				种肥同播率			
	样本量		农户比例/%		样本量		农户比例/%	
	2008年	2013年	2008年	2013年	2008年	2013年	2008年	2013年
春玉米	359	243	47	44	168	106	0	17
冬小麦	912	752	55	61	498	457	10	17
夏玉米	830	739	42	68	347	500	17	37
一季稻	325	338	39	46	127	154	0	0
早稻	203	170	30	42	60	71	0	0
晚稻	178	170	26	38	47	65	0	0
全国	—	—	40	52	—	—	7	17

注:播种和施肥同步指施肥时间和播种时间在同一天,农户比例指播种和施肥在同一天的农户占总农户的百分比;种肥同播指播种和施肥同时进行,而在两期数据中有所差别:2008年指肥种混播(另外一个选项为肥种分播),2013年指种子与肥料同时施入土壤,播种和施肥在同一时刻进行。

2)播种和施肥同步对基肥用量的影响

播种和施肥的时间差距对肥料投入有一定的影响,可以看到绝大部分作物随着第一次施肥时间与播种时间的靠拢,基肥总用量呈现递减趋势,一般是播种与施肥在同一天的农户肥料用量最低。这一规律在所有作物上都一致。播种一星期前施肥一般导致基肥氮用量高于播种当天施肥的10~80千克/公顷,其中水稻和小麦相差10~20千克/公顷,而2013年春玉米相差约80千克/公顷(表4-40)。磷钾肥用量的差异不显著,由此说明过早施用氮肥导致大量损失,因此农户一般通过加大用量来确保农田需求。

表 4-40　2013 年播种和施肥同步对基肥用量的影响

作物	施肥距播种时间（最小单位:天）	样本量	N/（千克/公顷）	P_2O_5/（千克/公顷）	K_2O/（千克/公顷）
春玉米	前一周以上	76	225	126	119
	前一周以内	69	199	111	101
	当天	89	145	98	67
	当天之后	3	112	80	84
冬小麦	前一周以上	57	166	84	64
	前一周以内	202	153	96	61
	当天	380	150	114	64
	当天之后	21	150	83	71
夏玉米	前一周以上	3	204	184	56
	前一周以内	27	142	79	68
	当天	314	129	77	54
	当天之后	36	150	61	46
一季稻	前一周以上	39	96	55	54
	前一周以内	120	98	52	57
	当天	150	94	52	56
	当天之后	21	92	55	55
早稻	前一周以上	24	92	48	49
	前一周以内	66	80	51	45
	当天	70	80	46	39
	当天之后	7	131	38	35
晚稻	前一周以上	29	91	51	49
	前一周以内	62	89	49	47
	当天	64	79	45	42
	当天之后	9	97	56	55

4.3.2.2 追肥最大效率期

1)概念、指标设计

植物营养最大效率期,是指植物生长阶段中所吸收的某种养分能发挥最大增产效能的时期。此时期一般出现在作物生长发育的旺盛期。这个时期根系吸收养分的能力最强,植株生长迅速,生长量大,需肥量最多,因此为使作物高产,应及时补充养分。最大效率期一般处在植物生长发育的中前期,如玉米的大喇叭口期、小麦的返青—拔节期、水稻的孕穗期等。在此书中,我们评估了农户在最大效率期追肥的行为,作为评判科学施肥技术到位的一个指标。

2)统计结果

从调查结果来看,不同地区、不同作物上农户追肥的次数、时间差异很大,追肥次数从 1 次至 7 次不等;追肥时间从 1 天至 200 多天不等。但从过去五年(2008—2013 年)的变化来看,农户追肥的时间正向作物生长后期移动。例如春玉米和夏玉米,播种后 30～60 天追肥的农户增加,此时正是玉米生长发育最快的阶段;冬小麦,150～180 天返青—拔节期追肥的农户比例增加了 6%,而过早追肥的农户减少;水稻播种后 0～7 天追肥的农户减少,而 7～60 天追肥的农户增加(表 4-41)。总体来看,追肥时间往后移动了。

表 4-41 追肥距播种或移栽时间分布变化

作物	年份	追肥距播种或移栽时间分布/%								
		小于 0	[0,7]	(7,30]	(30,60]	(60,90]	(90,120]	(120,150]	(150,180]	大于 180
春玉米	2008	0	0	2	24	65	9	0	0	0
	2013	0	0	0	47	49	4	0	0	0
冬小麦	2008	0	0	1	2	3	6	26	44	17
	2013	0	0	1	2	3	2	22	54	16
夏玉米	2008	1	3	20	43	30	2	1	0	0
	2013	0	0	19	54	24	3	0	0	0
一季稻	2008	0	18	42	21	15	3	0	0	0
	2013	2	10	43	26	14	5	1	0	0
早稻	2008	1	31	52	11	4	1	0	0	0
	2013	4	18	57	12	9	0	0	0	0
晚稻	2008	1	32	50	13	4	1	0	0	0
	2013	8	17	54	15	5	1	0	0	0

由于科学的最大效率期一般是一段时间(每一种作物的详细信息见附表 4-7),而农户也存在多次追肥。为了判断农户追肥时间是否在最大有效期内,我们将农户施肥行为与科学的最大效率期进行了匹配,共分为如下七种类型:类型一,农户每一次追肥时间均小于作物最大效率期最小值;类型二,农户每一次追肥时间均大于作物最大效率期最大值;类型三,农户追肥的时间小于作物最大效率期最小值或大于最大效率期最大值;类型四,农户每一次追肥正好落在作物最大效率期最小值与最大值之间;类型五,农户追肥时间一部分落在最大效率期最小值与最大值之间,一部分大于最大效率期最大值;类型六,农户追肥时间一部分落在最大效率期最小值与最大值之间,一部分小于最大效率期最小值;类型七,农户追肥时间在最大效率期最小值之前与最大值之后均有分布(图 4-7)。类型四属于追肥完全合理农户,类型五、类型六、类型七均属于追肥部分合理的农户,类型一、类型二、类型三属于追肥不合理的农户。

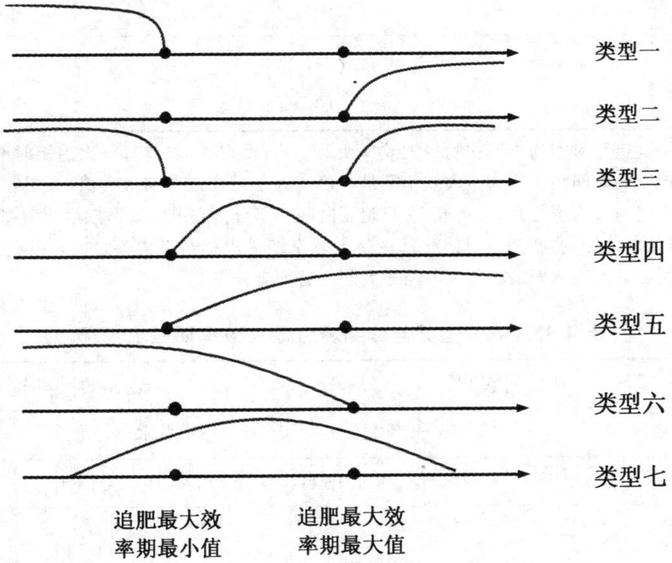

图 4-7　与最大效率期匹配的追肥农户类型示意图

分析农户调研数据发现,追肥农户的追肥时间大部分并没有落在最大效率期,或早或晚的农户占绝大多数(类型一、二、三总和超过 70%)(表 4-42 和表 4-43)。而能够确保在最大效率期追肥的农户比例低于 30%(类型四、五、六、七)。其中旱地作物如玉米和冬小麦,追肥次数少,所以符合类型四的相对集中。但水稻追肥次数多,完全合理的农户(即符合类型四的农户)比例较低,而部分合理的农户(符合类型五、六、七的农户)较多。

表 4-42　不同追肥时间类型农户比例变化

作物	年份	非最大效率期追肥农户比例/%			最大效率期追肥农户比例/%			
		类型一	类型二	类型三	类型四	类型五	类型六	类型七
春玉米	2008	74	6	6	13	1	0	0
	2013	68	3	1	28	0	0	0
冬小麦	2008	8	66	9	13	0	3	0
	2013	13	57	3	26	1	1	0
夏玉米	2008	20	32	12	27	4	4	0
	2013	20	46	11	19	1	3	0
一季稻	2008	3	52	22	2	1	10	11
	2013	3	44	25	3	3	9	13
早稻	2008	1	76	12	2	0	10	0
	2013	4	65	15	5	1	10	1
晚稻	2008	2	77	9	2	1	9	0
	2013	3	71	10	5	1	10	1

注：类型一，农户每一次追肥时间均小于作物最大效率期最小值；类型二，农户每一次追肥时间均大于作物最大效率期最大值；类型三，农户追肥的时间小于作物最大效率期最小值或大于最大效率期最大值；类型四，农户每一次追肥正好落在作物最大效率期最小值与最大值之间；类型五，农户追肥时间一部分落在最大效率期最小值与最大值之间，一部分大于最大效率期最大值；类型六，农户追肥时间一部分落在最大效率期最小值与最大值之间，一部分小于最大效率期最小值；类型七，农户追肥时间在最大效率期最小值之前与最大值之后均有分布。

表 4-43　农户追肥与作物养分最大效率期匹配情况

作物	追肥的农户				最大效率期追肥的农户			
	样本量		比例/%		样本量		比例/%	
	2008 年	2013 年	2008 年	2013 年	2008 年	2013 年	2008 年	2013 年
春玉米	359	243	62	36	223	87	15	28
冬小麦	912	752	68	77	618	577	17	27
夏玉米	830	739	89	65	736	480	34	23
一季稻	325	338	97	99	315	334	23	27
早稻	203	170	100	98	202	167	11	16
晚稻	178	170	99	99	176	169	11	15
平均	—	—	82	76	—	—	19	22

注：追肥的农户比例指追肥的农户数量占所有农户数量的百分比；最大效率期追肥的农户比例也是指在追肥的农户中，合理追肥的农户比例。追肥最大效率期判断标准见附表 4-7，这是根据推荐施肥方案和样本分布推断，标准需要专家进一步讨论。

3)追肥对肥料用量及产量的影响

追肥过去大部分以氮肥为主,现在不仅追施氮肥,追施钾肥也已经比较普及。旱地作物中,夏玉米因为追施含钾的复合肥,导致钾肥追施比例达到 35%,冬小麦追施钾肥的比例也达到了 18%。春玉米几乎不追施钾肥。水田中一季稻追施钾肥的农户达到了 49%,而双季稻均达到 84%(表 4-44)。

表 4-44　追施氮肥和钾肥农户情况变化

作物	年份	样本量	追肥农户比例/%	追氮农户比例/%	追钾农户比例/%	追氮钾农户比例/%
春玉米	2008	411	67	67	12	12
	2013	294	47	47	15	15
冬小麦	2008	927	67	67	9	9
	2013	753	77	76	18	17
夏玉米	2008	868	85	85	47	47
	2013	739	65	64	35	35
一季稻	2008	325	97	96	49	49
	2013	338	99	99	49	49
早稻	2008	203	100	99	79	79
	2013	171	98	95	84	82
晚稻	2008	178	99	98	79	79
	2013	171	99	96	84	82

注:追肥农户比例即在所有施肥农户中追肥农户所占的百分比;追氮农户比例即在所有施肥农户中追施氮肥的农户百分比;追钾农户比例即在所有施肥农户中追施钾肥的农户百分比;追氮钾农户比例即在所有施肥农户中同时追施氮肥和钾肥的农户百分比。

追肥的农户已经将一半以上的氮钾肥通过追肥施用,例如追施氮肥的农户中,追肥氮占总氮的投入超过 50%,其中夏玉米达到 71%,一季稻达到 61%。而追施钾肥的农户,追施钾的用量占钾肥总用量的比例也超过 50%,其中双季稻和夏玉米超过 70%(表 4-45)。

可以看到,追肥对于化肥总用量的影响很大。与不追肥的农户相比,追肥的农户总氮投入量和总钾投入量大幅增加(表 4-46)。尤其是钾肥投入,不追施的农户投入量一般在 50～60 千克/公顷左右,而追肥的农户钾肥投入总量超过 100 千克/公顷,钾肥投入过量与盲目追施钾肥有直接关系,而盲目追施钾肥有一部分原因是因为市场提供了复合型肥料,农户在追施氮肥的同时带入了钾肥。

表 4-45　农户氮肥和钾肥追施量情况变化

作物	年份	样本量	氮肥			钾肥		
			追施量/（千克/公顷）	总用量/（千克/公顷）	追氮占总氮百分比/%	追施量/（千克/公顷）	总用量/（千克/公顷）	追钾占总钾百分比/%
春玉米	2008	411	134	248	54	80	95	84
	2013	294	156	255	61	124	158	78
冬小麦	2008	927	130	270	48	54	123	44
	2013	753	136	276	49	56	115	49
夏玉米	2008	868	205	237	86	80	97	82
	2013	739	174	244	71	79	102	77
一季稻	2008	325	125	222	56	56	97	58
	2013	338	145	239	61	64	114	56
早稻	2008	203	90	170	53	91	125	72
	2013	171	90	172	52	103	143	72
晚稻	2008	178	89	168	53	92	129	71
	2013	171	90	173	52	107	151	71

注：追施量和总用量为农户追肥量和总用量的算术平均值，未按地块面积加权平均；追施量占总量的百分比为农户的平均追施量除以农户的平均总用量。

表 4-46　追施氮肥和钾肥对其用量的影响变化

作物	年份	是否追施氮肥		是否追施钾肥		是否同时追施氮钾肥			
		是	否	是	否	是	否	是	否
		氮肥用量/（千克/公顷）		钾肥用量/（千克/公顷）		氮肥用量/（千克/公顷）		钾肥用量/（千克/公顷）	
春玉米	2008	248	206	95	67	193	240	95	67
	2013	255	215	158	89	262	229	158	90
冬小麦	2008	270	156	123	61	268	229	124	61
	2013	276	169	115	63	250	250	111	65
夏玉米	2008	237	106	97	35	217	219	92	40
	2013	244	160	102	52	224	209	99	54
一季稻	2008	222	116	97	54	197	237	97	55
	2013	239	132	114	60	220	253	114	60
早稻	2008	170	127	125	38	171	161	125	42
	2013	172	89	143	50	172	148	144	54
晚稻	2008	168	85	129	42	168	164	128	47
	2013	173	98	151	46	174	152	152	51

注：氮肥用量及钾肥用量均为农户的氮肥、钾肥用量的算术平均值。是否追施氮肥：是，即追施氮肥的农户（只要追施氮肥即可，不管其他元素）；否，即不追施氮肥的农户（只要没有追施氮肥，不管其他元素）。是否追施钾肥，同理。是否同时追施氮钾肥：是，即同时追施氮肥和钾肥的农户（必须两种元素同时追施）；否，氮肥和钾肥不同时追施的农户（其中包括只追施氮肥、钾肥及不追氮肥、钾肥的情况）。

科学的追肥是否带来了增产？从分析结果可以发现，在最大效率期追肥的农户与不在最大效率期追肥的农户相比，作物产量整体较高，如春玉米增产约 800 千克/公顷，冬小麦增产 500 千克/公顷，一季稻增产约 400 千克/公顷，双季稻增产约 200 千克/公顷。唯一没有体现出增产效果的是夏玉米(表 4-47)。

表 4-47　最大效率期追肥对单位面积肥料总用量及产量的影响

作物	是否在最大效率期追肥(1＝是；0＝否)	样本量	肥料总用量/(千克/公顷)			产量/(千克/公顷)	PFP_N/(千克/千克)
			N	P_2O_5	K_2O		
春玉米	0	63	257	92	66	8084	31
	1	24	253	93	66	8876	35
冬小麦	0	419	275	111	76	7418	27
	1	158	271	117	75	7472	28
夏玉米	0	369	244	89	77	7815	32
	1	111	238	90	77	7753	33
一季稻	0	245	220	60	91	8074	37
	1	89	289	61	75	8452	29
早稻	0	141	164	59	121	6679	41
	1	26	205	82	181	6877	34
晚稻	0	144	170	64	130	6508	38
	1	25	174	41	165	6693	39

注：最大效率期指作物生长最快的时期，该时间段作物需肥量最大；不同作物上其效率期均不相同，详细时间见附表 4-1；是否在最大效率期追肥：1＝是，表示追肥时间落在最大效率期的农户；0＝否，表示追肥时间不在最大效率期的农户；N、P_2O_5、K_2O 用量及产量为农户的算术平均值，未按地块面积加权；PFP_N，作物氮肥偏生产力等于农户作物的平均产量比上平均氮肥用量。

4.3.2.3　小结

肥料施用时期与作物生长时期匹配是科学施肥的关键技术。我国传统方式是重视基肥，导致前期养分供应过剩向环境损失，后期养分供应不足导致早衰。此次评估包括播种与施肥(种肥和基肥)的匹配，后期追肥与最大效率期的匹配(如小麦拔节、水稻孕穗期、玉米大喇叭口期)。其中在播种环节，由于农业机械的限制，传统生产中往往采用施肥、整地、播种相分离的技术，肥料施用早于作物播种，导致养分的固定和损失，降低了效率，分析结果表明播种施肥同步比基肥早施节约化肥投入 50～80 千克/公顷。而过去五年的测土配方施肥显著推动农户采用了播种施肥一体化技术，根据 2009 年和 2014 年调研数据发现，播种与施肥(基肥＋种肥)同步的农户比例从 43％提高到 53％，尤其在玉米和冬小麦上播种施肥同步率大幅提高。

同时我们发现,农户在追肥施用技术上有所进步。冬小麦的拔节肥、水稻的穗肥是近些年的主推技术,从评估结果来看,在这些关键生育期追肥的农户比例从 19%提高到 24%。其中冬小麦拔节期追肥的农户比例从 13%提高到 22%,水稻施用穗肥的农户比例提高 4 个百分点,春玉米在大喇叭口期追肥的农户比例提高 13%,但夏玉米却降低了 11%。在最大效率期追肥也是增产措施,评价结果表明比盲目追肥普遍增产 200~800 千克/公顷。

4.3.3 施肥机械化率

4.3.3.1 基肥机械化率

机械化率指采用动力型机械施用肥料的农户比例或者耕地面积比例。动力包括拖拉机、电力等,典型特征是肥料用量可自动控制,肥料施用位置可直达作物最佳位置,施肥效率成倍于人工施肥。具体方式包括拖拉机牵引型的机械化、喷灌施肥、滴灌施肥,但不包括无动力配套的小型施肥枪等。

基肥施用方式正在快速转变,传统的人工撒施正被机械化替代,而且逐渐将播种和施肥同步化。可以看到,旱地作物机械化发展比水田要快得多,而旱地作物中玉米明显快于小麦,而玉米中夏玉米发展遥遥领先于其他作物体系,已经有 81%实现了机械化,春玉米 52%实现了机械化,冬小麦 43%实现了机械化(表 4-48)。相对于旱地作物的快速发展,水田基肥机械化发展才刚起步。

表 4-48 不同作物基肥施肥方式变化

作物	样本量		机械施肥,非种肥同播率/%		机械施肥,种肥同播率/%		人工施肥率/%	
	2008 年	2013 年	2008 年	2013 年	2008 年	2013 年	2008 年	2013 年
春玉米	411	294	43	34	11	18	46	48
冬小麦	927	753	3	9	20	34	77	58
夏玉米	868	739	3	7	18	74	78	19
一季稻	325	338	0	4	0	0	100	96
早稻	203	171	0	2	0	0	100	98
晚稻	178	171	0	2	0	1	100	97
全国	—	—	7	10	16	31	77	59

注:机械施肥,非种肥同播率指使用机械进行施肥且肥料和种子不同时施用的农户比例;机械施肥,种肥同播率指使用机械将肥料和种子一起施用的农户比例;人工施肥率指基肥施用过程中纯靠人力完成的农户比例。

目前的机械施肥对于肥料用量的控制如何？从分析结果来看，机械施肥普遍导致化肥用量增长，表 4-49 表明，春玉米机械施肥相对于人工施肥氮用量增长 27 千克/公顷，冬小麦增长 15 千克/公顷。磷肥和钾肥用量也存在明显的差距。产生这种结果的原因在于：一方面可能因为机械或者肥料质量不过关，肥料施用不均匀，农户增加了用量；另一方面因为机械发展与农艺不配合，机械施肥时的施肥量缺乏有效的指导。

表 4-49　基肥机械施用对基肥用量及产量的影响对比

作物	年份	样本量		氮肥/（千克/公顷）		磷肥/（千克/公顷）		钾肥/（千克/公顷）		产量/（千克/公顷）	
		机械	人工	机械	人工	机械	人工	机械	人工	机械	人工
春玉米	2008	199	187	136	111	74	68	52	44	8129	8434
	2013	166	122	152	125	88	55	75	52	8172	7598
冬小麦	2008	27	890	137	147	130	122	59	65	6039	6170
	2013	324	415	158	143	109	98	61	66	7159	7037
夏玉米	2008	29	382	151	101	72	73	69	57	6587	6883
	2013	460	104	140	143	76	73	54	59	7831	7979

注：机械即使用机械追肥的农户；人工即施肥靠纯人力的农户；氮、磷、钾肥料用量及产量为农户的算术平均值，未加权。

从基肥机械化对追肥的影响可以看到另一种结果，机械施用基肥的农户追肥的概率降低，农户期望通过基肥机械化施用实现一次性施肥。例如春玉米机械施用基肥的农户追肥的比例仅 34%，而手工施用基肥的农户追肥的比例为 63%。同样，夏玉米机械施用基肥的农户追肥的比例为 51%，而手工施用基肥的农户追肥的比例为 89%（表 4-50）。同时发现机械施用基肥的农户即使追肥，追肥量也大幅度减少。产生这一问题的原因是机械化进一步降低了劳动力投入而增加了对机械的依赖。

表 4-50　基肥机械施用对农户追肥的影响

作物	基肥施用是否使用机械（1＝是；0＝否）	样本量	追肥农户比例/%	追肥氮/（千克/公顷）	追肥磷/（千克/公顷）	追肥钾/（千克/公顷）
春玉米	0	128	63	115	18	38
	1	166	34	40	1	4
冬小麦	0	429	81	113	11	10
	1	324	71	91	10	10
夏玉米	0	279	89	174	63	55
	1	460	51	74	10	11

注：样本量为 2014 年跟踪省份的农户。基肥是否使用机械，“是”表示基肥使用机械施肥的农户；“否”表示基肥没有使用机械。追肥农户比例即追肥的农户占总农户的百分比。追肥氮、追肥磷、追肥钾分别表示追肥农户的追氮、追磷、追钾的算术平均值。

虽然基肥机械化增加了基肥用量并降低了追肥意愿，但是对全生育期肥料总用量和作物产量并没有产生显著影响(表 4-51)。因此，可以说机械施肥并没有表现出显著的农学效应。但基肥的机械化施用显著降低了农户变异度，例如(表 4-52)，春玉米氮肥县域变异度从 57%降低到 35%，夏玉米从 93%降低到 41%，冬小麦从 45%降低到 37%，磷钾的变异度也有相应减少。由此说明，机械施肥提高了均衡度，但是在提高肥料利用效率方面尚没有发挥作用。

表 4-51　基肥机械施用对肥料总用量及产量的影响

作物	样本量		氮肥/(千克/公顷)		磷肥/(千克/公顷)		钾肥/(千克/公顷)		产量/(千克/公顷)		PFP_N/(千克/千克)	
	机械	人工	机械	人工	机械	人工	机械	人工	机械	人工	机械	人工
春玉米	166	128	228	217	91	69	95	91	8172	7500	36	35
冬小麦	324	429	253	239	118	105	68	75	7159	7014	28	29
夏玉米	460	279	222	213	90	77	67	68	7831	7843	35	37

注：样本量为 2014 年跟踪调研省份的农户。氮磷钾用量及产量分别为农户肥料用量及产量的算术平均值，未加权。PFP_N 等于农户的平均产量比农户的氮肥平均用量。

表 4-52　基肥机械施用对基肥用量变异度的影响

作物	年份	样本量		氮肥/%		磷肥/%		钾肥/%	
		机械	人工	机械	人工	机械	人工	机械	人工
春玉米	2008	199	212	38	57	43	53	49	54
	2013	166	128	35	57	54	58	47	79
冬小麦	2008	27	900	39	49	84	58	57	67
	2013	324	429	37	45	64	61	64	63
夏玉米	2008	29	839	63	115	38	110	27	117
	2013	460	279	41	93	60	95	62	96

注：变异度为县级变异度，计算方法：以每个县的农户作为一个整体分别求出对应的肥料及产量的变异度，然后对求出来的各个县的变异度求平均。

4.3.3.2　追肥机械化率

1)概念、指标设计

追肥机械化即使用机械进行追肥的一种方式，主要有靠拖拉机牵引的四轮追肥机以及手扶式追肥机追肥，是不包括靠人力或畜力牵引或助推农具式的追肥。追肥机械化率指追肥农户中采用机械化追肥的农户比例。

通过调研发现（表 4-53），我国北方旱地粮食作物追肥机械化在过去五年（2008—2013 年）实现了从无到有的飞跃，夏玉米追肥机械化率达到了 11%，而冬小麦达到了 6%，但与基肥机械化发展相比，追肥机械化率仍非常低。

表 4-53　不同作物追肥机械化情况变化

作物	总样本量		追肥农户比例/%		追肥农户样本量		追肥机械化率/%	
	2008 年	2013 年	2008 年	2013 年	2008	2013 年	2008 年	2013 年
春玉米	411	294	67	47	275	138	5	1
冬小麦	927	753	67	77	620	578	1	6
夏玉米	868	739	85	65	742	480	0	11
一季稻	325	338	97	99	315	334	0	1
早稻	203	171	100	98	202	167	0	0
晚稻	178	171	99	99	176	169	0	0
全国平均	—	—	82	76	—	—	1	7

注：追肥农户样本量指某一作物上追肥的农户数量。追肥农户比例指追肥的农户占所有农户的百分比。追肥机械化率指追肥使用机械的农户占所有追肥农户的百分比。

2）对肥料用量及产量的影响

机械追肥虽然采用的农户很少，但是从结果来看（表 4-54），机械追肥也导致肥料用量增加，例如与人工追肥相比，冬小麦氮肥用量增加了 37 千克/公顷，而夏玉米氮肥用量增加了 72 千克/公顷，磷肥用量增长了 52 千克/公顷，钾肥用量增长了 46 千克/公顷，累计增肥 170 千克/公顷。然而并没有表现出增产。追肥机械化大幅降低了农户变异度，例如夏玉米追肥用氮量的县域变异度从 85%降低到 35%，冬小麦从 74%降低到 34%（表 4-55）。

表 4-54　2013 年机械追肥对追肥用量及产量的影响

作物	样本量		氮肥/（千克/公顷）		磷肥/（千克/公顷）		钾肥/（千克/公顷）		产量/（千克/公顷）		PFP_N/（千克/千克）	
	机械	人工	机械	人工	机械	人工	机械	人工	机械	人工	机械	人工
春玉米	2	292	121	93	0	16	0	37	7313	7837	25	36
冬小麦	37	716	133	96	24	10	19	9	7865	7043	32	29
夏玉米	51	688	177	105	78	26	70	24	8228	7765	31	30

注：样本量为 2014 年跟踪调研省份的农户最大地块作物数量。氮肥、磷肥、钾肥及产量为农户氮肥、磷肥、钾肥及产量的算术平均值，未加权。PFP_N 等于农户平均产量除以农户平均氮肥用量。

表 4-55 机械追肥对追肥用量变异度的影响

作物	年份	样本量		氮肥/%		磷肥/%		钾肥/%	
		机械	人工	机械	人工	机械	人工	机械	人工
春玉米	2008	14	397	43	64	—	87	—	62
	2013	2	292	20	58	—	106	—	84
冬小麦	2008	8	919	28	72	—	234	—	229
	2013	37	716	34	74	55	238	73	220
夏玉米	2008	2	866	—	64	—	111	—	136
	2013	51	688	35	85	62	120	62	126

注：变异度为县级变异度，计算方法：以每个县的农户作为一个整体分别求出对应的肥料及产量的变异度，然后对求出来的各个县的变异度求平均。水稻追肥基本上不使用机械，不具可比性；一：表示没有数据。

4.3.3.3 小结

机械化施肥是科学施肥的大势所趋，理论上通过机械施肥可以控制肥料用量、减少农户间的变异，也可以确保肥料施用到作物根部，提高肥料利用率。近些年我国主推的粮食作物机械化施用重点是种肥同播、基肥机械化、追肥机械化。从结果可以看出，基肥机械化率从 7%提高到了 36%，追肥机械化率从 1%提高到了 6%(表 4-56)。玉米和小麦的种肥同播也得到快速发展。

表 4-56 不同作物施肥机械化发展情况

作物	2008 年						2013 年					
	样本量	追肥农户数量	追肥农户比例/%	基肥机械化率/%	种肥同播率/%	追肥农户机械化率/%	样本量	追肥农户数量	追肥农户比例/%	基肥机械化率/%	种肥同播率/%	追肥农户机械化率/%
春玉米	411	275	67	48	0	5	294	138	47	56	7	1
冬小麦	927	620	67	3	8	1	753	578	77	43	10	6
夏玉米	868	742	85	3	9	0	739	480	65	62	25	11
一季稻	325	315	97	0	0	0	338	334	99	4	0	1
早稻	203	202	100	0	0	0	171	167	98	3	0	0
晚稻	178	176	99	0	0	0	171	169	99	3	0	0
全国平均	—	—	82	7	5	1	—	—	76	36	11	6

注：种肥同播指肥料和种子同时施用，而且肥料深施；2008 年缺乏指标，用肥种混播来判断是否种肥同播。基肥机械化指使用机械施用基肥，2008 年缺乏机械的指标，根据沟施和条施来判断使用机械。追肥机械化率指在追肥的农户中，采取机械进行追肥的农户比例，同样由于 2008 年缺乏机械指标，如果追肥沟施，而且基肥条施，则判断为机械追肥。

汇总机械化施肥对肥料用量的影响发现(表 4-57),基肥机械化率相对于人工施用增加了基肥用量,同时导致追肥采用意愿降低,而追肥量也降低。而追肥机械化也相对人工施肥提高了化肥用量。因此机械化发展大幅增加了化肥用量。从我们进一步汇总的结果可以发现,基肥+追肥全程机械化的化肥用量是最高的。这是值得我们重视的问题,机械施肥反而让施肥不科学的状况进一步恶化,这里边既有机械、肥料质量不过关的问题,也与农机农艺不匹配有关,机手对肥料用量缺乏认识。其中机械和肥料不过关的问题可以从作业效率来反映,目前的机械施肥效率最多仅能达到人工施肥的两倍。

表 4-57　2013 年不同机械化水平施肥对肥料用量、产量及用工效率的影响

作物	机械使用环节	样本量	肥料用量/(千克/公顷)			产量/(千克/公顷)	效率/(小时/亩)	人工效率/[亩/(人·天)]
			N	P_2O_5	K_2O			
春玉米	基肥+追肥	2	294	95	9	7313	1.1	7.0
	基肥	55	260	91	76	7972	3.6	2.2
	无	75	247	73	97	7099	7.4	1.1
冬小麦	基肥+追肥	13	289	148	74	7933	2.0	4.0
	基肥	217	269	119	77	7441	1.5	5.3
	追肥	19	255	93	77	8051	1.6	5.0
	无	315	281	110	76	7390	1.5	5.4
夏玉米	基肥+追肥	18	279	111	94	8021	1.5	5.4
	基肥	215	256	84	72	7887	2.1	3.9
	追肥	1	166	166	59	10500	1.0	8.0
	无	71	258	110	91	7914	1.9	4.2
一季稻	基肥	12	243	66	88	8331	2.4	3.3
	追肥	4	201	58	82	7913	6.7	1.2
	无	315	238	61	88	8197	2.8	2.8
早稻	基肥	5	187	42	128	7013	4.2	1.9
	无	161	170	63	131	6695	2.7	2.9
晚稻	基肥	5	191	30	105	6750	4.6	1.7
	无	161	172	62	137	6535	2.7	2.9

注:样本为 2014 年跟踪调研省份农户中施用基肥与追肥的农户;机械使用环节:基肥+追肥表示基肥与追肥均采用机械操作,基肥表示只有基肥环节使用机械而追肥人工施用,追肥表示基肥人工施用而追肥使用机械,“无”表示所有施肥环节为人工;效率及人工效率表示整个基肥与追肥环节加起来的用工效率(基肥环节无法拆分一体机的用工效率)。

4.3.4 配方肥采用率

配方肥并不是一个单独的种类，只是相对于目前我国农户不合理施肥所提出来的合理方案。广义的配方肥应该是有机与无机配合施用、氮磷钾等元素配合施用、氮磷钾与各种中微量元素配合施用、营养元素与土壤调理物质配合施用（如酸性土壤上施用氮肥的同时应该施用石灰）、针对作物品质要求调节氮磷钾各种元素的养分形态（如铵态和硝态氮肥配合、枸溶性磷肥与水溶性磷肥配合等）。结合我国国情以及测土配方施肥推进的程度，在本书中我们重点从三个方面评估配方肥采用情况。

首先是氮磷钾三种元素配合施用情况，我们重点评估偏施化肥的情况是否得到改善。其次，由于农户无法掌握复杂的知识，现阶段是通过复混型的配方肥向农户一次性提供技术服务，其中主要是以配方肥作为基肥，推荐施用其他单质肥作为追肥，基肥配方化是核心。第三，现阶段的配方肥主要是指化肥，而有机肥与化肥配合也是主要的配方肥施肥方式。在本书中，我们将有机肥分为两类来讨论，一类是传统的粪肥，一类是作物秸秆。

4.3.4.1 氮磷钾配合情况

从养分平衡的角度，各种元素应该均衡施用从而确保作物生长和土壤肥力不衰减或者提高。而从经济性分析，部分元素并不一定需要年年施用，例如根据土壤条件隔年施用磷钾肥，或者一些土壤上不需要施用微量元素。目前由于作物产量大幅提高，大量元素耗竭量较大，因此从理论上，氮磷钾配合施用是当前测土配方施肥的主要技术。氮磷钾配合施用指氮磷钾均衡施用，不偏施氮磷钾任何一种肥料或不遗施氮磷钾任何一种肥料。氮磷钾配合方式主要有使用单质肥搭配、复合肥、复合肥＋单质肥、配方肥等。

从 20 世纪 60 年代大量施用氮肥、70 年代大量施用磷肥、80 年代大量施用钾肥以来，我国氮磷钾偏施的问题逐步得到改善，但并没有彻底根绝。经过测土配方施肥项目的推动，过去五年我国偏施某一种化肥的农户比例进一步从 16％降低到 7％（表 4-58）。

表 4-58　氮磷钾配合施用的农户情况

作物	样本量			氮磷钾配合施用的农户比例/%		
	2000 年	2008 年	2013 年	2000 年	2008 年	2013 年
水稻	2834	706	680	76	93	95
小麦	2952	927	753	38	76	88
玉米	3115	1279	1033	21	79	89
全国平均	—	—	—	49	84	93

注：氮磷钾配合指氮、磷、钾三种元素都施用。

进一步分析发现，目前仍然存在化肥偏施的农户，偏施化肥的规律很明显，即北方旱地偏施氮磷肥，南方稻田偏施氮钾肥（表 4-59）。

表 4-59　氮磷钾不配合施用的农户情况

作物	年份	氮磷钾不配合的农户数量	氮磷钾不配合的农户比例/%*						
			偏施磷钾肥	偏施氮钾肥	偏施氮磷肥	偏施钾肥	偏施磷肥	偏施氮肥	不施肥
水稻	2000	681	1	7	42	1	6	28	14
	2008	52	2	58	8	0	0	33	0
	2013	31	0	71	6	0	0	16	6
小麦	2000	1832	0	1	87	0	0	11	1
	2008	220	0	5	85	0	0	6	3
	2013	87	0	5	77	1	0	16	1
玉米	2000	2470	0	1	20	0	0	74	4
	2008	271	0	5	35	0	0	49	11
	2013	112	0	9	55	3	0	33	0
全国平均	2000	—	0	8	60	0	1	26	4
	2008	—	1	24	41	0	0	30	4
	2013	—	0	29	34	4	0	32	1

* 每种情况计算的分母是氮磷钾不配合农户数量。

对比氮磷钾配合施用与偏施化肥的农户发现（表 4-60），配合施用显著增加了作物的产量，例如春玉米产量增长约 1400 千克/公顷，冬小麦增加约 280 千克/公顷，夏玉米增产约 570 千克/公顷，一季稻增长约 1100 千克/公顷，早稻增长约 120 千克/公顷，晚稻增长约 350 千克/公顷。测土配方施肥十年中，北方旱地主要减少了氮磷肥的偏施，补充了钾肥，而南方稻田主要降低了氮钾肥的偏施，补充了磷肥。这一结果说明，均衡施用氮磷钾三元素肥料对粮食作物仍然具有增产潜力。

表 4-60　氮磷钾配合情况对肥料用量及产量的影响

作物	氮磷钾配合情况（0=肥料偏施；1=配合施用）	样本量	肥料用量/（千克/公顷）			产量/（千克/公顷）	PFP_N/（千克/千克）
			N	P_2O_5	K_2O		
春玉米	0	10	211	162	6	8350	40
	1	233	231	108	97	9754	42
冬小麦	0	76	233	183	10	6726	29
	1	866	249	94	75	7002	28
夏玉米	0	61	228	96	29	7378	32
	1	678	213	85	73	7947	37
一季稻	0	6	171	0	83	7031	41
	1	332	238	62	87	8192	34
早稻	0	11	167	0	158	6586	40
	1	160	168	66	126	6710	40
晚稻	0	13	164	9	133	6213	38
	1	158	171	65	134	6560	38

注：样本量指 2014 年跟踪调研省份的农户最大地块作物数量。氮磷钾配合情况：配合施用指氮磷钾三元素均施用的农户；肥料偏施指偏施氮肥或磷肥或钾肥中一种或两种的农户。

4.3.4.2　基肥配方肥

配方肥，该处指狭义的配方肥，即具有明确的包装识别的氮磷钾三元素复合或者复混的“配方肥”。目前配方肥主要针对作物基肥设计，因此我们重点评估基肥施用中的配方肥采用率以及对科学施肥的影响。基肥配方肥采用率即基肥采用配方肥的农户比例。由于配方肥的生产不是“一方对一户”的形式，故配方覆盖度理论上不能达到 100%，应根据实际情况而定。

分析调研结果发现，主要粮食作物的基肥绝大部分采用复合（混）肥（2013 年达到 90%），而在复合肥中，明确标识配方肥的比例显著增长，从 2008 年的 21%增长到 2013 年的 32%（表 4-61）。

表 4-61 不同作物基肥肥料类型变化情况

作物	样本量		单质肥/%		复合肥/%		配方肥/%	
	2008 年	2013 年	2008 年	2013 年	2008 年	2013 年	2008 年	2013 年
春玉米	411	294	12	12	75	73	13	15
冬小麦	927	753	25	12	61	62	14	27
夏玉米	868	739	27	9	70	71	3	20
一季稻	325	338	11	8	42	41	47	51
早稻	203	171	29	26	45	36	26	37
晚稻	178	171	29	26	40	37	31	37
全国	—	—	20	10	58	56	21	32

注：样本量为 2009 年与 2014 年两期调研匹配的省份农户最大地块作物数量。单质肥指只含氮、磷、钾中一种元素的化肥，如尿素即为单质氮肥；复合肥指含有氮磷钾三元素中两种或三种的肥料；配方肥指包装袋标有"配方肥"字样的化肥（一般为调研过程中农户的直观回答）。

既然氮磷钾配合施用仍是增产的措施，那么在配合施用的同时按照科学配方是否具有更大的潜力呢？我们在配合施用的基础上进一步甄别了配方肥与普通化肥配合施用的差别。但结果并没有我们预想的理想，与偏施化肥相比，配方肥表现出显著的增产效果，但是与普通化肥配合施用相比，标注为配方肥的产品并没有表现出显著的增产效果，也没有表现出节肥的效果（表 4-62）。这是值得我们思考的问题。

进一步将配方肥与市场上发展较多的其他产品相比（表 4-63），例如 15-15-15 等通用型产品，氮含量超过 20%的高氮肥，以及这三种产品之外的其他复合肥，我们发现，施用这四类产品的农户产量存在着差异，但并没有体现出某一种产品的优势。我们发现采用通用型产品的农户目前仍占 15%，与其他复合肥相比，通用型产品一般导致磷钾用量较高，例如冬小麦通用型产品磷钾投入量分别提高了 22 千克/公顷和 37 千克/公顷。高氮肥一般导致氮用量较高，例如冬小麦应用高氮肥的农户氮投入提高了 63 千克/公顷。而配方肥并没有表现出与其他复合肥不同的效果。

表 4-62 基肥产品类型对肥料用量及产量的影响

作物	基肥施用产品配合方式（0=偏施；1=非配方肥配施；2=配方肥）	样本量	肥料用量/（千克/公顷）			产量/（千克/公顷）
			N	P_2O_5	K_2O	
春玉米	0	24	211	162	6	8350
	1	226	229	113	104	10093
	2	44	237	89	69	8295
冬小麦	0	74	233	183	10	6726
	1	478	257	99	79	6963
	2	201	234	86	67	7082
夏玉米	0	61	228	96	29	7378
	1	528	208	85	72	7849
	2	150	228	87	79	8292
一季稻	0	6	171	0	83	7031
	1	161	256	68	88	8318
	2	171	221	56	86	8073
早稻	0	11	167	0	158	6586
	1	96	180	76	150	6936
	2	64	150	52	90	6370
晚稻	0	13	164	9	133	6213
	1	95	182	73	159	6426
	2	63	154	51	96	6761

注：偏施指 NPK 中至少有一个元素没有施用；非配方肥配施指 NPK 都施用，但是没有用配方肥；配方肥指袋面标识“配方肥”字样的产品。

表 4-63　基肥复合肥产品类型对肥料用量及产量的影响

作物	基肥复合肥产品类型（1＝通用型复混肥；2＝高氮型复混肥；3＝配方肥;4＝其他复混肥）	样本量	肥料用量/（千克/公顷）			产量/（千克/公顷）
			N	P_2O_5	K_2O	
春玉米	1	39	242	99	98	8712
	2	131	251	118	106	10150
	3	15	245	111	120	7956
	4	44	261	86	67	8594
冬小麦	1	130	223	107	106	6833
	2	229	289	84	67	7280
	3	106	226	95	64	6583
	4	201	226	85	69	7089
夏玉米	1	70	211	109	108	7608
	2	228	216	65	55	8050
	3	224	205	96	76	7564
	4	150	234	82	76	7767
一季稻	1	37	211	85	88	7886
	2	30	216	57	73	8307
	3	72	207	52	68	8135
	4	171	199	57	82	7906
早稻	1	14	184	81	118	7308
	2	14	150	43	88	6481
	3	34	196	93	153	6781
	4	64	150	53	90	6418
晚稻	1	16	181	77	110	6934
	2	10	183	48	123	7725
	3	37	191	84	157	6268
	4	63	155	52	96	6837

注：基肥复合肥产品类型：1＝通用型复混肥，指 15-15-15、16-16-16、17-17-17 三种类型，但不标注为配方肥的复混肥；2＝高氮型复混肥，指氮含量大于 20%，但不标注为配方肥的复混肥；3＝配方肥，指当地复混肥产品包装袋上标有"配方肥"字样的产品；4＝其他复混肥，指除了上述三类之外的复合肥。氮磷钾肥料用量及产量均为农户肥料用量及产量的算术平均值，未加权。

4.3.4.3 秸秆还田

秸秆还田是把没有其他经济用途的秸秆(如饲料、燃料、材料)直接或堆积腐熟后施入土壤中的一种方法,主要目标是杜绝秸秆焚烧所造成的大气污染,改良土壤,加速生土熟化,提高土壤肥力。秸秆还田,在此评价中包括堆沤还田和直接还田,但不包括过腹还田。其中,直接还田又包括粉碎还田、翻压还田、覆盖还田等。秸秆还田已成为当今世界上普遍重视的一项培肥地力的增产措施,理论上这项措施应该100%被农户接受,但并不是100%的秸秆都能还田,由于温度、湿度、土壤C/N等关系,全量还田导致腐解困难,影响生产,具体的还田量应该控制在合适的范围内。

经过调研分析发现,过去五年我国秸秆处理方式发生了巨大变化(表4-64),典型特征是焚烧的农户比例从41%降低到了13%,目前仅双季稻地区、春玉米区焚烧比例超过30%。而还田的农户比例大幅提高,还田方式也多样化,旱地作物主要采取粉碎还田,而水田采取覆盖还田和翻压还田。

表4-64 农户采用不同秸秆处理方式的比例变化

作物	年份	样本量	焚烧还田/%	粉碎还田/%	覆盖还田/%	翻压还田/%	移走,作燃料/%	移走,作饲料/%
春玉米	2008	411	86	7	7	0	0	0
	2013	294	31	16	10	0	37	6
冬小麦	2008	927	21	76	3	0	0	0
	2013	753	0	86	12	0	1	1
夏玉米	2008	868	19	66	15	0	0	0
	2013	739	0	89	1	0	5	5
一季稻	2008	325	44	38	18	0	0	0
	2013	338	9	0	14	62	9	6
早稻	2008	203	75	4	21	0	0	0
	2013	171	34	0	13	50	1	2
晚稻	2008	178	66	7	26	0	0	0
	2013	171	36	0	15	42	3	5
全国平均	2008	—	41	47	11	0	0	0
	2013	—	13	48	9	17	8	4

注:由于问卷的差别,2008年的移走部分默认为"还田,焚烧",所以2008年数据中"还田,焚烧"的农户比例偏高。

随着秸秆处理方式的巨大变化，秸秆养分还田量也相应发生变化(表4-65)。因为秸秆在焚烧中其氮素基本全部损失进入大气，而磷钾则绝大部分保留在土壤中，因此此处我们定义的秸秆氮素还田包括粉碎、覆盖、翻压三种还田方式，秸秆磷钾还田包括秸秆地头焚烧、粉碎、翻压、覆盖还田四种方式。

表4-65　不同作物直接还田养分带入量变化

作物	样本量		养分带入量/(千克/公顷)					
			秸秆还田氮		秸秆还田磷		秸秆还田钾	
	2008年	2013年	2008年	2013年	2008年	2013年	2008年	2013年
春玉米	411	294	16	23	6	8	25	35
冬小麦	927	753	88	101	33	38	136	156
夏玉米	868	739	31	41	9	12	60	80
一季稻	325	338	25	33	8	10	53	72
早稻	203	171	17	24	6	8	37	59
晚稻	178	171	17	29	6	10	41	72
全国平均	—	—	41	49	14	17	71	88

注：秸秆还田氮指直接还田(粉碎还田、翻压还田、覆盖还田)部分秸秆含氮量；秸秆还田磷、钾指直接还田与焚烧还田部分秸秆所含磷、钾含量。2008年的数据秸秆处理方式只有三种：粉碎还田、覆盖还田和焚烧，其中，焚烧无法区分是在田里焚烧还是拉回家里当柴火烧，所以全部默认为移出焚烧作燃料。

从秸秆还田对化肥用量和作物产量的影响来看(表4-66)，各地结果并不一致，东北春玉米秸秆还田的农户虽然减少了化肥用量，尤其是钾肥的用量，但产量也降低，而秸秆不还田的农户容易导致钾的亏缺，而且化肥K的投入会偏高。华北冬小麦和长江流域一季稻秸秆直接还田的农户氮肥用量显著增加，原因是秸秆直接还田时需要增加一定的氮肥调节碳氮比。双季稻区域无论秸秆直接还田或者秸秆焚烧，钾肥用量却并没有相应降低。因此，秸秆还田目前还处于初期阶段，采用此方式的农户很多，但采用后农学效应尚没有体现，如降低化肥用量并提高产量。

表 4-66 秸秆处理方式对肥料用量及产量的影响

作物	秸秆处理方式（1＝焚烧还田；2＝直接还田；3＝移走）	样本量	肥料用量/（千克/公顷）			产量/（千克/公顷）
			N	P_2O_5	K_2O	
春玉米	1	62	219	101	91	9762
	2	42	229	100	45	7161
	3	139	235	118	109	10432
冬小麦	1	2	219	90	56	6750
	2	889	249	101	70	6991
	3	51	227	111	71	6804
夏玉米	1	3	160	49	46	8000
	2	605	211	87	70	8042
	3	131	229	85	66	7241
一季稻	1	28	174	65	108	7540
	2	233	245	60	84	8277
	3	77	236	62	86	8081
早稻	1	53	185	60	129	6703
	2	99	157	64	130	6745
	3	19	177	59	116	6474
晚稻	1	53	188	61	132	7181
	2	84	160	61	145	6426
	3	34	167	57	110	5790

注：直接还田指粉碎还田、翻压还田、覆盖还田；样本量为 2014 年跟踪调研省份农户的最大地块作物数量。氮磷钾及产量为农户氮、磷、钾肥用量及产量的算术平均值，未加权。

4.3.4.4 农家肥采用比例

农家肥，包括以各种动物、植物残体或代谢物（如人畜粪便、秸秆、动物残体、屠宰场废弃物等）为原料，通过堆沤而成的肥料。本书中农家肥主要指各种动物代谢物，人畜粪便。农家肥有利于改良土壤、培肥地力，增加产量、提高品质，提高肥料的利用率。理论上，常年种植作物的农田需要施用有机肥以维持土壤地力，尤其是集约化农业系统，理论上有机肥采用比例应达到 100％。

过去五年主要粮田有机肥带入的养分量越来越少。主要原因是随着规模化养殖的快速发展，一般小农户缺乏农家肥原料。而且随着劳动力老龄化和女性化，农家肥施用已经越来越困难。与此相反，随着秸秆还田的发展，秸秆中的有机养分成为主要补充源，农家肥已经居于第三位，平均而言农家肥提供的氮磷钾都低于 10 千克/公顷，比 2008 年降低了数千克(表 4-67 至表 4-69)。

表 4-67　氮投入结构变化情况

作物	样本量		投入/(千克/公顷)					
			化肥氮素养分		秸秆氮素养分		农家肥氮素养分	
	2008 年	2013 年	2008 年	2013 年	2008 年	2013 年	2008 年	2013 年
春玉米	411	294	234	234	16	23	35	21
冬小麦	927	753	232	250	88	101	15	9
夏玉米	868	739	218	214	31	41	3	3
一季稻	325	338	218	237	25	33	18	9
早稻	203	171	169	168	17	24	20	9
晚稻	178	171	167	170	17	29	8	6
全国平均	—	—	215	220	41	49	14	8

表 4-68　磷投入结构变化情况

作物	样本量		投入/(千克/公顷)					
			化肥磷素养分		秸秆磷素养分		农家肥磷素养分	
	2008 年	2013 年	2008 年	2013 年	2008 年	2013 年	2008 年	2013 年
春玉米	411	294	93	101	6	8	40	12
冬小麦	927	753	125	113	33	38	17	5
夏玉米	868	739	82	86	9	12	3	2
一季稻	325	338	54	61	8	10	21	10
早稻	203	171	65	62	6	8	22	6
晚稻	178	171	57	60	6	10	9	4
全国平均	—	—	86	86	14	17	16	5

表 4-69　钾投入结构变化情况

作物	样本量		投入/(千克/公顷)					
			化肥钾素养分		秸秆钾素养分		农家肥钾素养分	
	2008 年	2013 年	2008 年	2013 年	2008 年	2013 年	2008 年	2013 年
春玉米	411	294	70	99	25	35	21	14
冬小麦	927	753	66	73	136	156	9	6
夏玉米	868	739	64	70	60	80	2	2
一季稻	325	338	75	87	53	72	11	8
早稻	203	171	107	128	37	59	12	7
晚稻	178	171	111	134	41	72	5	5
全国平均	—	—	76	87	71	88	8	6

综合农家肥和秸秆中的有机养分，发现农田有机来源的氮钾基本没变化，而磷略有降低(表 4-70)。

表 4-70　近五年农户有机无机配合率变化

作物	样本量		有机氮占总投入比例/%		有机磷占总投入比例/%		有机钾占总投入比例/%	
	2008 年	2013 年	2008 年	2013 年	2008 年	2013 年	2008 年	2013 年
春玉米	411	294	18	16	33	17	40	33
冬小麦	927	753	31	31	28	27	69	69
夏玉米	868	739	13	17	13	14	49	54
一季稻	325	338	16	15	34	25	46	48
早稻	203	171	18	16	30	18	31	34
晚稻	178	171	13	17	20	19	29	37
全国平均	—	—	20	20	25	20	48	49

注：计算方法：先统计不同区域不同作物化肥养分、有机肥养分、秸秆养分的平均值，然后求各个区域不同作物的有机氮、磷、钾占总投入的比例。公式：有机养分占总投入比例=(农家肥中养分+秸秆中养分)/(农家肥中养分+秸秆中养分+化肥投入养分)×100%。

虽然农家肥的用量在降低，但是有机无机配合的效果仍然很明显。我们将农户划分为四类，分别是施用农家肥+秸秆还田、施用农家肥、秸秆还田和只施用化肥。可以看到施用农家肥+秸秆还田的农户化肥用量是低于其他方式的，而产量基本一致(表 4-71)。

表 4-71　有机肥配合对肥料用量及产量的影响

作物	有机肥配合(1=农家肥+秸秆还田;2=农家肥;3=秸秆还田;4=不施用)	样本量	肥料用量/(千克/公顷)			产量/(千克/公顷)
			N	P_2O_5	K_2O	
春玉米	1	43	246	66	105	6529
	2	28	215	87	111	9247
	3	98	226	99	74	8503
	4	125	240	117	115	10325
冬小麦	1	73	222	123	60	7104
	2	4	240	154	28	7875
	3	650	253	111	74	7281
	4	26	239	116	86	6788
夏玉米	1	13	228	82	67	7587
	2	15	216	86	55	7530
	3	570	211	87	71	8054
	4	141	224	82	65	7343
一季稻	1	82	189	54	91	8204
	2	15	177	84	88	8225
	3	203	256	63	86	8125
	4	38	263	54	82	8327
早稻	1	50	155	55	121	6755
	2	2	350	19	19	4500
	3	112	172	67	134	6754
	4	7	151	33	111	6107
晚稻	1	39	171	53	134	6821
	2	4	261	57	71	5813
	3	112	168	66	138	6622
	4	16	161	44	123	5391

注:有机肥配合:1=农家肥+秸秆还田,指既使用农家肥又采用秸秆还田的农户;2=农家肥指只施用农家肥的农户;3=秸秆还田,指只采用秸秆还田的农户;4=不施用,指既不施用农家肥也不采用秸秆还田的农户。

4.3.4.5　小结

配方肥泛指符合科学施肥理念的一大类肥料,根据过去十年测土配方施肥主推技术"推动氮磷钾均衡施用,减少偏施氮肥的现象;有机无机配合施用;通过配方肥控制施肥量",我们重点评估氮磷钾三种元素配合施用、基肥配方肥采用率、有机无机配合率(有机肥与秸秆)。反映配方肥深入发展的其他指标我们暂不纳入评估，例如中微量元素补充是否平衡，铵硝比例是否合适，缓控释肥料的施用比例、水溶肥料等产品利用是否恰当等。

根据评估发现(表 4-72)，氮磷钾三种元素配合的农户比例超过 90%，即说明偏施某一元素的现象基本消除。而进一步评估发现基肥采用配方肥的农户显著增长，至 2013 年达到 34%。两种有机资源施用出现两极分化现象，其中采用秸秆还田的农户比例大幅提高，而施用有机肥的农户比例大幅下降。

表 4-72　配方肥采用情况变化

%

作物		年份	氮磷钾配合施用农户比例	基肥施用配方肥农户比例	施用有机肥的农户比例	配方肥综合采用率
玉米	玉米	2000	21	0	68*	
	春玉米	2008	95	13	33	
	夏玉米		71	3	9	
	春玉米	2013	90	15	24	
	夏玉米		89	20	4	
小麦	小麦	2000	38	0	61*	
	冬小麦	2008	76	14	24	
	冬小麦	2013	88	27	10	
水稻	水稻	2000	76	0	81*	
	一季稻	2008	94	47	38	
	早稻		95	26	53	
	晚稻		87	31	22	
	一季稻	2013	98	51	29	
	早稻		94	37	30	
	晚稻		92	37	25	
全国平均		2000	49	0	66*	38
		2008	84	21	27	44
		2013	93	34	16	48

* 数据根据 2002 年农业部全国调研数据估算。

数据来源：全国测土配方农户调研。

通过分析发现，氮磷钾三种元素配合的农户产量显著高于不配合的农户。但在进一步分析包装袋上标识为“配方肥”的复混肥与高氮肥、通用型复合肥的差别时发现，高氮肥增加了氮素投入量、通用型产品增加了磷钾投入量，但几类产品在作物产量上没有显著差别。另外，随着秸秆还田的发展，大量氮磷钾归还进入农田，但是农户并没有根据这一变化减少化肥投入量。虽然农家肥投入在逐步减少，但是施用农家肥的农户其化肥投入量显著低于不施用的农户。

4.4 技术贡献率

技术贡献率重点评估科学施肥技术对增产、经济和环境的影响。具体评估方法如下：

4.4.1 肥料效率

(1)肥料平均用量、产量和 PFP 变化

从评估结果可以看出(表 4-73)，2000—2013 年间粮食作物氮肥用量增长了 26%，磷肥用量平稳(其中春玉米显著增长，而冬小麦显著下降)，钾肥用量普遍增长 19%。全国粮食单产平均提高 534 千克/公顷，相当于增长 7%，其中冬小麦、夏玉米增产幅度较大，早稻和一季稻有小幅增产，晚稻产量稳定。从肥料效率来看，春玉米实现了减氮稳产增效，而夏玉米和早稻实现减肥增产增效，冬小麦实现增肥增产增效，一季稻和晚稻实现增肥稳产减效。平均而言，全国粮食作物氮肥生产效率提升到了 35 千克/千克，比 2008 年增长 1 千克/千克，冬小麦和夏玉米增效最突出，提高了 5 千克/千克。

表 4-73　2000—2013 年主要粮食作物化肥用量和单产变化

项目	年份	三大作物平均	水稻	小麦	玉米
样本量	2000	9771	2834	3157	3780
	2008	2912	706	927	1279
	2013	2376	669	718	989
N/(千克/公顷)	2000	181	187	186	171
	2008	220	192	233	224
	2013	228	195	270	211
P_2O_5/(千克/公顷)	2000	65	58	91	40
	2008	92	56	119	90
	2013	94	56	123	91
K_2O/(千克/公顷)	2000	34	64	25	23
	2008	75	86	73	71
	2013	85	103	78	81
单产/(千克/公顷)	2000	5582	6993	4658	5615
	2008	7045	7292	6270	7619
	2013	7790	7255	7544	8325
PFP_N/(千克/千克)	2000	31	37	25	33
	2008	32	38	27	34
	2013	34	37	28	39
PFP_{NPK}/(千克/千克)	2000	20	23	15	24
	2008	18	22	15	20
	2013	19	20	16	22

(2)施肥经济效益分析

从农户的粮食收入来看(表 4-74 和表 4-75),由于单产和粮食价格的增长,粮食收益增长 5720 元/公顷(相当于 381 元/亩),在粮食收益增长的同时,可以看到肥料成本反而下降了 27 元/公顷,相当于每年为全国粮农节约成本 25 亿元。肥料成本下降一方面归功于肥料产业过度竞争导致的化肥价格下降,另一方面归功于科学施肥技术发展导致的用量合理化。

表 4-74　2008 年和 2013 年粮食作物成本收益对比

作物	样本量		化肥成本/(元/公顷)		卖粮收入/(元/公顷)		化肥成本占总收入比例/%	
	2008 年	2013 年	2008 年	2013 年	2008 年	2013 年	2008 年	2013 年
春玉米	359	243	3528	2669	11990	18390	29	15
冬小麦	1112	942	2281	2437	10673	16249	21	15
晚稻	178	171	2035	2180	14104	17098	14	13
夏玉米	868	739	2117	2254	11097	16790	19	13
一季稻	358	338	1946	2146	14497	21473	13	10
早稻	203	171	2060	2136	13133	16810	16	13
三大作物平均			2374	2347	12246	17966	19	13

数据来源:全国测土配方农户调研。

表 4-75　2000—2013 年粮食作物成本收益对比

作物	化肥成本/(元/公顷)			卖粮收入/(元/公顷)			化肥成本占总收入比例/%		
	2000 年	2008 年	2013 年	2000 年	2008 年	2013 年	2000 年	2008 年	2013 年
小麦	975	1663	2355	4597	9641	13230	21	17	18
玉米	868	1809	2132	4502	9941	15931	19	18	13
水稻	855	1860	1962	6443	13245	19317	13	14	10
三种粮食平均	861	1777	2150	4965	10942	16159	17	16	13

数据来源:《全国农产品成本收益资料汇编》。

4.4.2　肥料利用率

国内外有许多表征肥料利用效率的参数,如作物的生产系数或边际产量、作物的偏生产率、作物的生产效率等,由于这些参数是为不同目的设定的,因此很难统一。目前国际上比较通用的是肥料利用率,即养分回收率,如氮肥利用率(REN),反映了作物对施入土壤中的肥料氮的回收效率,即 $REN=(U-U_0)/F$,其中 U 为施肥后作物收获时地上部的吸氮总量,U_0 为未施肥时作物收获期地上部的吸氮总量，F 为化肥氮的投入量。这个数据需要通过田间试验来获取，仅氮素利用率一个指标至少需要施 N 的和不施 N 的两个处理来进行计算。

2011—2012 年期间，全国测土配方施肥技术专家组利用 301 个小麦试验、509 个水稻试验、372 个玉米试验数据分析发现(表 4-76)，三大粮食作物氮肥、磷肥、钾肥利用率的加权平均分别为 32.6%、23.9%、42.0%，分别比 2001—2005 年期间提高了 5.1、12.2 和 10.4 个百分点。

表 4-76　肥料利用率变化

年份	作物	肥料利用率/%			数据来源
		氮肥	磷肥	钾肥	
2001—2005	水稻	28.3	13.1	32.4	张福锁等，2008
2005—2009	水稻	32.7	22	37.5	文献数据汇总
2011—2012	水稻	34.9	24.6	41.1	农业部测土配方施肥专家组
2001—2005	小麦	28.2	10.7	30.3	张福锁等，2008
2005—2009	小麦	29.7	18.7	26.9	文献数据汇总
2011—2012	小麦	32	19.2	44.4	农业部测土配方施肥专家组
2001—2005	玉米	26.1	11	31.9	张福锁等，2008
2005—2009	玉米	30.4	20.5	35	文献数据汇总
2011—2012	玉米	32	25	42.8	农业部测土配方施肥专家组
2015	小麦、玉米、水稻	35.2			农业部测土配方施肥专家组
1981—1983	小麦、水稻、玉米	30～35	15～20	35～50	朱兆良，1996
2002—2005	小麦、水稻、玉米	28.7	13.1	27.3	中国农科院，2008

4.4.3　农户肥料用量变异度

农户化肥用量变异度主要受区域尺度大小、技术推广力度、作物特性的影响。我们用县级变异度计算不同作物的变异度，变异度大则意味着农户用肥随意性、盲目性大。分析 8 个跟踪省的数据发现(表 4-77)，2013 年氮磷钾肥变异度水平分别为 36%、61%和 62%，磷钾肥大于氮肥，说明相对于氮肥，磷钾的盲目施用更严重。

从三个年度的变化来看(表 4-77)，2000—2013 年间所有作物氮磷钾变异度分别降低了 9、25、118 个百分点，钾肥变异度大幅缩小，说明过去十年钾肥盲目施用改进较大，尤其是施钾的农户比例大幅增加。从绝对值上看，2000 年玉米的磷钾肥变异度最高，农户变异大，主要是由于玉米的施肥合理度低，很多华北地区的冬小麦一夏玉米的种植体系上还是偏向于在小麦季施用磷钾肥，玉米上施用的农户比例低。

表 4-77　2000—2013 年不同作物农户肥料用量县级变异度

作物	样本量			氮肥变异度/%			磷肥变异度/%			钾肥变异度/%		
	2000 年	2008 年	2013 年	2000 年	2008 年	2013 年	2000 年	2008 年	2013 年	2000 年	2008 年	2013 年
小麦	2716	927	753	37	44	39	45	60	63	173	81	68
冬小麦		927	753		44	39		60	63		81	68
水稻	2830	703	680	53	40	32	58	70	58	95	55	53
早稻		201	171		37	35		64	60		61	53
晚稻		177	171		51	35		90	60		52	56
一季稻		325	338		33	29		60	54		53	50
玉米	2024	1279	1032	43	52	40	170	81	63	262	95	68
春玉米		411	293		44	36		61	60		50	55
夏玉米		868	739		55	43		89	65		112	76
三大作物平均	7570	2909	2465	45	44	36	86	68	61	170	72	62

注：变异度＝标准差/平均值；县级变异度：将总样本以县为单位计算变异度，然后计算县变异度的算数平均值。

从各个地区来看，氮肥用量变异度下降率大于 20%有陕西的春玉米，河北、河南、江苏的冬小麦，河北、河南与山东的夏玉米，广西、湖南、江苏的一季稻，可能是由于小麦、玉米的机械化施肥水平提高，施氮量趋于统一，水稻的施氮合理的农户比例增加，施氮量有集中的趋势；磷肥用量变异度下降 20%的有山东的冬小麦，河北与河南的夏玉米，湖南的一季稻、早稻和晚稻；总体上，钾肥变异度基数较大，相对变幅较大，近五年（2008—2013 年）冬小麦、夏玉米及水稻上钾肥变异度均有明显的下降，小麦、玉米上追施单质钾肥的农户减少，现在的钾肥主要是从复合肥中带入，所以钾肥用量有集中趋势。

4.4.4　增产贡献率

我们按照经济学方法测算了化肥对粮食增产的贡献。具体方法是用 C-D 生产函数估算 1991—2012 年间肥料对粮食产量的投入产出弹性，并计算肥料对粮食增产的技术贡献率。三大粮食作物生产函数的产出变量为玉米、小麦、水稻三大作物粮食总产量，投入要素包括人力成本、种子成本、化肥成本和农药成本、农机投入成本及农膜投入成本等。

由此，三大粮食作物生产函数表示为：

$$Y_t = A_0 \cdot \exp\_fert_t^{\alpha} \cdot \exp\_seed_t^{\beta} \cdot \exp\_pest_t^{\chi} \cdot \exp\_human_t^{\delta} \cdot sown\_area_t^{\varepsilon}$$

对方程等号两边同时取对数，得：

$$\ln Y_t = \ln A_0 + \alpha \cdot \ln exp\_fert_t + \beta \cdot \ln exp\_seed_t + \chi \cdot \ln exp\_pest_t + \delta \cdot \ln exp\_human_t + \varepsilon \cdot \ln sown\_area_t$$

在计算的同时考虑受灾率和测土配方项目开展年份，引入三个变量受灾率(rate_disaster)、是否开展测土配方施肥项目(虚拟变量，*ctpf_yn*)、测土配方项目整建制是否开展(虚拟变量，*zjz_yn*)，调整后模型如下：

$$\ln Y_t = \ln A_0 + \alpha \cdot \ln exp\_fert_t + \beta \cdot \ln exp\_seed_t + \chi \cdot \ln exp\_pest_t + \delta \cdot \ln exp\_human_t + \varepsilon \cdot \ln sown\_area_t + \phi \cdot rate\_disaster + \phi \cdot ctpf\_yn + \gamma \cdot zjz\_yn$$

研究所需数据均来自统计年鉴，其中播种面积、受灾率来自于相应年份的《中国统计年鉴》，单位面积的投入成本来自于相应年份的《全国农产品成本收益资料汇编》。

每项变量名及其解释如表 4-78 所示。

表 4-78　C-D 生产函数变量描述

变量	项目	单位
Y	全国三大粮食作物每年的总产量	万吨/年
exp_*fert*	全国三大粮食作物每年的化肥总支出	亿元/年
exp_*pest*	全国三大粮食作物每年的农药总支出	亿元/年
exp_*seed*	全国三大粮食作物每年的种子总支出	亿元/年
exp_*human*	全国三大粮食作物每年的人工总支出	亿元/年
sown_area	全国三大粮食作物每年的播种面积	千公顷/年
rate_disaster	全国受灾面积/总播种面积	%
ctpf_yn	虚拟变量，2005—2012 年为 1	—
zjz_yn	虚拟变量，2009—2012 年为 1	—

利用 1991—2012 年数据，应用 Stata 软件进行回归，鉴于农膜平均投入成本仅占化肥投入成本的 0.1%左右，模型估计所得农膜对粮食的投入产出弹性低于 0.0001，所以忽略；由于农业机械与劳动力投入具有明显替代性，导致模型估计中存在多重共线性，所以模型中删除农业机械变量。从模型模拟的结果可以看出(表 4-79)，化肥投入的多少显著影响着三大粮食作物的总产量，化肥总投入每增加 10%，产量增加 1.7%。

从其他方面看，播种面积显著影响着水稻的产量，其贡献率接近 100%，远大于化肥对增产的贡献率，说明保持粮食作物播种面积不减少是我国总产稳定的重要前提；人工成本对粮食总产的影响几乎为0，说明我国的人口红利的时代已经过去，增加人工投入对增产的作用十分有限。我国的受灾率对粮食总产的影响虽然显著，但是几乎为0，说明随着科学的进步、技术的推广，农民防灾减灾的能力已经有很大幅度的提升。

其他农资投入品方面，种子投入和粮食总产呈现出正相关的关系，说明培育和推广良种是提高我国作物生产潜力的有效途径。但是农药投入和增产呈现负相关关系，说明目前农药的投入明显过量，通过增加农药的投入已经没有增产的作用，甚至在某些地区出现了药害，从而导致产量的下降。

表4-79　C-D生产函数计算化肥的增产贡献率回归结果

变量	$\ln Y$
ctpf_yn	0.012(0.59)
zjz_yn	−0.021(0.22)
year	0.010**(0.04)
ln exp_*human*	−0.002(0.97)
ln exp_*seed*	0.028(0.63)
ln exp_*fert*	0.168(0.21)
ln *sown_area*	1.154***(0.00)
ln exp_*pest*	−0.075(0.24)
rate_disaster	−0.003***(0.00)
_cons	−23.791**(0.05)
R^2	0.9918

Notes: *p*-values in parentheses(注意括号中为 *p* 值)

* $p<0.10$, ** $p<0.05$, *** $p<0.01$

$F(9,12)=161.34$

根据经济学相关理论中关于要素贡献率的计算方法，我们建立了化肥贡献率的计算公式：

$$\text{化肥贡献率}=\frac{\sqrt[i]{\exp\_fert_{t+i}-\exp\_fert_t}-1}{\sqrt[i]{Y_{t+i}-Y_t}-1}\times\alpha\times100\%$$

根据上述公式计算结果表明(表4-80)，2005—2009年测土配方施肥项目开始的前五年，化肥的增产贡献率达到22%。随着近几年配套技术的采用，化肥的用量已经控制下来，2010—2012年化肥的增产贡献率基本稳定在20%左右。这一次按照经济学方法测算的结果与前人采用农学方法测算的25%接近，说明方法是可行的。目前的化肥贡献率 20%与 20 世纪相比降低了很多,因为随着化肥用量增长甚至过量,化肥的报酬降低是必然的。说明我国的化肥用量已经接近上限,仅仅依靠增加化肥用量来提高粮食产量的作用不会太显著,未来需要应用更多的集成技术来提高产量。但与 1998—2003 年期间的 10%相比,化肥贡献率大幅提高了,说明坚持科学施肥技术的推广应用,进一步提升化肥的增产作用仍有潜力可挖。

表 4-80　20 世纪 90 年代至 2012 年化肥的增产贡献率

时间	化肥的增产贡献率/%	计算方法	作者
20 世纪 90 年代以前	50	根据品种和栽培大样本试验数据	林葆和李家康,1989;戴景瑞,1998
1998—2003 年	10	根据经济学方法	马晓河,2008;马骥等,2006
2000—2008 年	25	根据化肥农学效率	中国肥料发展研究报告
2005—2009 年	22	根据经济学方法	本研究
2010—2012 年	20	根据经济学方法	本研究

4.4.5　土壤生产力

土壤生产力是指在不施肥的情况下,该土壤对农业生产的贡献力,本书采用田间试验中的不施肥处理的产量表征。根据 2005—2010 年全国测土配方施肥数据,20 世纪 90 年代的文献数据,以及 20 世纪 80 年代的第二次土壤普查数据,我们进一步分析了土壤全氮、碱解氮、有效磷、速效钾等指标。结果发现,在土壤氮素方面,全国土壤全氮含量变化不大,而土壤碱解氮含量在各亚区均呈现大幅上升的趋势;全国土壤有效磷含量 30 年来也呈大幅上升的趋势,其中两广及海南地区和中宁夏、青海地区土壤有效磷含量上升幅度最大;土壤钾素方面,多数地区在 20 世纪 80—90 年代土壤有效钾含量下降,而在 20 世纪 90 年代至 21 世纪初有所回升,这与秸秆还田面积扩大和钾肥大量施用有关。

随着化肥施用对农田土壤养分含量的提升,与 20 世纪 80 年代相比,我国农田土壤生产力大幅提高。中国农业大学根据 7410 个大田实验数据分析发现(表 4-81),与 20 世纪 80 年代相比,我国不施肥的基础地力作物产量增幅分别为小麦 43%,玉米 22%,水稻 36%,说明农田基础土壤生产力有显著上升,未来通过合理利用农田土壤可以持续提高生产力。

表 4-81　中国粮田基础生产力变化　　吨/公顷

地区	作物体系	不施肥的空白区产量		
		20 世纪 80 年代	2000 年代	增加
北方	冬小麦	2.91	4.67	1.76
	夏玉米	4.91	5.64	0.73
南方	早稻	3.45	4.54	1.08
	晚稻	3.39	4.66	1.27
长江流域	一季稻	4.8	5.6	0.79
土壤综合生产力		3.9	5.02	

数据来源:Fan(2013)Plant-Based Assessment of Inherent Soil Productivity and Contributions to China's Cereal Crop Yield Increase Since 1980. Plos one.

4.4.6　农户施肥观念

农户观念一般分为态度和技能两个方面。传统态度是“水大粪勤不用问人”“施肥越多产量越高”“施肥对环境没有影响”,而科学施肥观念应该因土因作物需求施肥,不仅要施增产肥,而且要施用经济肥和环保肥,因此本次评估我们测度农户对肥料的选择标准以及农户对环境等方面的认知。调研结果表明(表 4-82),施肥观念正确的农户比例迅速从 30%提升到 70%以上。但是,从技能方面评估发现,农户对养分符号的认知度不仅没有提高,反而有所降低。说明农户对养分用量的精确掌握仍然不够。这与农业劳动力老龄化以及新型经营主体中商业人士增多有关。

表 4-82　2008—2013 年农户肥料认知及技能变化

项目	样本量		农户比例/%	
	2008 年	2013 年	2008 年	2013 年
科学理念			30	72
否认“施肥越多产量越高”	1692	1568	28	81
认为“施肥和环境相关”	555	1568	36	62
施肥技能			56	50
认识氮磷钾标识	1692	1568	49	45
认识养分含量	1137	1568	66	55
综合指标知识技能指数/%			43	61

注:由于在不同区域的问卷略有差别,所以 2008 年的样本量不完全一致。综合知识技能指数为科学理念和施肥技能的算数平均值。

农户理念和技能的变化与政府开展的各项服务有关。我们进一步分析了采用不同政府服务的农户在施肥理念和技能方面的差异,从而评价最有效的措施。

按照采用服务方式的差异，我们把农户分成了五类：

第一类，不知道测土配方施肥项目，而且也没有测过土和接受过相关知识培训；

第二类，通过宣传栏和条幅知道测土配方施肥，但是没有测过土也没有接受过培训；

第三类，测过土，但是没有接受过培训；

第四类，只接受培训，但是没有测过土；

第五类，测过土，而且接受过相关技术培训。

结果表明（表 4-83），和完全不知道测土配方项目的农户相比，项目可以显著提升农户的认知水平、科学施肥态度，但不同的推广模式效果不同，例如在不组织统一培训和测土的条件下，仅通过加强宣传（比如村宣传栏和广告墙等方式）就可以显著提升农户的科学施肥意识；在此基础上，培训或者测土服务可以进一步提升农民的科学施肥知识，但是两个服务方式的提升效果类似，没有明显差别；对农户影响最大的方式是集中培训同时结合测土的结果，可以有效提升农民的科学施肥理念和施肥技能。所以，测土配方施肥的全面推行必须依赖于综合的措施，以宣传＋组织测土＋培训最佳。

表 4-83　项目对农户施肥技能、理念和行为的作用　　%

项目	不知道测土配方 $N=181$	知道测土配方，但是没有测土，也没有培训 $N=326$	只培训，没测过土 $N=201$	测过土，没培训 $N=415$	测土＋培训 $N=796$
施肥技能					
认识 NPK	19	34	43	46	56
认识化肥的养分含量	30	47	55	54	65
会根据折纯养分计算施肥量	13	25	27	34	51
科学理念					
否认“施肥越多产量越高”	64	75	80	83	86
化肥用多了会污染环境	38	52	56	63	73
科学施肥行为					
施氮合理的农户比例	41	40	42	49	47

注：表中数据均为农户比例，分母为对应列的农户数量（N）；样本均为 2013 年农户。

我们进一步将农户的理念和技能与实际生产行为对接起来，看看农户是否及时将知识转化为生产力。在此处我们重点评估了施肥理念和技能与氮肥合理度的关系。从结果可以看出（表 4-84），氮肥用量合理的农户其科学认知和技能是高于用量过少或者过多的农户的。这说明，农户认知和技能对于改变施肥不合理有很大作用。但我们也必须看到，氮用量合理的农户认知并不是 100%，我们仍需要进一步提升农户的知识和技能，稳固和促进科学施肥发展。

表 4-84　施肥技能和科学认知对氮肥施用合理度的影响　%

项目	氮不足 $N=213$	氮合理 $N=681$	氮过量 $N=626$
施肥技能			
认识 NPK	39	45	43
认识化肥的养分含量	51	56	53
会根据折纯养分计算施肥量	35	40	33
科学认知			
否认“施肥越多产量越高”	83	83	75
化肥用多了会污染环境	55	65	59

注：氮不足、合理、过量参照施肥合理标准部分的拟合曲线法；农户样本统计于 2013 年。

4.5　综合评估

综合以上三部分的分析，我们初步构建了一套用于评价整体效果的综合指标体系，具体的计算方法如下：

共选取 3 个一级指标和 13 个二级指标和 25 个三级指标定量化测算，对测土配方施肥技术覆盖率、技术应用率、技术贡献率等三个方面进行了综合评估。

(1)技术覆盖率显著提高

从 6 个三级指标评估的技术覆盖情况看（表 4-85），2013 年技术服务覆盖度达到 68%，2008 年为 47%，2000 年仅为 9%。十年测土配方施肥不仅恢复了我国土肥领域的基础服务体系，而且初步构建了现代化服务模式，土壤植物和农产品、环境样本测试、技术集成示范、宣传培训和咨询等基础服务建设逐渐完备。

(2)技术到位率显著改善

从 4 个二级指标（10 个三级指标）评估了粮食作物技术到位情况（表 4-86），2013 年技术到位率达到 39%，2008 年为 32%，2000 年为 27%。十年科学施肥的推广已经让三分之一的农户在控制肥料用量、优化施肥时期、选择合理的肥料产品、采用高效施肥方式等方面达到了合理化水平。

表 4-85　2000—2013 年技术覆盖率评估指标

二级指标	三级指标	2000 年	2008 年	2013 年
宣传覆盖度	知道测土配方的农户比例/%	18	80	88
测土覆盖度	测过土的农户比例/%	2	34	71
	拿到测土结果的农户比例/%	1	22	52
服务覆盖度	拿到配方卡的农户比例/%	12	52	52
	接受农技员服务的农户比例/%	14	59	81
	接受过测土配方技术培训的农户比例/%	8	34	63
技术综合覆盖率/%		9	47	68

注:技术综合覆盖率为 6 个三级指标的算数平均值。

表 4-86　2000—2013 年技术到位率评估指标　　%

二级指标	权重	2000 年	2008 年	2013 年
控量施肥采用率	10	19	22	26
肥料运筹技术采用率	10	23*	30	37
机械施肥采用率	20	1*	4	21
配方施肥采用率	60	38	44	48
技术综合到位率		27	32	39

注:技术综合到位率为四个二级指标加权平均,权重为表格中第 2 列。

* 表示该指标在当年没有实测数据,根据其他两年的趋势推断得出。

(3)技术贡献率显著增加

从 6 个二级指标(9 个三级指标)评估了粮食作物技术贡献率(表 4-87)。2013 年技术贡献率达到 32%,比 2008 年提升 6 个百分点,比 2000 年提升 13 个百分点。说明科学施肥工作的持续推进显著改善了农民的施肥观念和知识,显著提升了化肥的增产增收作用,促进了肥料企业和农业生产的结合,取得了良好的社会效益。

表 4-87　2000—2013 年技术贡献率评估指标

二级指标	权重	2000 年	2008 年	2013 年
增产效率/%	10	32	33	35
化肥产投比/%	10	5.8	6.2	7.5
肥料利用率/%	40	24	29*	33
土壤生产力/(吨/公顷)	10	3.9	4.5*	5.0

续表 4-87

二级指标	权重	2000 年	2008 年	2013 年
农户施肥观念和知识/%	20	25*	43	61
肥料产业拉动/%	10	0*	13	23
技术综合贡献率/%	19	26	32	

注：技术综合贡献率为六个二级指标加权平均，权重为表格中的第 2 列。

增产效率见表 4-73 的指标 PFP-N 指标。

肥料利用率见表 4-76，此处为氮肥利用率、磷肥利用率、钾肥利用率的算数平均值。

土壤生产力见表 4-81。此处为所有作物的算数平均值。

农户施肥观念和知识见表 4-82 综合知识技能指数。

肥料产业拉动指标见表 4-9 配方肥市场占有率。

* 表示该指标在当年没有实测数据，根据其他两年的趋势推断得出。

张卫峰，郭明亮，易俊杰，张丹，江荣风，张福锁

第5章 中国肥料管理制度和政策

除了钾肥之外，中国绝大多数化肥品种已经实现自给有余，为中国农业生产用肥需求提供了保障。至“十三五”初，中国政府对化肥工业持续几十年的多项扶持政策陆续退出历史舞台。除了对有机肥料保留了税收、补贴等支持外，肥料生产、流通、出口关税等方面市场化改革快速推进，中国肥料行业的管理制度和政策翻开了新篇章。基于生态文明建设需要，推进秸秆、畜禽养殖等农业有机废弃物的养分还田，以及肥料减量增效减轻对环境的负面影响，将成为中国肥料管理制度、政策调整的重要方向。

5.1 中国现行肥料管理体制

中国肥料市场体制状况与中国经济体制改革的进程息息相关。2013 年 11 月，中共中央《关于全面深化改革若干重大问题的决定》提出，紧紧围绕使市场在资源配置中起决定性作用深化经济体制改革，坚持和完善基本经济制度，加快完善现代市场体系、宏观调控体系、开放型经济体系。中国在肥料行业运行体制方面，基本形成了主要由市场决定价格的机制和公平开放透明的市场准入制度，肥料提供方和肥料购买使用者构成最主要的肥料市场参与主体。

中国现行肥料市场体制及政府管理职能见图 5-1。为了保护肥料购买和使用者的权益，政府职能部门保留了部分肥料品种的行政许可、质量监督抽查等行政管理手段。在肥料市场宏观调控方面，政府为保证总量平衡，对部分肥料品种进出口实行国营贸易、关税配额、暂定关税等调控政策。对肥料生产、流通环节实行多年的价格、财政、税收等优惠政策正逐步取消。另外，出于保护耕地质量的目的，各级政府部门直接或通过农业技术推广服务组织，向肥料购买使用者发布施肥指导意见、推广施肥技术，间接影响肥料市场。

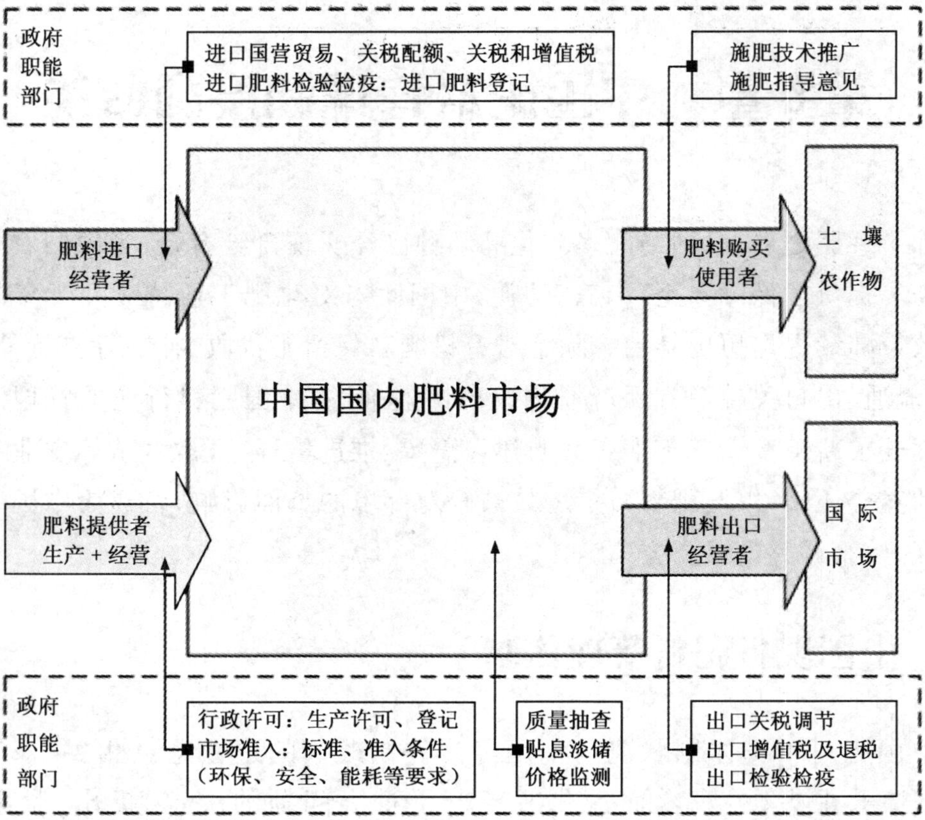

图 5-1 中国肥料市场体制及政府管理职能

5.2 肥料市场体系和市场规则

中国基本形成了公平、公开、透明的肥料市场体系，市场配置资源起到了决定性作用，政府宏观调控起到总量平衡的作用。除进口资质和连锁分销外，中国肥料生产、流通的市场准入已经完全放开，包括外资在内的各种所有制性质的市场主体均可参与肥料市场竞争。在肥料生产投资体制方面，2014 年 11 月国务院已经取消了所有化肥投资项目的核准审批，全部改成备案，化肥生产领域投资主体没有所有制的限制。在肥料经营方面，肥料的批发和零售也取消了所有制的限制（外资化肥连锁店铺限制已经于 2016 年 11 月正式废止），外商投资企业也可以在中国国内从事肥料的批发和零售业务。在肥料进口方面，中国实行国营贸易资质管理，只有经授权的少数企业可以进口肥料。肥料出口方面，中国没有设定特殊资质限制，任何对外贸易经营企业均可自由出口肥料，对部分肥料品种实行出口检验检疫、暂定关税等一般贸易管制措施。

5.2.1　国内生产经营准入

肥料生产投资项目核准已全部取消。根据国家现行投资体制管理规定，企业投资建设肥料生产经营（固定资产投资）项目，实行目录管理。企业投资建设目录内的肥料项目，由政府投资管理职能部门核准；投资目录外的肥料项目，实行备案管理。现行有效的《政府核准的投资项目目录（2014 年本）》是国务院 2014 年 11 月 18 日发布实施的。与之前版本相比，《政府核准的投资项目目录（2014 年本）》取消了磷肥、钾肥的投资项目核准，至此所有肥料投资建设项目全部实行备案制。

肥料国内市场批发、零售经营主体没有所有制性质的限制。根据中国加入世界贸易组织（WTO）议定书，中国把化肥作为重要商品，设定外商进入国内批发和零售的保护期。中国加入 WTO 后，《外商投资产业指导目录》和《外商投资商业领域管理办法》都规定了保护期条款，承诺不迟于 2006 年 12 月 11 日之前允许外商经营化肥批发和零售。但是，经营产品包括化肥、农药、农膜等商品的超过 30 家分店的连锁店不允许外方控股（2016 年 11 月 3 日，商务部全文废止了《外商投资商业领域管理办法》，30 家分店的限制不再有效）。2008 年之后，中国商务主管部门已经核准了多家外资化肥经营企业。2009 年 8 月，国务院印发《关于进一步深化化肥流通体制改革的决定》（国发〔2009〕31 号），取消了对化肥经营企业所有制性质的限制，允许具备条件的各种所有制及组织类型的企业、农民专业合作社和个体工商户等市场主体进入化肥流通领域，参与经营，公平竞争。申请从事化肥经营的企业要有相应的住所，申请从事化肥经营的个体工商户要有相应的经营场所，并设定企业注册资本（金）、个体工商户的资金数的最低限额，具体见表 5-1。

表 5-1　化肥经营资质要求

主体类别	经营化肥方式	资金要求	经营场所
个体工商户	注册地经营	资金数额≥3 万元	相应经营场所或住所
企业	注册地经营	注册资本≥3 万元	
	省域范围内设立分支机构	注册资本≥1000 万元	
	跨省域范围设立分支机构	注册资本≥3000 万元	

国务院对于有机肥、生物肥等其他肥料的经营没有专门规定，各级工商行政管理部门在核发营业执照时，一般不区分“化肥”与“肥料”概念。表 5-1 中“化肥经营资质要求”，也是各地实际执行的肥料经营资质要求。

5.2.2 肥料进出口经营资质管理

根据《中华人民共和国对外贸易法》、《中华人民共和国海关法》等法律规定，商务部是货物进出口资质管理的归口部门，各级海关是按资质监管要求对进出口货物放行的具体执行机构。加入 WTO 以来，中国对肥料进口实行国营贸易管理，《中华人民共和国对外贸易法》规定，国家可以对部分货物的进出口实行国营贸易管理，实行国营贸易管理货物的进出口业务只能由经授权的企业经营。现行有效的国营贸易管理目录是原对外贸易经济合作部 2001 年第 28 号公告公布的《进口国营贸易管理货物目录》、《进口国营贸易企业目录》（表 5-2）。而对肥料出口资质没有特别要求。任何取得对外贸易经营资质的企业（含外商投资化肥生产企业）都可以出口肥料。根据国内肥料市场调控需要，国家采取征收出口关税（暂定关税、特别关税等）的方式对化肥的出口进行调控。

表 5-2　实行进口国营贸易管理的肥料目录

HS 章	HS 编码	肥料品种
第 31 章肥料	31021000 至 31029090	尿素；硫酸铵；UAN；其他矿物氮肥
	31031010 至 31039000	重钙；普钙；其他矿物磷肥
	31042020 至 31049090	纯氯化钾；其他氯化钾；其他钾矿和钾盐
	31051000	制成片状或每包 10 千克以下毛重的 31 章肥料
	31052000 至 31059000	二元、三元复合肥；磷酸一铵、磷酸二铵；其他肥料

目录包含了绝大多数含氮、磷、钾的肥料品种。但是，不包括 HS 编码为 31010011 至 31010090 有机类的动物肥料和植物肥料，也不包括归入第 28 章“无机化学品”的肥料用氯化铵和硝酸钾。另外，2002 年国务院办公厅《关于进一步加强民用爆炸物品安全管理的通知》，将硝酸铵列入民用爆炸品管理，禁止进口。2002 年以来，中国商务部、海关总署仍将 HS 编码为 31023000 和 3105100010 的硝酸铵列为禁止进口的商品。

目录之外的肥料（氯化铵、硝酸钾、动物肥料和植物肥料），所有对外贸易经营企业（含外商投资企业进口生产自用原料）都可以进口。列入目录的肥料，只能由国家授权的国营贸易企业或国家核准的非国营贸易企业进口。根据商务部相关公告，至 2016 年 12 月底，拥有国营贸易管理目录内化肥品种进口资质的企业有五类(表 5-3)。

表 5-3 授权进口化肥的企业

类别	企业名称	备注
化肥国营贸易进口经营企业	1.中国化工进出口总公司 2.中国农业生产资料集团公司	原对外贸易经济合作部 2001 年第 28 号公告授权
化肥非国营贸易进口经营备案	1.中国化工建设总公司 2.华垦国际贸易有限公司	原对外贸易经济合作部 2002 年第 50 号公告授权
钾肥非国营贸易进口经营备案	1.山东鲁西化工股份有限公司 2.辽宁西洋特肥股份有限公司 3.山东省鲁北企业集团总公司 4.湖北新洋丰股份有限公司 5.中国石油天然气集团公司	商务部 2004 年第 52 号公告授权。但是，商务部要求 5 家企业进口钾肥(氯化钾和硫酸钾)必须严格限于本企业生产自用，不得用于经营销售
化肥边境小额贸易进口经营权	经商务部(原对外贸易经济合作部)核准的黑龙江、内蒙古、新疆等地边境小额贸易化肥进口企业	按《国务院关于边境贸易有关问题的通知》(国发〔1996〕2 号)获批的边境小额贸易化肥进口权
外商投资企业自用及生产产品进口化肥	依法批准的外商投资企业，在经营范围内需要自用及为生产产品(复合肥、钾盐等化工品)而进口化肥原材料	在批准的范围内，自然获得非国营贸易化肥进口经营企业资格，不再另行备案。但不得直接销售

5.2.3 肥料施用主体管理

肥料是一种农业生产资料，肥料需求主体是农业从业者。中国购买使用肥料的农业从业者主要有农民、农业专业合作组织和农垦企业。

农业从业者有自愿购买和自由选择肥料的权利，这是由中国的法律规定的。根据《农村土地承包法》，承包农村集体土地用于农业生产经营的农民和经流转承包经营的农业专业合作组织等农业从业者拥有自主经营权。根据国有企业管理体制，在国有土地上从事农业生产的农垦企业，也有自主购买和施用肥料的权利。《农业技术推广法》规定，农业劳动者和农业生产经营组织根据自愿的原则应用农业技术(注：包括肥料施用技术)，任何单位或者个人不得强迫。

政府职能部门无权强制农业从业者购买使用某种肥料或施肥技术，但是法律规定了政府相关部门推广科学施肥技术和指导科学施肥、防止环境风险和农产品质量安全风险的义务。《环境保护法》规定，各级人民政府及其农业等有关部门和机构应当指导农业生产经营者科学种植和养殖，科学合理施用农药、化肥等农业投入品，科学处置农用薄膜、农作物秸秆等农业废弃物，防止农业面源污染。

规模农业从业者施用肥料等农业投入品必须建立记录。为保障农产品质量安全，《农产品质量安全法》规定，农产品生产企业和农民专业合作经济组织应当建立肥料等农业投入品使用记录，以及未按规定记录的限期改正、罚款。记录内容包括施用肥料的名称、来源、用法、用量和使用、停用的日期，记录应当保存两年。但是，这种强制记录管理并不适用于农民等其他个体农产品生产者。

当前，中国肥料施用主体仍以家庭承包经营者和适度流转规模经营者为主，农业企业等大型经济组织比例仍较低。为了保护农民合法利益不受侵犯，国家在肥料市场体制中，除了建立统一的市场准入、肥料标准、肥料产品质量责任等市场规则之外，还在中央和地方政府相关职能部门设立了肥料登记、生产许可、质量监督抽查、施肥技术推广、施肥指导意见等工作事项。

5.2.4 肥料产品标准体系

肥料产品标准是肥料市场准入的依据。任何参与市场竞争的生产经营主体提供的肥料产品必须达到或超过统一的准入标准要求。在销售肥料时，以企业标准或其他方式标明在产品统一准入标准之外的质量、性能等指标的，肥料生产经营者也应该保证肥料产品质量符合额外标明指标。

根据《标准化法》及其实施条例，产品标准分为国家标准、行业标准、地方标准和企业标准。国家鼓励在制定国家标准、行业标准、地方标准和企业标准时，采用国际标准和国外先进标准，但是在国内销售的产品不可以只标注国际标准或国外标准。国家标准、行业标准和地方标准分为强制性标准和推荐性标准。保障人体健康，人身、财产安全的标准和法律、行政法规规定强制执行的标准是强制性标准，其他标准是推荐性标准。国内生产销售的肥料和进口肥料产品，必须符合中国强制性标准要求。中国现行的肥料产品标准体系见表 5-4。

随着政府部门职能变迁，目前中国肥料产品标准主要由国家标准化管理委员会主管的国家标准、工业和信息化部主管的化工行业标准和农业部主管的农业行业标准组成。另外，省级标准化主管部门发布的地方标准，在省(自治区、直辖市)范围内施行。经地方标准化主管部门备案的企业标准中技术指标不得低于国家标准、行业标准和地方标准。现行的肥料产品国家标准、化工行业标准和农业行业标准见表 5-5(不含单行的肥料检测方法标准)。

表 5-4　中国肥料产品标准体系

标准类别	批准发布机关	现行职能部门
国家标准	国务院标准化行政主管部门	国家标准化管理委员会 国家质量监督检验检疫总局
行业标准	国务院有关行政主管部门	工业和信息化部(化工行业标准) 农业部(农业行业标准) 其他行政主管部门*
地方标准	省(自治区、直辖市)标准化行政主管部门	各省级质量技术监督局
企业标准	企业发布,地方政府标准化行政主管部门备案	具体备案办法,按省(自治区、直辖市)人民政府的规定办理

* 原国家经济贸易委员会发布的电力行业标准 DL/T 808—2002《副产硫酸铵》现归口国家能源局,原煤炭工业部发布的煤炭行业标准 MT/T 746—1997《煤系腐植酸复混肥料技术条件》,等等。

表 5-5　现行肥料产品国家标准和化工、农业行业标准

标准名称	标准编号(及复审年份)
基础通用国家标准部分	
肥料和土壤调理剂 术语	GB/T 6274—1997
固体化学肥料包装	GB 8569—2009
肥料标识 内容和要求	GB 18382—2001
肥料中砷、镉、铅、铬、汞生态指标	GB/T 23349—2009
肥料产品国家标准部分	
硫酸铵	GB 535—1995
尿素	GB 2440—2001
硝酸铵	GB 2945—1989
氯化铵	GB/T 2946—2008
农业用碳酸氢铵及其第 1 号修改单	GB 3559—2001
钙镁磷肥	GB 20412—2006
过磷酸钙	GB 20413—2006
重过磷酸钙	GB 21634—2008
农业用硫酸钾	GB 20406—2006
农业用硝酸钾	GB/T 20784—2013
硫酸钾镁肥	GB/T 20937—2007
磷酸一铵、磷酸二铵	GB 10205—2009
硝酸磷肥、硝酸磷钾肥	GB/T 10510—2007
复混肥料(复合肥料)	GB 15063—2009

续表 5-5

标准名称	标准编号(及复审年份)
农业用含磷型防爆硝酸铵	GB/T 20782—2006
掺混肥料(BB 肥)	GB 21633—2008
有机-无机复混肥料	GB 18877—2009
缓释肥料	GB/T 23348—2009
硫包衣尿素	GB 29401—2012
含氨基酸叶面肥料	GB/T 17419—1998
微量元素叶面肥料	GB/T 17420—1998
农业用硫酸镁	GB/T 26568—2011
肥料产品类化工行业标准部分	
氰氨化钙及其第 1 号修改单	HG 2427—1993(2010)
氨化硝酸钙	HG/T 3733—2004(2010)
硝酸铵钙	HG/T 3790—2005
农业用硝酸钙	HG/T 4580—2013
钙镁磷钾肥	HG 2598—1994(2010)
肥料级磷酸氢钙	HG/T 3275—1999(2010)
肥料级商品磷酸	HG/T 3826—2006(2012)
磷酸二氢钾	HG/T 2321—1992(2010)
农业用腐植酸钠	HG/T 3278—2011
稳定性肥料	HG/T 4135—2010
脲醛缓释肥料	HG/T 4137—2010
控释肥料	HG/T 4215—2011
无机包裹型复混肥料(复合肥料)	HG/T 4217—2011
水溶性肥料	HG/T 4365—2012
脲铵氮肥	HG/T 4214—2011
改性碳酸氢铵颗粒肥	HG/T 4218—2011
高尔夫球场草坪专用肥和土壤调理剂	HG/T 4136—2010
农业用硫酸锌	HG 3277—2000(2010)
磷石膏土壤调理剂	HG/T 4219—2011
肥料产品类农业行业标准部分	
含腐植酸水溶肥料	NY 1106—2010
大量元素水溶肥料	NY 1107—2010
微量元素水溶肥料	NY 1428—2010
含氨基酸水溶肥料	NY 1429—2010
中量元素水溶肥料	NY 2266—2012
农业用改性硝酸铵	NY 2268—2012

续表 5-5

标准名称	标准编号(及复审年份)
农业用硝酸铵钙	NY 2269—2012
微生物肥料	NY 227—1994
根瘤菌肥料	NY 410—2000
固氮菌肥料	NY 411—2000
磷细菌肥料	NY 412—2000
硅酸盐细菌肥料	NY 413—2000
有机肥料	NY 525—2012
生物有机肥	NY 884—2012
配方肥料	NY/T 1112—2006
硅肥	NY/T 797—2004
沼肥	NY/T 2596—2014
缓释肥料登记要求	NY 2267—2012
复合微生物肥料	NY/T 798—2015
尿素硝酸铵溶液	NY 2670—2015
农业用硫酸锰	NY/T 1111—2006

注:2016 年国家标准化管理委员会等部门根据国务院《深化标准化工作改革方案》,推出清理减少强制性标准、开展团体标准试点、推行企业产品标准自我声明制度等改革措施后,中国肥料产品标准体系将会有重大变化。

中国已经成为全球最大的肥料生产国和消费国,是最大的肥料出口国(主要是氮肥和磷复肥)之一,也是重要的肥料进口国(主要是钾肥)。相关机构在制定肥料产品标准和检测方法标准时,优先采用国际标准和借鉴国外先进标准。中国肥料相关标准的国际化程度逐步提高。近年来,中国广泛参与 ISO(国际标准化组织)肥料相关国际标准化工作。作为全国肥料和土壤调理剂标准化技术委员会秘书处承担单位的上海化工研究院,在国际标准化组织 ISO/TC 134(“肥料与土壤调理剂”标准化技术委员会),是 WG1 无机肥料工作组的召集单位。自 2011 年起,上海化工研究院分四批申报了十多项国际标准新工作项目提案(NWIP),至 2016 年 12 月底,已经发布出版的有 9 项(表 5-6)。

表 5-6　中国主导立项的国际标准项目

序号	项目名称	所处阶段
1	肥料和土壤调理剂 术语 Fertilizers and soil conditioners—Vocabulary	已发布: ISO 8157:2015
2	肥料中钾含量的测定 四苯硼钾重量法 Determination of water-soluble potassium content—Potassium tetraphenylborate gravimetric method	已发布: ISO 17319:2015

续表 5-6

序号	项目名称	所处阶段
3	肥料中砷、镉、铅、铬、汞含量的测定 Fertilizers and soil conditioners—Determination of arsenic, cadmium, chromium, lead and mercury contents	已发布： ISO 17318:2015
4	硫包衣尿素要求 Fertilizers and soil conditioners—Sulfur coated urea (SCU)—General requirements	已发布： ISO 17323:2015
5	硫包衣尿素试验方法 Fertilizers and soil conditioners—Analytical methods for sulfur coated urea (SCU)	已发布： ISO 17322:2015
6	肥料级尿素通用要求 Fertilizer and soil conditioners—Fertilizer grade urea—General requirements	已发布： ISO 18642:2016
7	肥料中缩二脲含量的测定 高效液相色谱法 Fertilizers and soil conditioners—Determination of biuret content of urea-based fertilizers—HPLC method	已发布： ISO 18643:2016
8	控释肥料通用要求 Fertilizers and soil conditioners—Controlled-release fertilizer—General requirements	已发布： ISO 18644:2016
9	水溶性肥料通用要求 Fertilizers and soil conditioners—Water soluble fertilizer—General requirements	已发布： ISO 18645:2016
10	脲醛缓释肥料通用要求 Fertilizers and soil conditioners—Solid urea aldehyde slow release fertilizer—General requirements	投票通过， 即将发布： ISO 19670:2016
11	肥料标识 内容和要求 Fertilizers—Marking—Presentation and declarations	工作组草案 ISO/DIS 7409

5.2.5 肥料产品质量责任

在肥料市场体系中，肥料生产经营者对所提供的肥料产品负有产品质量责任，不仅要保证产品具备肥料的功能、符合相关标准要求，还要保证产品不存在可能造成肥料购买使用者人身损害、财产损害的缺陷。否则，肥料生产经营者要依法承担产品质量责任，包括民事责任、行政责任和刑事责任(图 5-2)。

民事责任是肥料产品责任中最主要的责任，主体表现形式是肥料生产经营者向购买使用者提供退货、换货，赔偿肥料购买款或补偿因肥料质量造成的农作物减产、耕地破坏导致的财产损失等。行政责任是产品质量监督部门对不合格

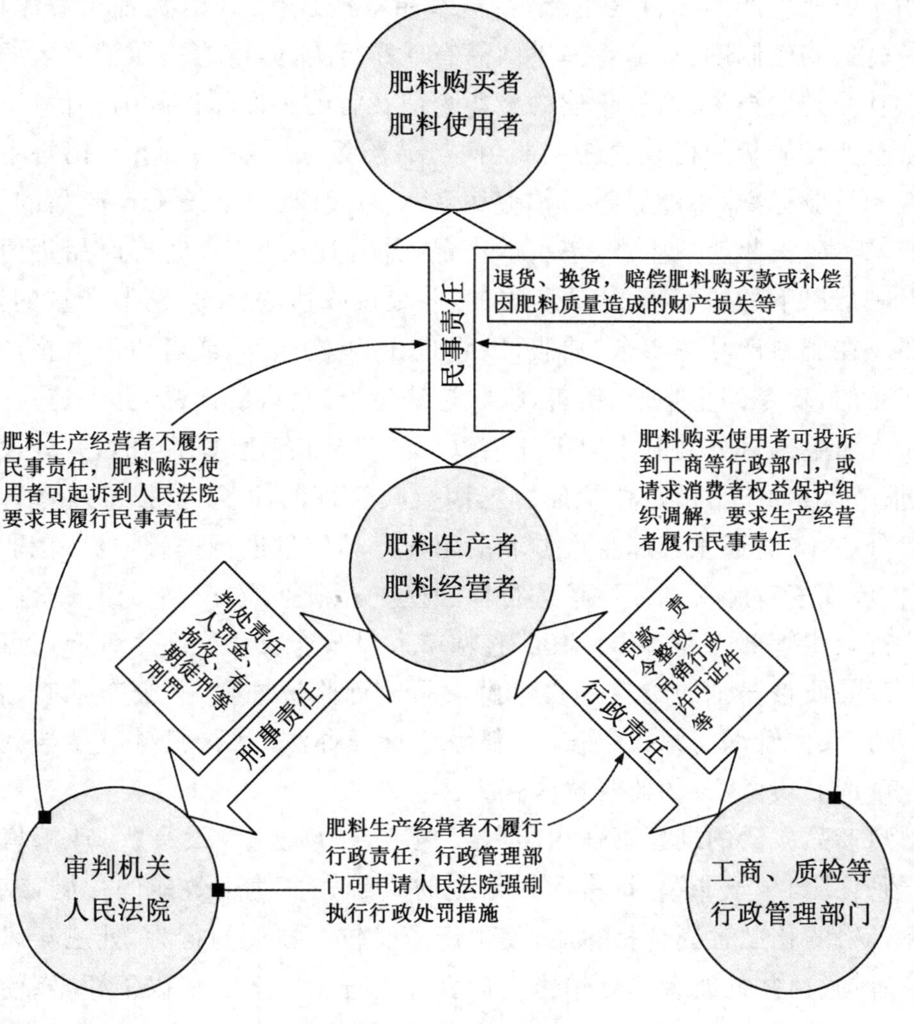

图 5-2　肥料产品质量责任

肥料产品生产经营者实施的行政处罚，主要表现形式是罚款、责令整改、吊销行政许可证件等。刑事责任是人民法院依照刑事法律规定，判定“假冒伪劣”肥料生产经营个人或生产经营单位负责人承担的法律责任，主要表现形式是罚金、拘役、有期徒刑。

在中国，肥料产品质量的民事责任主要由《合同法》、《产品质量法》和《侵权责任法》规范。肥料购买使用者向肥料生产经营者购买肥料产品，双方形成买卖合同关系，肥料质量不符合相关质量要求的，购买使用者可以要求更换、退货或减少价款等。如果肥料产品质量存在缺陷、瑕疵等，造成农作物减产等财产损失，购买使用者可以要求赔偿损失。《消费者权益保护法》规定，农民购买、使用直接用于农业生产的肥料等生产资料，参照本法执行。《消费者权益保护法》规定了“三倍”赔偿制度，经营者提供商品有欺诈行为的，应当按照消费者的要求增加赔偿其受到的损失，增加赔偿的金额为消费者购买商品价款的三倍。

肥料产品质量的行政责任主要由《产品质量法》规范。生产、销售不符合国家标准和行业标准，不能保障人体健康和人身、财产安全的肥料产品的，责令停止生产、销售，没收违法生产、销售的产品，并处违法生产、销售产品货值金额等值以上三倍以下的罚款；有违法所得的，并处没收违法所得；情节严重的，吊销营业执照。在肥料产品中掺杂、掺假，以假充真，以次充好，或者以不合格产品冒充合格产品的，责令停止生产、销售，没收违法生产、销售的产品，并处违法生产、销售产品货值金额百分之五十以上三倍以下的罚款；有违法所得的，并处没收违法所得；情节严重的，吊销营业执照。工商行政管理部门、质量技术监督管理部门按职能分工，对流通领域和生产领域的肥料产品质量进行抽查，也可依职权根据举报、投诉线索对肥料产品质量进行执法检查。根据《农产品质量安全法》，国务院农业行政主管部门和省、自治区、直辖市人民政府农业行政主管部门可对可能危及农产品质量安全的肥料等农业投入品进行监督抽查，并公布抽查结果。但是，农业行政主管部门只可以按《肥料登记管理办法》处罚肥料质量与登记证不符，没有《产品质量法》的监督执法权力。

肥料产品质量的刑事责任由《刑法》规范。《刑法》专设有“生产销售伪劣农药、兽药、化肥、种子罪”。销售明知是假的或者失去使用效能的化肥，或者销售者以不合格的化肥冒充合格化肥，使生产遭受较大损失的行为，处三年以下有期徒刑或者拘役，并处或者单处销售金额百分之五十以上二倍以下罚金；使生产遭受重大损失的，处三年以上七年以下有期徒刑，并处销售金额百分之五十以上二倍以下罚金；使生产遭受特别重大损失的，处七年以上有期徒刑或者无期徒刑，并处销售金额百分之五十以上二倍以下罚金或者没收财产。按《最高人民法院、最高人民检察院关于办理生产、销售伪劣商品刑事案件具体应用法律若干问题的解释》(2001 年 4 月 10 日起施行)第七条：刑法第一百四十七条规定的生产、销售伪劣农药、兽药、化肥、种子罪中“使生产遭受较大损失”，一般以二万元为起点；“重大损失”，一般以十万元为起点；“特别重大损失”，一般以五十万元为起点。

《刑事诉讼法》规定刑事案件由公安机关立案侦查，公安机关接到报案后可直接对涉嫌构成“生产销售伪劣农药、兽药、化肥、种子罪”的行为立案侦查。工商、质检、农业等行政执法部门在行政管理和行政处罚的过程中，发现违法事实涉及的金额、违法事实的情节、违法事实造成的后果等涉嫌构成“生产销售伪劣农药、兽药、化肥、种子罪”的，必须依照《行政执法机关移送涉嫌犯罪案件的规定》（国务院第 310 号令）向公安机关移送。

5.3　肥料市场宏观调控

发展市场经济离不开宏观调控。中国在发挥市场配置资源决定性作用、建设公开公平透明的肥料市场体系的同时，通过多种宏观调控手段促进肥料生产和经营，起到总量平衡的作用。这些宏观调控政策包括财政政策、产业政策、税收政策、价格政策等多个方面。在之前相当长的历史时期内，保障国内肥料供应是主要的调控目标，各种调控政策也以促进生产、流通经营的优惠政策和鼓励进口、限制出口为主。随着能源、资源、运输行业市场化改革进程的推进，尤其是化肥施用零增长方案摆上议事日程之后，各种调控政策的方向有所改变，肥料（主要是化肥）生产和流通的促进政策陆续取消。

5.3.1　肥料生产促进政策

中国肥料生产促进政策 1993 年就写入了《农业法》。《农业法》规定，国家鼓励和扶持支农工业的发展。国家采取税收、信贷等手段鼓励和扶持农业生产资料的生产和贸易，为农业生产稳定增长提供物质保障。国家采取宏观调控措施，使化肥、农药、农用薄膜、农业机械和农用柴油等主要农业生产资料和农产品之间保持合理的比价。肥料生产的促进政策主要有化肥生产用电价格、用气价格优惠，以及免征肥料生产销售环节增值税等政策。

国家对化肥生产的优惠电价政策开始于合成氨大宗工业优待电价。1963 年 4 月起，全国物价委员会、水利电力部将合成氨（含氨水）列入工业优待电价产品范围。1975 年 12 月，享受优待电价的氮肥范围扩大到了大宗工业类别，含合成氨、氨水、硫酸铵、碳酸氢铵等氮肥。1993 年《农业法》颁布实施后，中小化肥生产用电优惠政策范围扩大到中小氮肥、磷肥和复混肥料。2004 年 4 月 13 日，国家发展和改革委员会印发《关于化肥企业生产用电价格的通知》（发改价格〔2004〕773 号），要求全国各地对化肥生产用电价格继续实行优惠政策，将优惠范围扩大为氮肥、磷肥、钾肥、复合肥料，并对单系列合成氨年生产能力为 30 万吨以下的化肥企业生产用电，一律免征农网还贷基金。2015 年 4 月 20 日起，在国家发展和改革委员会的统一部署下，全国各地启动了取消化肥生产优惠电价的进程。化肥生产电价优惠幅度小的地方，直接取消优惠；优惠幅度大的地方分步取消，2016 年 4 月 20 日起全国不再保留化肥生产优惠电价。

长期以来，国家对化肥用天然气实行优惠价格。近两年调整天然气价格时，考虑到化肥市场持续低迷，企业生产经营困难，继续给予了优惠。2013 年化肥用气价格每立方米只调整了 0.25 元，比其他非居民用气少调了 0.15 元，2014 年应调 0.4 元也未作调整。但是，2014 年 9 月起，化肥用气不再列为重点保供对象，必须承担冬季用气高峰的调峰责任。2015 年 2 月 26 日，国家发展和改革委员会发布《关于理顺非居民用天然气价格的通知》（发改价格〔2015〕351 号），决定自 2015 年 4 月 1 日起，化肥用气不区分存量气和增量气，价格在现行存量气价格基础上适当提高，提价幅度最高不超过每千立方米 200 元。并根据化肥企业承担的调峰责任，推行可中断气价，给予一定优惠，努力减轻化肥企业负担。2016 年 11 月，经国务院同意，国家发展和改革委员会发布《关于推进化肥用气价格市场化改革的通知》（发改价格〔2016〕2350 号），决定全面放开化肥用气价格，政府不再直接干预定价，由供需双方自行商定，标志着化肥生产用天然气价格不再享受政府优惠。

2015 年 9 月份之前，中国对几乎所有肥料品种生产环节增值税实行优惠政策。《增值税暂行条例》是国家对增值税管理的行政法规。条例规定，化肥（含有机-无机复混肥料）的法定增值税税率为 13%；商品有机肥料的法定增值税税率为 17%；免税、减税项目由国务院规定。经国务院批准，财政部、国家税务总局发布的肥料生产环节增值税优惠政策有免征和先征后返两种形式，优惠的肥料品种包括氮肥、磷肥、钾肥、复混（合）肥料及有机类肥料（表 5-7）。根据财政部、国家税务总局《关于对化肥恢复征收增值税政策的通知》（财税〔2015〕90 号），自 2015 年 9 月 1 日起，除对符合标准的有机类肥料（有机肥料、有机-无机复混肥料和生物有机肥）保留免征增值税的优惠外，其他肥料的生产销售及进口环节均恢复征收增值税（税率 13%）。

表 5-7　2015 年 9 月之前肥料生产环节增值税优惠政策

事项	增值税政策及依据
生产销售钾肥	先征后返（依据：财税〔2004〕197 号）
生产销售尿素	免征（依据：财税〔2005〕87 号）
生产销售磷酸二铵	免征（依据：财税〔2007〕171 号）
生产销售有机肥	免征（依据：财税〔2008〕56 号）
生产销售其他氮肥、磷肥	免征（依据：财税〔2001〕113 号）
生产销售复混肥	

为了防治畜禽养殖污染，国家鼓励利用畜禽养殖废弃物生产有机肥。2014 年 1 月 1 日起实施的《畜禽规模养殖污染防治条例》规定，从事利用畜禽养殖废弃物进行有机肥产品生产经营等畜禽养殖废弃物综合利用活动的，享受国家规定的相关税收优惠政策。利用畜禽养殖废弃物生产有机肥产品的，享受国家关于化肥运力安排等支持政策；购买使用有机肥产品的，享受不低于国家关于化肥的使用补贴等优惠政策。畜禽养殖污染防治设施运行用电执行农业用电价格。

5.3.2　肥料国内流通促进政策

国家在肥料流通方面的促进政策主要有农用肥料铁路运输免征铁路建设基金、有机类肥料批发零售免征增值税、化肥淡季商业储备贴息等政策。

中国在计划经济时期，就对化肥铁路运输实行低运价率。1993 年《农业法》颁布实施后，历次的铁路运价上调中，化肥运价一般少涨或不涨。经国务院批准，自 1997 年 6 月 1 日起，化肥铁路运输免收铁路建设基金。自 1998 年 4 月 1 日起，整车农用化肥从低运价号"2 号"单列，执行更低的特殊低运价号。2004 年 6 月，国家发展和改革委员会、铁道部发布《进一步明确农用化肥铁路运价优惠政策的通知》，明确了实行铁路优惠运价的农用化肥品种目录：硫酸铵、尿素、氯化铵、碳酸氢铵、氰氨化钙、过磷酸钙、重过磷酸钙、钙镁磷肥、肥料级磷酸氢钙、氯化钾、硫酸钾、磷酸一铵、磷酸二铵、硝酸磷肥、磷酸二氢钾、硝酸钾、硝酸铵钙、钙镁磷钾肥、复混肥料（复合肥料）。2004 年 11 月和 2011 年 12 月目录中又增加了硝基磷酸铵和硫酸钾镁肥两个品种。2009 年 7 月 1 日起，农用化肥铁路整车运输按现行 2 号运价执行，并继续免收铁路建设基金。2015 年 2 月 1 日起，农用化肥铁路运价由 2 号运价上调为 4 号运价，但仍免收每吨公里 0.033 元的铁路建设基金。而有机肥仍执行 2 号运价，但不免收铁路建设基金。随着铁路运价市场化改革，不再享受 2 号优惠运价的农用化肥同其他货物一样，根据运输市场变化上浮（2015 年 8 月 1 日后可上浮不超过 10%）运价率，或者下浮运价率。目前整车农用化肥铁路运输仍免收铁路建设基金，有机肥执行 2 号优惠运价。一旦取消农用化肥的免收铁路建设基金优惠政策，化肥市场宏观调控政策中的铁路运输优惠价格政策将全部退出历史舞台。

现行的有机类肥料批发零售税收优惠政策是 2008 年 4 月财政部、国家税务总局发布的《关于有机肥产品免征增值税的通知》（财税〔2008〕56 号）。自 2008 年 6 月 1 日起，纳税人批发、零售有机肥产品免征增值税；享受优惠的产品包括有机肥料、有机-无机复混肥料和生物有机肥（须有肥料登记、备案证）。2015 年

9 月 1 日起，国家取消了所有化肥批发零售免征增值税的优惠政策，但保留了《关于有机肥产品免征增值税的通知》规定的有机类肥料流通免征增值税政策。

全部或部分财政支持的化肥储备有中央救灾化肥储备、国家化肥淡季商业储备、地方（省级及以下）化肥储备。目前实行中央财政贴息的化肥淡季商业储备制度，始于 2004 年底、2005 年初。化肥淡储的运作原则是“企业储备、银行贷款、政府贴息、市场运作、自负盈亏”。2004 年 11 月 17 日，经国务院同意，国家发改委、财政部、农业部、商务部、国家税务总局联合发布《关于做好化肥生产供应工作 加强价格监管的通知》。第四条明确提出：要建立健全化肥淡季储备制度。为解决化肥常年生产、季节使用的矛盾，保证化肥企业均衡生产，满足用肥旺季农业生产需要，国家拟建立“企业储备、银行贷款、政府贴息、市场运作”的淡季商业储备制度。2005 年 1 月 12 日，国家发展和改革委员会、财政部令第 26 号发布《化肥淡季商业储备管理办法》。淡储化肥由中央财政给予利息补贴；国家发展和改革委员会、财政部负责化肥淡储管理工作；委托国家发展和改革委员会经济贸易司、财政部经济建设司与承储企业签订化肥淡储协议。2005 年 10 月，国家发展和改革委员会、财政部又下发《化肥淡季商业储备管理办法补充规定》（发改经贸〔2005〕2252 号），进一步规范了化肥淡季商业储备制度。自 2004 年底建立国家化肥淡储制度以来，淡储规模逐年扩大。2004 年底，国务院还要求建立省级及省级以下地方化肥储备制度。

5.3.3 肥料进口调控政策

为了保护国内化肥行业，中国加入 WTO 时商定：化肥进口资质实行国营贸易管理，但允许部分非国营贸易经营者进口化肥；主要化肥品种改进口配额为进口关税配额管理；降低肥料进口关税。而有机肥料进口没有资质和关税配额限制。化肥进口资质管理制度已经在 5.2.2“肥料进出口经营资质管理”一节介绍。本节主要介绍中国现行肥料进口关税配额和进口关税方面的内容。

中国加入 WTO 时，对部分化肥品种进口实行关税配额管理。根据商务部公告，2017 年度中国继续对尿素、磷酸二铵、三元复合肥三个化肥品种实行进口关税配额管理，配额内进口三种化肥名义税率为 4%，实际按 1%暂定税率征收。中国《对外贸易法》规定：国家对部分进口货物可以实行关税配额管理；关税配额分配具体办法由国务院规定。原国家经济贸易委员会、海关总署 2002 年 1 月 15 日发布《化肥进口关税配额管理暂行办法》，规定了化肥进口关税配额管理税目及税率（表 5-8）。2001 年 11 月，WTO 通过《中华人民共和国加入议定书》（译名)，其附件中列出了中国对化肥进口关税配额管理的非关税减让承诺(表 5-9)。

表 5-8　化肥进口关税配额管理税目及税率

HS 编码	商品类别	进口税率/%		
		配额内	配额外(最惠国)	配额外(普通)
31021000.10	尿素	4	(31021000.90)50	(31021000.90)150
31052000.10	三元复合肥料	4	(31052000.90)50	(31052000.90)150
31053000.10	磷酸二铵	4	(31053000.90)50	(31053000.90)150

表 5-9　中国加入 WTO 时化肥进口关税配额减让承诺

货物名称	加入时 关税配额总量/万吨	减让承诺
尿素	130	关税配额总量从加入时的第 2 到第 5 年分别不低于 130 万吨、180 万吨、230 万吨和 280 万吨，最终达到 330 万吨。配额分配比例，非国营贸易占 10%
三元复合肥料	270	进口关税配额总量，6 年内年增长率在 5%。非国营贸易主体分配的关税配额比例从加入时的 10%逐年增长，8 年内达到 49%
磷酸二铵	540	关税配额总量每年增长 5%，最终至 690 万吨。其中非国营贸易占比从 10%逐年上升，每年增 5 个百分点，直至第 9 年达到 49%

商务部(原国家经济贸易委员会)负责化肥关税配额的管理工作，拥有资质的国营贸易和非国营贸易化肥进口企业可以向商务部及其授权机构提出配额分配申请。持有效的《化肥进口关税配额证明》在配额数量内进口以上三种化肥，海关按配额内税率征收进口关税。凡具有化肥进口经营权的企业均可按关税配额外税率进口化肥，没有数量限制，无须许可，海关凭进口合同按配额外税率征税验放。按国务院批准的"三定"(定职能、定机构、定编制)方案，国家发展和改革委员会负责编制重要工业品(含化肥)的进出口总量计划，商务部负责在国家发展和改革委员会确定的总量内编制化肥进口关税配额计划并组织实施。国家发展和改革委员会(经济贸易司)负责根据经济运行变化提出计划调整建议。

近年来，国内化肥(尤其是尿素和磷酸二铵)的生产能力和实际产量大幅增加，已经实现了自给有余，并开始大量出口。化肥进口关税配额的实际使用量已经远远小于可分配的总量。2014 年度，三种化肥实际进口量分别为：尿素 0.59 万吨，磷酸二铵 23 万吨，三元复合肥 111 万吨。根据商务部 2014 年第 70 号公告，2015 年中国化肥进口关税配额总量为 1365 万吨，其中尿素 330 万吨、磷酸二铵 690 万吨、三元复合肥 345 万吨。只能由国营贸易企业申请的配额为尿素 297 万吨、磷酸二铵 352 万吨和三元复合肥 176 万吨。余下的 33 万吨尿素、338 万吨磷酸二铵和 169 万吨三元复合肥进口配额，经商务部备案的非国营贸易企业、有化肥进口权的边境小额贸易企业以及自用的外商投资企业可以申请配额直接进口。其他企业根据实际进口需要可申请配额，但是必须由有资质的国营贸易企业或非国营贸易企业代理进口。

为了降低进口化肥成本，2017 年度国家继续对大多数进口化肥品种执行 1%暂定税率（表 5-10）。对于来自于适用协定税率和特惠税率国家或地区的肥料产品，部分品种进口执行零关税。

表 5-10　2017 年中国肥料进口关税税率

HS 编码及品名	WTO 最惠国进口税率	协定税率和特惠税率
28271010 肥料用氯化铵	最惠国税率 4%	除了三种实行关税配额管理的肥料外，原产一部分国家的其他肥料最低至零关税
28342110 肥料用硝酸钾	进口暂定税率 1%	
31010011 未化学处理鸟粪	最惠国税率 3%	
31010019 未化学处理有机肥	最惠国税率 6.5%	
31010090 已化学处理有机肥	最惠国税率 4%	
3102～3105 其他肥料	进口暂定税率 1%	

《增值税暂行条例》规定，进口货物应当缴纳增值税；化肥的法定增值税税率为 13%。经国务院批准，财政部、国家税务总局规定了部分化肥品种进口免征增值税的政策（表 5-11）。2015 年 9 月 1 日起，所有化肥进口恢复 13%的增值税。

表 5-11　2015 年 9 月 1 日前化肥进口增值税政策

HS 编码	肥料种类	进口增值税征免政策规定
28342110	硝酸钾	根据财政部、国家税务总局《关于进口化肥税收政策问题的通知》（财税〔2002〕44 号）规定，海关免征钾肥、复合肥进口环节增值税
31042090	氯化钾	
31043000	硫酸钾	
31052000.10	配额内三元复合肥	
31056000	磷钾二元肥料	
31053000	磷酸二铵	根据财政部、国家税务总局《关于免征磷酸二铵进口环节增值税的通知》（财关税〔2007〕158 号）规定，海关免征
其他 HS 编码肥料	其他肥料（含尿素、UAN、磷酸一铵、过磷酸钙等）	海关根据《增值税暂行条例》规定，按法定 13%税率征收进口环节增值税

5.3.4　肥料出口调控政策

中国加入 WTO 时，肥料出口量很少，没有对肥料出口设定限制政策，相反对部分肥料品种出口还有出口退税政策。为了保证国内供应，自 2004 年 3 月 15 日暂停尿素出口退税开始，国家陆续出台限制化肥出口的调控政策。2005 年之前，中国对所有化肥出口均不征收关税。海关总署《关于 2005 年进出口税则调整问题的公告》(2004 年第 46 号)首次将肥料(尿素)列入《暂定出口税目税率表》，自 2005 年 1 月 1 日起对尿素征收出口暂定关税，税率为 260 元/吨。之后，国务院关税税则委员会多次调整征收出口暂定关税的肥料(化肥、部分原料、有机肥料)品种目录、暂定税率，加征特别关税，实施季节性(淡、旺季差别)关税。在国内氮肥、磷复肥已经保供有余的背景下，为了缓解国内化肥行业过剩产能，近年来化肥出口限制性关税进一步调松。

自 2017 年 1 月 1 日起实施的《2017 年关税实施方案》进一步调整了化肥出口关税方面的内容，所有氮肥、磷肥和不列名含钾的肥料均不再征收出口关税。对列名含钾的肥料品种出口征收关税：氯化钾(从量 600 元/吨)、硫酸钾(从量 600 元/吨)、硝酸钾(从价 5%)、含钾矿物肥料(从价 30%)、氮磷钾三元复合肥(从价 20%)、磷钾二元复合肥(从价 5%)(表 5-12)。

表 5-12　2017 年征出口关税的肥料品种

HS 编码	肥料种类	出口关税
28342110	肥料用硝酸钾	从价 5%
31042090	纯氯化钾之外的其他氯化钾	从量 600 元/吨
31043000	硫酸钾	从量 600 元/吨
31049010～31049090	其他钾矿、钾盐	从价 30%
31052000	三元复合肥	从价 20%
31056000	磷钾二元复合肥	从价 5%

按国际惯例，中国对大多数出口产品实行增值税退税或免税，仅对少部分不鼓励出口的货物征收出口增值税。根据增值税征管相关法律法规，国家已经明确取消出口退税的货物，按国内销售税率征收增值税(或免征增值税)。经国务院批准，2004 年财政部、国家税务总局发文取消尿素、磷酸二铵增值税出口退税；2007 年 7 月 1 日，又取消了包括氯化铵、硝酸钾、有机肥料在内的所有肥料产品的出口退税。按照 2014 年 12 月 31 日新调整的退税率文库，所有肥料商品均属于国家明确取消出口退税的货物，出口时均应视同国内销售征免增值税。

2015年9月1日起，各种化肥出口恢复征收13%的增值税。

5.3.5 肥料产业政策及发展规划

肥料生产领域的产业政策和发展规划的制定归口工业和信息化部。2012年2月，工业和信息化部发布了《化肥工业“十二五”发展规划》，要求“十二五”期间，化肥工业在满足农业、工业基本需求和淘汰落后产能的基础上，继续保持产量整体自给有余，其中氮肥、磷肥完全自给并有少量出口，钾肥国内保障能力达到60%以上，基本满足科学施肥的需要。到2015年，尿素占氮肥的比重达到70%左右，磷铵占磷肥的比重达到70%左右，无氯钾肥满足国内需求，单质肥复合化率、大颗粒尿素比重逐步提高。

根据《化肥工业“十二五”发展规划》，“十二五”期间相关部门将促进基础肥料向资源产地和优势企业集中。结合兼并重组、原料结构调整和上大压小，支持企业在能源产地和有条件的粮棉主产区建设大型尿素生产基地。在云、贵、鄂、川等磷资源产地，依托现有企业完善大型磷肥基地建设。规划明确提出，将重点依托青海和新疆钾肥资源优势建设大型钾肥基地，青海基地进一步优化资源配置，新增100万吨钾肥产能(实物量)，新疆基地力争新增170万吨钾肥产能(实物量)。同时加快境外钾肥基地建设步伐。复混肥和掺混肥料主要在消费区域建立加工、集散、分销和使用服务体系。

根据《化肥工业“十二五”发展规划》，工业和信息化部制定了《合成氨行业准入条件》、《磷铵行业准入条件》，通过上优汰劣、产能置换，优化产业结构，逐步建立落后产能退出机制。准入条件按照“总量平衡、优化存量、节约能(资)源、保护环境、合理布局”的可持续发展原则，规定了生产企业布局、装置规模及技术装备、资源能源消耗和综合利用以及环境、安全、消防和职业卫生要求。

农业部2011年发布的《全国种植业发展第十二个五年规划(2011—2015年)》再次重申了增施有机肥的要求。农业部提出，“十二五”期间要加快发展化肥等农用工业，为种植业发展提供物质保障。要求着力推进测土配方施肥技术，力争到2015年测土配方施肥覆盖率达到60%以上，其中主要粮食作物达到70%以上，主要经济作物达到30%以上。同时，通过增施有机肥等技术措施，实施好土壤有机质提升项目，培肥地力。

2015年5月，农业部主导起草的《全国农业可持续发展规划(2015—2030年)》正式发布。规划鼓励使用有机肥、生物肥料和绿肥种植，以减轻过量施用化肥造成的面源污染。农业部已在“十三五”规划中，进一步明确鼓励和促进商品有机肥、生物肥料行业发展的政策措施。相反，对农用化肥的需求则提出了“十三五”末实现用量零增长的目标。

5.4　肥料产品行政许可

行政许可是政府职能部门依法干预市场经济主体经济事务的一种审批事项。中国《行政许可法》规定，直接涉及生态环境保护、生命财产安全的重要产品，需要按照技术标准、技术规范，通过检验、检测、检疫等方式进行审定的事项，可以设立行政许可。但是，市场经济主体能够自主决定、市场竞争机制能够有效调节、行业能够自律管理和行政机关采用事后监督等其他行政管理方式能够解决的，可以不设定行政许可。肥料产品关系到耕地质量和生态环境，又可能危害农产品质量安全和购买使用者的经济利益，根据《农业法》和国务院规定，农业部门负责实施部分肥料产品的登记行政许可。根据国务院《工业产品生产许可证管理条例》规定，质量监督管理部门负责实施部分肥料产品的生产许可。

5.4.1　肥料产品登记管理

《行政许可法》规定，设定行政许可，应当规定行政许可的实施机关、条件、程序、期限。《农业法》、《农产品质量安全法》相关条款只提及肥料需要登记或许可，但并没有明确肥料登记行政许可的具体实施机关、条件、程序、期限。目前，农业部根据“三定”方案对新型肥料实施登记行政许可，根据农业部规章《肥料登记管理办法》和肥料登记评审委员会议定事项实施行政许可，设定了《免于登记的肥料目录》(表 5-13)和《肥料登记目录》。

表 5-13　免于登记的肥料品种

依据	免于登记的具体品种
农业部规章 《肥料登记管理办法》	硫酸铵，尿素，硝酸铵，氰氨化钙，磷酸铵(磷酸一铵、二铵)，硝酸磷肥，过磷酸钙，氯化钾，硫酸钾，硝酸钾，氯化铵，碳酸氢铵，钙镁磷肥，磷酸二氢钾，单一微量元素肥，高浓度复合肥
农业部、工业和信息化部、国家质量监督检验检疫总局《关于加快配方肥推广应用的意见》(农农发〔2013〕1 号)	现场配制的配方肥：针对年配肥服务能力在 2 万吨以下或每小时 2.8 吨以下的基层小型智能化配肥服务网点，以农民购买的原料肥为基础肥料，按照农民施肥配方进行智能化掺混，掺混后不进入市场流通，不纳入《肥料登记管理办法》肥料登记范畴

现行有效的肥料登记管理的部门规章是 2000 年 6 月 23 日农业部颁发的《肥料登记管理办法》,2014 年 7 月 1 日部分条款修正。肥料登记管理的目的是加强肥料管理,保护生态环境,保障人畜安全,促进农业生产。凡在中华人民共和国境内生产、经营、使用和宣传肥料产品,都应遵守管理办法,未经登记的肥料产品不得进口、生产、销售和使用,不得进行广告宣传。肥料登记分为临时登记和正式登记两个阶段。国务院办公厅《关于印发农业部主要职责内设机构和人员编制规定的通知》明确规定,农业部"承担种子(种苗)审批和肥料、农药登记及监督管理相关工作"。农业部负责全国肥料登记和监督管理工作,省、自治区、直辖市人民政府农业行政主管部门协助农业部做好本行政区域内的肥料登记工作,县级以上地方人民政府农业行政主管部门负责本行政区域内的肥料监督管理工作。

根据农业部《关于切实做好肥料登记管理工作的通知》(农农发〔2009〕2 号),中国境内生产的有国家标准或农业行业标准的复混肥料(包括配方肥料)、有机-无机复混肥料、有机肥料、床土调酸剂由其生产企业所在的省级农业行政主管部门负责登记,其他肥料产品(免于登记产品除外)由农业部负责登记。

农业部微生物肥料和食用菌菌种质量监督检验测试中心受农业部的委托,具体承办微生物肥料产品市场准入登记的受理和质量检测等工作。农业部登记许可的微生物肥料分为复合微生物肥料、根瘤菌菌剂、光合细菌菌剂、内生菌根菌剂、生物修复菌剂、生物有机肥、微生物肥料、微生物菌剂、有机物料腐熟剂共 9 类。

国家化肥质量监督检验中心(北京)是农业部肥料登记评审委员会肥料秘书组所在单位,受农业部委托,负责除微生物肥料之外的农业部登记肥料的登记检验和受理事项。现行肥料登记目录和通用名称共分为以下 6 类(* 为农业行业强制性标准产品):

(1)大量元素肥料类。通用名称有大量元素水溶肥料*、尿素硝酸铵溶液*、农业用硝酸钾、农业用改性硝酸铵*、农业用硝酸铵钙*、农业用硫酸钾镁、农业用氯化钾镁、缓释肥料*、增效氮肥。

(2)中量元素肥料类。通用名称有中量元素水溶肥料*、中量元素肥料、农业用硝酸钙、农业用硫酸镁。

(3)微量元素肥料类。通用名称有微量元素水溶肥料*、微量元素肥料。

(4)有机肥料类。通用名称有含氨基酸水溶肥料*、含腐植酸水溶肥料*、有机水溶肥料。

(5)土壤调理剂类。通用名称有土壤调理剂、农林保水剂*。

(6)肥料增效剂。

农业部受权肥料登记分为直接审批产品和评审审批产品。直接审批产品包括大量元素水溶肥料、中量元素水溶肥料、微量元素水溶肥料、含氨基酸水溶肥料、含腐植酸水溶肥料等 5 种,其余为评审审批产品。其中,农业用硝酸钾、尿素硝酸铵溶液减免肥料效果试验。农林保水剂产品暂不在肥料登记证上标注适用作物和土壤类型,可视具体情况标注适用区域。

农业部设定了《免于登记的肥料目录》,并设立农业部种植业管理司归口管理的肥料登记评审委员会,负责肥料登记评审、管理技术要求修订及相关问题研究。肥料登记评审委员会根据肥料市场发展和管理需要,以会议议定的形式动态调整《肥料登记目录》。但是,《肥料登记目录》的调整并没有公开的符合《行政许可法》规定的登记行政许可具体条件,也没有听证等公开程序。市场上出现的许多新型肥料,不属于免于登记的肥料范围,但是又不在《肥料登记目录》内,无法取消登记行政许可。

5.4.2　肥料工业产品生产许可管理

根据国务院《工业产品生产许可证管理条例》,国家实行生产许可证制度的工业产品目录由国务院工业产品生产许可证主管部门会同国务院有关部门制定,并征求消费者协会和相关产品行业协会的意见,报国务院批准后向社会公布。目前有效的目录是经国务院行政审批改革领导小组办公室确认,2012 年国家质量监督检验检疫总局发布的《实行生产许可证制度管理的产品目录》(第 181 号公告),化肥产品中的复混肥料和磷肥实行目录管理,由各省级人民政府质量技术监督部门,根据国家质量监督检验检疫总局发布的实施细则,组织实施生产许可。

现行有效的《化肥产品生产许可证实施细则(一)(复肥产品部分)》,由国家质量监督检验检疫总局于 2013 年 4 月 26 日发布,2013 年 5 月 1 日起实施。2013 版实施细则,在复混肥料、复合肥料、掺混肥料和有机-无机复混肥料 4 个申请单元的基础上增加了“其他类型复肥”1 个申证单元。在“其他类型复肥”申证单元中设立缓释肥料、控释肥料、硫包衣缓控释复肥、脲醛缓释复肥、稳定性复肥和无机包裹型复肥 6 个肥料品种(表 5-14)。

表 5-14 实行生产许可管理的化肥品种

<table>
<tr><th>类别</th><th>序号</th><th colspan="2">申证单元/产品品种</th><th>产品规格</th></tr>
<tr><td rowspan="10">复肥产品</td><td>1</td><td colspan="2">复混肥料</td><td>高浓度;中浓度;低浓度</td></tr>
<tr><td>2</td><td colspan="2">复合肥料</td><td>高浓度;中浓度;低浓度</td></tr>
<tr><td>3</td><td colspan="2">掺混肥料</td><td>—</td></tr>
<tr><td>4</td><td colspan="2">有机-无机复混肥料</td><td>Ⅰ型;Ⅱ型</td></tr>
<tr><td rowspan="6">5</td><td rowspan="6">其他类型复肥</td><td>缓释肥料</td><td>高浓度;中浓度;部分缓释肥料</td></tr>
<tr><td>控释肥料</td><td>高浓度;中浓度;部分控释肥料</td></tr>
<tr><td>硫包衣缓控释复肥</td><td>—</td></tr>
<tr><td>脲醛缓释复肥</td><td>脲甲醛;异丁叉二脲;丁烯叉二脲</td></tr>
<tr><td>稳定性复肥</td><td>稳定性复肥 1 型;2 型;3 型</td></tr>
<tr><td>无机包裹型复肥</td><td>Ⅰ型高浓度;中浓度;低浓度
Ⅱ型高浓度;中浓度;
含有部分Ⅱ型产品的掺混肥料</td></tr>
<tr><td rowspan="4">磷肥产品</td><td>1</td><td colspan="2">过磷酸钙(疏松状、粒状)</td><td>优等品;一等品;合格品Ⅰ和Ⅱ</td></tr>
<tr><td>2</td><td colspan="2">钙镁磷肥</td><td>优等品;一等品;合格品</td></tr>
<tr><td>3</td><td colspan="2">钙镁磷钾肥</td><td>一等品;合格品</td></tr>
<tr><td>4</td><td colspan="2">肥料级磷酸氢钙</td><td>优等品;一等品;合格品</td></tr>
</table>

农业部、工业和信息化部、国家质量监督检验检疫总局《关于加快配方肥推广应用的意见》(农农发〔2013〕1 号)规定,针对年配肥服务能力在 2 万吨以下或每小时 2.8 吨以下的基层小型智能化配肥服务网点,以农民购买的原料肥为基础肥料,按照农民施肥配方进行智能化掺混,掺混后不进入市场流通,不纳入复混肥料生产许可范畴。

现行有效的《化肥产品生产许可证实施细则(二)(磷肥产品部分)》,由国家质量监督检验检疫总局于 2011 年 1 月 19 日发布实施。2011 版实施细则,需要生产许可证的磷肥产品包括过磷酸钙(疏松状、粒状)、钙镁磷肥、钙镁磷钾肥和肥料级磷酸氢钙四个产品单元,共有 12 个产品规格(表 5-14)。

实行生产许可证管理的磷肥、复肥产品委托加工自 2014 年 8 月 1 日起不再需要备案。生产许可证管理的工业产品委托加工备案制度始于 2001 年国家质量监督检验检疫总局发布的《关于委托加工实施生产许可证管理的产品标识标注有关问题的通知》(国质检〔2001〕41 号),通知规定委托加工必须经省级质检部门许可证办公室备案审批。国家质量监督检验检疫总局第 156 号公告发布修订后的《工业产品生产许可证管理条例实施办法》，自 2014 年 8 月 1 日起实施。新的实施办法，删除了“委托加工备案”相关内容。

5.5　肥料使用技术指导

当前中国肥料市场体制中，指导农业生产经营者科学、合理使用肥料是政府有关部门的法定职责。从 5.2.3“肥料施用主体管理”中可以看出这是由中国农业经营体制和发展水平决定的。

中国人口众多，但人均耕地、农业用水等农业资源极度匮乏。中国现阶段农业经营方式仍以家庭承包和适度规模经营为主，现阶段农业从业人口年龄结构和技术水平不适应现代农业发展需求。因人力、机械、成本等因素，有机无机肥配合施用、养分平衡施肥、氮肥后移、精准施肥、少量多次施用、覆土深施、水肥一体化等绿色施肥技术得不到广泛应用。为了增加农产品的产量，单位耕地面积化肥等农业投入品的使用量偏高，利用率偏低。这些过量、不合理使用的化肥，对大气、水体和土壤等环境形成负面影响。

5.5.1　施肥技术指导是农业部门的法定职责

1993 年 7 月施行的《农业技术推广法》规定，各级农业技术推广部门负责包括肥料施用在内的农业技术试验、示范、培训、指导以及咨询服务等推广工作。国务院 1994 年颁布的《基本农田保护条例》规定，国家提倡和鼓励农业生产者对其经营的基本农田施用有机肥料，合理施用化肥；县级以上地方各级人民政府农业行政主管部门负责为农业生产者提供施肥指导服务。当时的施肥技术指导，以培肥地力、农业增产目的为主，农业资源与农业环境保护目的为辅。

1996 年 5 月修改后的《水污染防治法》首次以防治污染为目的，以法律的形式规定了农业管理部门的施肥指导职责。第三十九条规定，县级以上地方人民政府的农业管理部门和其他有关部门，应当采取措施，指导农业生产者科学、合理地施用化肥和农药，控制化肥和农药的过量使用，防止造成水污染。

国务院 2011 年 9 月颁布的《太湖流域管理条例》首次规定了政府强制实施化肥减施工程，以及减施造成农民减产、减收的经济补贴制度。太湖流域县级以上地方人民政府应当推广测土配方施肥、精准施肥等先进适用的农业生产技术，实施化肥减施工程，减少化肥使用量，有效控制农业面源污染。因实施化肥减施工程等导致收入减少或者支出增加的农民，当地县级人民政府应当给予补贴。

2015年1月1日起施行的新《环境保护法》也增加了农业部门指导合理施肥、减少农业面源污染的规定。新《环境保护法》第四十九条规定，各级人民政府及其农业部门和机构应当指导农业生产经营者科学种植，科学合理施用化肥等农业投入品，防止农业面源污染。

2012年8月修订的《农业技术推广法》强化了各级国家农业技术推广机构的公益性职责，中央和地方各级人民政府和农业技术推广部门负责包括肥料施用在内的公益性、无偿的农业技术推广工作，以购买服务的方式引导农业科研单位和有关学校以及社会力量参与公益性推广工作。同时，鼓励和支持社会各界开展经营性、有偿的施肥等农业技术推广服务。中央和地方政府贯彻实施新《农业技术推广法》，形成了当前中国施肥技术推广的多元化体系(图5-3)。

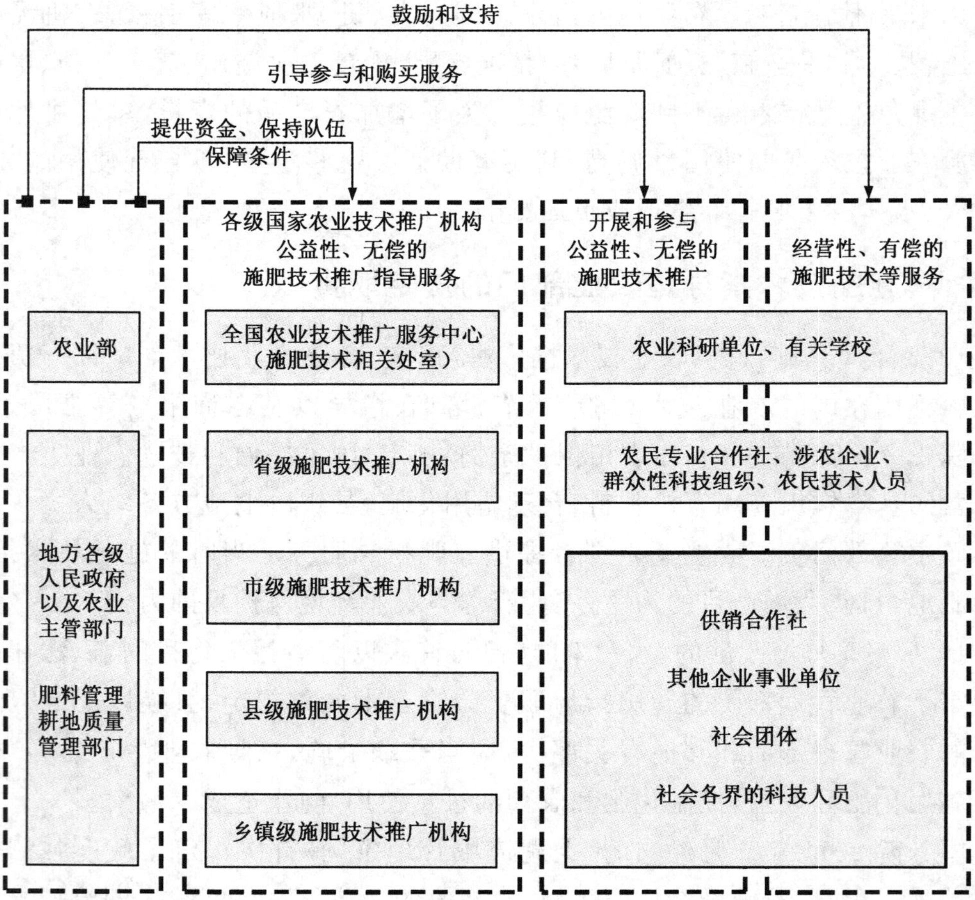

图5-3 中国施肥技术推广体系

5.5.2　面源污染防治离不开施肥技术指导

面源污染防治不仅要考虑施肥层面，还要考虑农作物秸秆、畜禽粪便等农业废弃物综合利用，以及生活垃圾无害化处理及再次还田利用。指导种植业生产经营者秸秆还田、种植绿肥、施用有机肥料、科学平衡施用化肥，可以有效提高肥料养分利用率，减少氮、磷等养分的损失，防止因施肥导致的面源污染。鼓励农业废弃物用于生产有机肥料、生活垃圾无害化处理后农用，可以做到综合利用，减轻这些废弃物带来的环境影响。

环境保护部、国家统计局、农业部 2010 年 2 月 6 日发布的《第一次全国污染源普查公报》显示，畜禽养殖废弃物造成的污染和生活源污染是化学需氧量(COD)、总氮和总磷的最主要污染源，超过种植业施肥造成的养分流失污染(图 5-4)。畜禽养殖和生活污染源是化学需氧量增加的最主要因素，合计占到全国总排放量的 78.5%。化学需氧量主要是由于废弃的有机成分产生的，畜禽养殖粪便直接还田或用于沤制农家肥，畜禽养殖废弃物和生活垃圾无害化处理后用于生产商品有机肥，可以大大减少化学需氧量。另外，畜禽养殖废弃物和生活源废弃物还含有相当可观的氮、磷等农作物生产必需的营养元素，国家鼓励、引导这些废弃物用作有机肥后，可以部分替代化肥的投入。

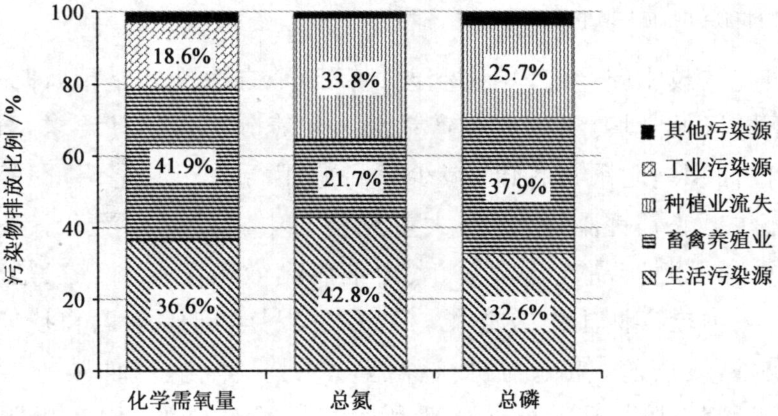

图 5-4　各种污染源主要污染物排放比例分布图

(数据来源:《第一次全国污染源普查公报》)

种植业本身产生的流失污染主要是总氮和总磷的排放，尽管排放量不如畜禽养殖和生活污染源，但仍可以通过改进施肥技术和肥料品种的选择来提高肥料利用率，减少养分流失。这也需要对农业生产经营者加强施肥技术指导。

5.5.3 化肥使用零增长行动方案

为了大力推进化肥减量提效，积极探索产出高效、产品安全、资源节约、环境友好的现代农业发展之路，农业部 2015 年 2 月发布了《到 2020 年化肥使用量零增长行动方案》。农业部提出的目标是：到 2020 年，初步建立科学施肥管理和技术体系，科学施肥水平明显提升。2015 年到 2019 年，逐步将化肥使用量年增长率控制在 1%以内；力争到 2020 年，主要农作物化肥使用量实现零增长。

2015 年 4 月，农业部印发了《〈到 2020 年化肥使用量零增长行动方案〉推进落实方案》，进一步分解“零增长”的目标任务（表 5-15）。

表 5-15　化肥使用量零增长逐年目标分解

指标	2015 年	2016 年	2017 年	2018 年	2019 年	2020 年
测土配方施肥技术到户率	73%	77%	81%	85%	88%	90%
畜禽粪便养分还田率	52%	54%	56%	58%	59%	60%
农作物秸秆养分还田率	40%	45%	50%	54%	58%	60%
机械施肥占比	31%	32%	34%	36%	38%	40%
农作物肥料利用率*	—	37%	—	39%	—	40%
农作物化肥用量增幅	1%	0.8%	0.6%	0.4%	0.2%	零增长

* 农作物肥料利用率指标每两年发布一次。

方案实施的技术路径有“精、调、改、替”四个方面。一是精，即是推进精准施肥。根据不同区域土壤条件、作物产量潜力和养分综合管理要求，合理制定各区域、作物单位面积施肥限量标准，减少盲目施肥行为。二是调，即是调整化肥使用结构。优化氮、磷、钾配比，促进大量元素与中微量元素配合。适应现代农业发展需要，引导肥料产品优化升级，大力推广高效新型肥料。三是改，即是改进施肥方式。大力推广测土配方施肥，提高农民科学施肥意识和技能。研发推广适用施肥设备，改表施、撒施为机械深施、水肥一体化、叶面喷施等方式。四是替，即是有机肥替代化肥。通过合理利用有机养分资源，用有机肥替代部分化肥，实现有机无机相结合。提升耕地基础地力，用耕地内在养分替代外来化肥养分投入。

方案的重点任务有五项：①推进测土配方施肥。拓展实施范围，强化农企对接，创新服务机制。②推进施肥方式转变。推进机械施肥，推广水肥一体化，推广适期施肥技术。③推进新肥料新技术应用。加强技术研发，加快新产品推广，集成推广高效施肥技术模式。④推进有机肥资源利用。推进有机肥资源化利用，推进秸秆养分还田，因地制宜种植绿肥。⑤提高耕地质量水平。力争到2020年，耕地基础地力提高0.5个等级以上，土壤有机质含量提高0.2个百分点，耕地酸化、盐渍化、污染等问题得到有效控制。

为了配合4项技术路径和5项重点任务的实施，农业部还会积极争取国家财政、税收等政策的支持。方案提出，农业部加强与国家发展和改革委员会、财政部等的沟通协调，扩大测土配方施肥、耕地质量保护与提升项目规模，支持秸秆还田、绿肥种植、增施有机肥和水肥一体化、机械施肥等技术推广。对新型经营主体、适度规模经营提供科学施肥服务，对施用有机肥、配方肥、高效缓释肥料予以补助。积极争取金融、保险、税收等政策，支持化肥使用量零增长行动开展。

5.5.4 施肥技术指导对肥料市场的影响

从经济学规律上讲，农业生产经营者选择购买肥料和选择施肥方式的行为，主要影响因素是经济效益。购买使用肥料数量的多少，主要考虑的是投入成本和农产品产出收益因素；施肥方式主要考虑的是人力投入成本和收益因素。只要存在边际收益，农业生产经营者会继续增加施肥投入。

法律赋予农业生产经营者自主、自愿选择使用肥料和施肥方法的权利，包括农业技术推广机构在内的任何机构和个人，无权强迫农业生产经营者使用某种肥料或某项施肥技术。但是，施肥技术指导可以间接影响农业生产经营者的用肥选择，从而对肥料市场产生影响。为推广科学施肥技术配套出台的财政补贴、补助和税收政策倾斜，更会影响农业生产经营者的行为。为保护环境，法律法规设定的某些农业生产、肥料施用等方面的强制性规定也会对肥料市场产生影响。

在引导和鼓励政策的促进下，商品有机肥料生产和使用量有所增长，部分替代了化肥。从2008年起，中央财政安排土壤有机质提升专项经费，对农户、专业大户、家庭农场和专业合作组织等经营主体应用秸秆还田腐熟技术，购买秸秆腐熟剂；应用增施有机肥、种植肥田作物等地力培肥综合配套技术；购买绿肥种子和根瘤菌剂；应用接种根瘤菌剂技术等给予补贴支持。此外，北京、江苏、上海、浙江等省、直辖市相继出台了农民施用商品有机肥补贴的政策，补贴金额每吨150～450元不等。为适当控制规模化畜禽养殖业总体规模，保证有配套耕地面积来承载、消纳该养殖场所产生的畜禽粪便，2010年农业部印发《关于加快推进畜禽标准化规模养殖的意见》(农牧发〔2010〕6号)。要求各地加强畜禽标准化规模养殖的规划布局，综合考虑当地饲草料资源条件、土地粪污消纳能力、经济发展水平等因素，发展农牧结合、适度规模养殖。2014年1月1日起施行的《畜禽规模养殖污染防治条例》,坚持预防为主、防治结合的原则,疏导、鼓励将畜禽养殖废弃物综合利用生产有机肥。

一些施肥技术的推广促进了新型肥料的销售。推广水肥一体化技术,需要水溶性肥料的物资配套;推广一次性施肥技术,需要缓释肥料的物资配套。为支持使用高效缓释肥,从 2014 年开始,中央财政安排高效缓释肥集成模式示范项目资金 300 万元,在黑龙江、吉林、河南、甘肃和山东 5 个省重点推广玉米种肥同播一次性施用高效缓释肥料技术模式和地膜春玉米覆盖栽培底施高效缓释肥料技术模式。

5.6 肥料市场体制改革方向及展望

中国肥料市场体制将随着全面深化改革的推进而变革。在接下来相当长的时期内,中共中央《关于全面深化改革若干重大问题的决定》仍是指导改革的纲领性文件。在经济体制改革领域,市场在资源配置中起决定性作用会越来越强,宏观调控越来越完善,经济体系的开放程度会更高。中央政府对微观经济事务的管理会减少,各级政府的行政审批事项会大幅减少。肥料市场体系更加完善,肥料相关行政审批会减少或陆续取消。肥料登记、生产许可等事前行政许可,应该会简化手续或取消许可,而逐渐过渡到以生态技术指标负面清单或事中、事后监管方式。

鉴于可持续发展和生态要求,肥料生产经营领域的节能、环境保护、安全、资源综合利用等准入标准会不断提升。为符合农业资源和环境保护要求,财政、税收等政策会鼓励发展农业废弃物综合利用生产有机肥的力度,逐步取消化肥生产、流通、进口方面的各种财政、税收等优惠政策。

5.6.1 市场体系和规则的改革方向

在肥料国内生产经营准入方面,2015 年以前,除了化肥零售业务超过 30 家连锁店对外资控股有限制外,其他已经完全放开。任何投资主体都可以公平参与市场竞争。在国内批发、零售化肥经营资质方面,仅有注册资本和场所条件限制。按中国对外资管理和商事改革方向,外资连锁经营限制和化肥经营注册资本限制都将会取消。2015 年 4 月 15 日起施行的《外商投资产业指导目录(2015 年修订)》已经删除了超过 30 家分店的化肥零售连锁店不允许外方控股的条款。上海等自由贸易试验区对外资实行负面清单管理制度,国务院批准的负面清单中没有《外商投资商业领域管理办法》中的化肥零售业务超过30家连锁店对外资控股有限制内容。自由贸易试验区内的外资政策很可能会扩大到全国，负面清单中没有的项目外资均可经营。尽管国务院《关于进一步深化化肥流通体制改革的决定》规定了化肥经营行业注册资本最低限额，但是国务院2014年2月印发的《注册资本登记制度改革方案》中并没有将化肥列明在《暂不实行注册资本认缴登记制的行业》目录中。即意味着有注册资本限制，但是又不实行实缴制。因此《关于进一步深化化肥流通体制改革的决定》中的注册资本限额将会取消。

肥料产品标准体系将会进一步融合完善。当前的中国肥料标准体系，与中国整体标准化工业存在的问题相似，部分标准缺失、老化滞后，标准交叉重复，不能满足市场和创新的需要。2015年3月，国务院印发了《关于印发深化标准化工作改革方案的通知》，启动了深化标准体系改革。改革方案提出的措施有六个方面：①建立高效权威的标准化统筹协调机制；②整合精简强制性标准；③优化完善推荐性标准；④培育发展团体标准；⑤放开搞活企业标准；⑥提高标准国际化水平。方案提出了明确的路线图和时间表，许多改革措施涉及肥料标准体系。2016年12月底前完成：对现行国家标准、行业标准、地方标准进行全面清理，集中开展滞后老化标准的复审和修订，解决标准缺失、矛盾交叉等问题。2017年完成：对确有必要强制的现行强制性行业标准、地方标准，逐步整合上升为强制性国家标准；企业产品和服务标准自我声明公开和监督制度基本完善并全面实施。2020年完成：理顺并建立协同、权威的强制性国家标准管理体制。肥料中重金属含量，目前仅有推荐性国家标准GB/T 23349—2009《肥料中砷、镉、铅、铬、汞生态指标》和农业行业标准NY 1110—2010《水溶肥料汞、砷、镉、铅、铬的限量要求》，大多数肥料还没有设定限量要求。随着环境管理和生态要求，标准化主管部门和农业环境主管部门肯定会加快肥料中生态安全限制指标的标准制定，并会在注重产品养分指标的同时，在产品质量要求中加入生态安全指标。

肥料产品质量责任的民事责任、行政责任和刑事责任三个层次都需要证据。行政责任主要的证据是肥料产品质量检验报告，有资质的机构出具的检验报告证明产品质量指标不符合相关标准是最常见的证据。对于刑事责任，假化肥造成的损失一旦达到刑事立案的标准，刑事侦查部门会依法取得主体、客体、主观和客观要件的证据。实践中，部分肥料产品质量民事责任的维权不易获取足够的证据。有些肥料产品符合产品标准规定的指标，但含有现有标准不涉及的有毒有害物质，如何鉴定没有现行标准(类似奶粉中含有三聚氰胺)。比如，用来源不明的工业废硫酸生产的过磷酸钙，就有可能含有三氯乙醛等有毒成分。农业主管部门应该借鉴种子质量纠纷田间鉴定规范，根据农业生产中实际出现的问题，出台肥害鉴定方面的规范或指导意见，在人民法院司法介入、行政机关或相关组织开展调解肥料产品质量民事责任纠纷时，为鉴定意见方面的证据提供来源。

5.6.2 宏观调控的改革方向

随着相关领域改革的推进，肥料生产促进、国内流通促进、进出口调控和产业政策及发展规划方面均会出台改革措施。

化肥生产促进政策陆续取消，有机肥、高效新型肥料的促进政策会加强，化肥贴息淡储政策也面临改革。《关于全面深化改革若干重大问题的决定》发布后，肥料的上游天然气、电力和下游农产品价格形成机制改革推进较快，化肥行业所用天然气、电力及铁路运价均要进行市场化改革，不再保留化肥特殊价格政策。2015 年 2 月，化肥铁路运价由 2 号上调为 4 号；2015 年 3 月，天然气价格整体下调时，化肥用气则“补涨”；2015 年 4 月，销售电价整体下调，化肥用电则取消优惠、价格上调。国家发展和改革委员会已经明确，2016 年 4 月 20 日后，销售电价分类中不再有中小化肥优惠电价。贴息淡储政策不属于 WTO“绿箱”补贴的范畴，2014 年度中央财政贴息的化肥淡储规模已经减少了约四分之一，后续仍会进一步完善或面临取消的可能。而对于有机肥料的财政、税收和价格政策应该会加强。

取消了优惠政策的化肥，出口限制政策可能会进一步调松。中国是全球最大肥料生产国和消费国，在出口方面已经超过加拿大，正在赶超全球第一大化肥出口国——俄罗斯。国内季节性需求与肥料常年生产存在一定的矛盾，对相对过剩的氮肥和磷复肥放开出口，可保持装置开工率。国家正在推进的“一带一路”战略，又提出了产能合作和农业走出去。进一步放开化肥出口，不仅可以实现与“一带一路”沿线国家和地区肥料产能合作，而且会为农业走出去、发展海外种植业基地提供所需的肥料产品。另外，适量出口化肥，还原国内化肥的普通商品属性、价格合理回升，有助于配合科学施肥、化肥使用零增长的目标实现。

5.6.3 事前行政许可的改革方向

经国务院同意，国家质量监督部门对磷肥（过磷酸钙、钙镁磷肥、钙镁磷钾肥和肥料级磷酸氢钙）和复肥（复混肥料、复合肥料、掺混肥料、有机-无机复混肥料、缓释肥料、控释肥料、硫包衣缓控释复肥、脲醛缓释复肥、稳定性肥料和无机包裹型复肥)等 14 种肥料产品实施工业产品生产许可(表 5-14)。随着国家行政审批制度的改革,行政许可类行政审批范围和种类会强制缩减,市场能够调节和事后监管能够达到目的的行政许可事项一律取消。实行生产许可管理的肥料品种会有所调整,整体会减少品种,并简化审批手续。

肥料登记行政许可存在许多问题,已经影响到了肥料创新。目前的肥料登记制度,主要涉及的内容是肥料效应和生态安全指标。肥料效应通过准入标准和肥料产品质量责任形式,可以事后方式进行监管。随着相关生态安全类肥料相关标准的出台,肥料登记审批制度将会面临改革。5.4.1“肥料产品登记管理”中已经介绍,农业部肥料登记管理制度设定了《免于登记的肥料目录》和《肥料登记目录》,对于两个目录之外的新型肥料则会由肥料登记管理评审委员会议定是否登记。现行的《关于限制肥料登记的管理要求》规定了四类不予登记的肥料品种:①原料组成可能存在潜在的使用风险,或尚需对其使用效果进行探究的产品。②将普通肥料产品经过简单工艺混配加工制成的,产品性能没有明显的提升,且技术指标不稳定的产品。③有机水溶肥料没有完备的有机废弃物降解生产设备和条件,仅将原料经过简单工艺混配加工制成的产品。④没有成熟的标准方法,或所提交的检验方法无法用于产品质量检验合格判定的产品。在实际操作中,这些规定没有量化客观指标,不是确定的行政许可条件,在一定程度上抑制了肥料的创新。

肥料登记需要尽快完善立法,规范行政许可法定程序,以行政法规或法律的形式设定肥料登记许可条件、程序和时限。肥料登记管理评审委员会议定事项必须公开,在生产之前应该按法定程序公开征求意见和听证。

李昊锋

第6章 应对可持续发展需求的肥料发展策略

国家提出“十三五”期间化肥用量要实现零增长，然而按照国家社会经济整体转型的需求以及环境保护的压力，还要为“十三五”以后化肥用量实现负增长做好准备。时间紧、任务重，科学施肥技术快速走向千家万户迫切需要寻找成熟有效的机制和做法。本书在全国测土配方施肥十年工作总结的基础上，深入分析了大面积实现肥料转型需要破解的一些障碍因素，并提出了实施途径和政策建议，以期为相关政府部门、企业和技术服务单位提供支撑。

6.1 中国肥料发展战略目标

6.1.1 农业可持续发展战略规划

2015 年 5 月 20 日农业部等多个部门联合发布的《全国农业可持续发展规划(2015—2030 年)》(简称《发展规划》)对我国农业转型提出了具体的目标和指标(表 6-1)。如到 2020 年建成集中连片、旱涝保收的 8 亿亩高标准农田，到 2020 年和 2030 年全国耕地基础地力提升 0.5 个等级和 1 个等级以上。基础地力的提升需要肥料施用技术优化配合耕作和种植制度调整，尤其是需要有机肥与无机肥的配合，其中秸秆还田和有机肥施用是关键点也是难点，而化肥的均衡施用是基本的保障。与现状相对比，我们面临巨大的挑战。例如东北和华南等地秸秆还田仍处于极低水平(东北玉米秸秆还田比例在 2013 年仅达到 32%)，有机肥难以回归大田(全国粮田有机肥施用农户比例仅为 15%)，化肥科学施用的农户比例极低(第 4 章结果显示，科学用肥技术综合到位率仅 39%，见表 4-86)。面临目标和现实之间的巨大差距，让我们必须在技术、市场和政策多个方面实现突破。

《发展规划》也提出确立水资源开发利用控制红线，到 2020 年和 2030 年全国农业灌溉用水量分别保持在 3720 亿米^3 和 3730 亿米^3。确立用水效率控制红线，到 2020 年和 2030 年农田灌溉水有效利用系数分别达到 0.55 和 0.6 以上。到 2020 年和 2030 年，农田有效灌溉率分别达到 55%和 57%，节水灌溉率分别达到 64%和 75%。到 2020 年发展高效节水灌溉面积 2.88 亿亩。这一规划目标的提出将对水肥一体化技术的发展提供极大的促进作用，但我国目前与节水灌溉配套的肥料产品和技术体系尚不完备，需要协同灌溉技术创新肥料技术。

表 6-1　《全国农业可持续发展规划(2015—2030 年)》

项目	2013 年	2020 年	2030 年
农业科技进步贡献率	56%	60%	
主要农作物耕种收综合机械化水平	59.5%	68%	
基础地力		提升 0.5 个等级	提升 1 个等级
全国农作物病虫害统防统治覆盖率		40%	
养殖废弃物综合利用率		75%	90%
灌溉指标			
农田灌溉水有效利用系数	0.52	0.55	0.6
全国农业灌溉水用量		3720 亿米^3	3730 亿米^3
农田有效灌溉率		55%	57%
节水灌溉率		64%	75%
高效节水灌溉面积		2.88 亿亩	
林牧渔业指标			
全国农田林网控制率		90%	95%
全国森林覆盖率	21.6%	23%	
全国草原综合植被盖度	54.2%	56%	60%
全国水产健康养殖面积占水产养殖面积比例		65%	90%

《发展规划》中提出 2020 年农业科技进步贡献率要提高到 60%，农业机械化率要提高到 68%，这也对肥料提出了更高的发展目标。第 4 章测土配方施肥评估结果发现，目前我国肥料的科技进步贡献率要低于这一目标，仅达到 32%(详见表 4-87)，而施肥机械化水平远远低于这一目标，例如基肥机械化仅达到 41%(包括种肥同播和非种肥同播，见表 4-48)，追肥机械化率仅达到 7%(见表 4-53)。综上所述，农业可持续发展需要肥料产品和技术有重大突破。

6.1.2　肥料需求中长期目标

2015 年出台的《化肥零增长行动方案》提出了到 2020 年实现化肥用量增长率为零、秸秆还田率 60%、畜禽粪便还田率 60%、机械化施肥 40%、化肥利用率

40%的综合发展目标。这一行动方案正式拉开了我国化肥施用转型的大幕。然而仅仅实现上述目标，尚不能满足农业可持续发展的目标，更不能满足环境可持续发展的目标，因为2020年实现化肥用量零增长意味着我国化肥用量中的农业用量仍然高达5374万吨养分，按照化肥利用率40%的指标，我们每年土壤养分盈余仍会达到3224万吨，按照养分损失率40%，我国每年损失进入大气、水体等环境的NP养分仍会达到1745万吨养分。我们需要进一步展望2030年以及2050年的发展目标。

按照欧美部分发达国家已经实现的指标，我们进一步梳理了中国肥料发展的长远目标。目前美国、加拿大、欧盟诸国普遍实现了化肥投入与作物地上部养分带走量一致，按照这一标准，目前我国农田养分盈余量高达1568万吨养分量，占化肥投入的31%左右。欧美实现这一目标的途径是，首先秸秆还田率已经达到75%(25%的秸秆用作工业原料及动物垫圈等)，畜禽粪尿养分还田率达到80%(有20%是不可控制的损失，如畜舍氨挥发)，化肥当季利用率提高到57%，轮作及生物固氮达到20%的面积，农田总养分(化肥、有机肥、生物固氮、秸秆)的利用效率达到45%左右(Oenema et al.，2008)；另外采取了一系列养分阻控技术(动物养殖废弃物覆盖储存，肥料深施减少挥发，河流湖泊沿岸种植生物篱阻控养分)等，其农田养分损失率降低到30%左右。相比而言，我国在上述指标方面仍存在很大的差距。但即使如此，发达国家仍在采取更加严格的措施，因为他们期望获得更好的环境，根据最近发表的文章，欧美国家的目标是将农田总养分利用率提高到70%，农田氮磷肥的投入量要控制到40～55千克/公顷(Steffen et al.，2015)，如果按照这一目标，我国的化肥用量要控制到2340万～2840万吨NPK养分。

中国能否实现这些目标？什么时候实现这些目标？应该走什么样的道路？回答这些问题需要结合当前的粮食安全压力和技术条件来具体分析。我们的发展要求是：①保证增产。经预测，中国人口预计在2030年达到高峰，对于粮食的需求将分别是2.18亿吨水稻，1.25亿吨小麦和2.15亿吨玉米。目前我国三大粮食作物的单产仅达到高产潜力的60%，如果要满足2030年的需求，则在现有粮食面积上要实现产量潜力的80%～85%，需要肥料技术与育种、栽培、植保、灌溉等技术紧密配合。②稳步提高化肥利用率。要实现增产的同时不增肥或者还能减肥，则化肥利用率要大幅提高，如2020年化肥当季利用率提高到40%，到2030年提高到57%才能达到目前欧美发达国家的水平，但要实现环境友好仍需要进一步提高到70%以上。③2020年将秸秆和畜禽粪尿还田率提高到60%，到

2030 年分别提高到 75%和 80%，则与欧美发达国家一致。④我国目前农田养分综合利用率仅 22%，到 2030 年进一步提高到 45%可以达到目前欧美发达国家的水平，到 2050 年进一步提高到 50%左右。⑤控制养分损失率，要从动物养殖养分损失、农田养分阻控等方面入手。到 2030 年将农田养分损失率从 50%控制到 30%与欧美发达国家相近，到 2050 年控制到 20%才能符合环境可持续目标（表 6-2）。

表 6-2　协调粮食安全与资源环境安全的养分管理中长期目标　　%

年份	农作物化肥用量增幅	粮食产量潜力实现率	畜禽粪便养分还田率	农作物秸秆养分还田率	机械施肥比例	化肥当季利用率	农田总养分利用率	食物链养分利用率	养分损失率
2015	1	60[1]	52[2]	40[3]	31	35.2[4]	22[5]	14[5]	50[6]
2020	0	70	60	60	40	40	27[5]	17[5]	40
2030	−40	80	80	75	70	57	45	25	30
2040	−66	85	80	75	80	70	47	30	25
2050	−81	85	80	75	90	70	50	35	20

注：[1]整理自（Chen et al.，2014；刘保花 et al.，2015）；[2]整理自（苑亚茹，2008）；[3]整理自（农业部，2011）；[4]整理自（农业部新闻办，2013）；[5]整理自（Sutton et al.，2013）；[6]整理自（Ma et al.，2010）。

6.1.3　化肥产业发展目标

欧美发达国家从 20 世纪 80 年代至今为配合农业增效对化肥工业实施了结构调整和产业转型等工作，实现了工业对农业的强力支撑。我国化肥工业已经面向全球，将来不仅要满足我国自身需求，也将成为全球重要的肥料供应国。到 2030 年如果仅满足我国需求和环境保护目标，农业需求为 3330 万吨 NPK，如果考虑工业用途以及出口情况，则化肥产量要达到 4510 万吨左右（表 6-3）。但面对国内的环保要求以及出口竞争力，我国化肥工业还需要从产品类型、市场结构、节能减排多个方面进行转型。尤其是调整肥料产品结构，如氮肥中将硝态氮的比例提高到 40%，与德国和美国接近（张卫峰，2013），磷肥中应该保持和提升钙镁磷肥和过磷酸钙的比例为 40%左右，以适应我国不同土壤类型以及中微量元素的需求。要提高技术水平降低消耗以提高国际竞争力及可持续发展能力，如要达到目前国际先进水平，则合成氨能耗需要从目前的 51.3×10^9 焦/吨 N 降低到 32.8×10^9 焦/吨 N（Zhang et al.，2013），降幅为 36%。将磷肥的磷矿消耗从 3555.7 万吨降低到 2416.2 万吨，降幅接近 32%。进一步降低环境排放，例如氮肥通过生产企业减排和农田施用减排将每吨氮的温室气体（CO_2）排放量从

13.5 吨降低到 9.7 吨(Zhang et al.,2013),降幅为 28%。

表 6-3 中国化肥生产施用评估

万吨

化肥	2015 年产能	2015 年产量	2015 年表观消费量	2015 年农业用量	2030 年农业理论需求量	2030 年理论需求量(加上工业需求量)
氮肥	6050	4791	3836	3100	2100	3000
磷肥	2370	1795	1262	1262	800	1000
钾肥	775	571	1140	1012	430	510

注:农业理论需求量是根据 2030 年人口最大时作物产量目标,计算作物生产地上部养分吸收量所得。工业需求包括出口和工业使用,假设在国家限制政策下,出口量保持目前水平(张卫峰等,2013)。

6.2 肥料转型的障碍因素

虽然全国各界已经或者正在探索肥料转型的途径,但需要正视存在的障碍因素,并有的放矢地采取相应的措施。实现全面转型主要面临以下几个关键的制约因素:其一是技术集成与农业多样性需求的矛盾;其二是工业生产的肥料品种与农业需求之间的不匹配;其三是肥料经营体制的不完善与科学施肥等技术落地之间的矛盾;其四是薄弱的服务体系与专业化服务需求之间的矛盾;其五是专业化的政策需求与现有政策的矛盾。

6.2.1 技术集成尚无法满足农业多样性的需求

我国地大物博,土壤多样性、作物多样性、种植制度多样性、生产条件多样性决定了科学施肥体系的复杂性,同时近些年来由于生产方式和社会需求转变加速,生产目标多样化趋势明显,然而科学施肥技术集成尚无法满足所有需求,具体表现为技术的针对性、本地化不足。例如目前水稻移栽稻、机插秧、直播稻都在发展,然而大部分地区建立的养分需求规律和肥料施用技术等仍以移栽为主,尚没有反映出机插秧和直播稻的特殊性。其他作物体系也存在这一典型问题。又如水果榨汁果和鲜食果对于养分需求差异较大(如苹果榨汁果需要高氮、低磷、低钾(22-10-8),满足高产、高酸需求的配方,而鲜食果需要中高氮、低磷、高钾(17-10-18),满足后期糖分转移,着色到位、果脆等需求的配方),但实际生产中技术指导和肥料产品尚没有区别对待,导致养分效率低、果品品质难以提高。

6.2.2　肥料产品与农业需求不匹配

我国尚没有建立需求导向型的肥料生产和供应体系，例如复混肥中氮磷钾的配比主要由单个养分的成本决定，而对作物需求反映不够，中微量元素添加以提高产品差异度为目标，而未充分考虑土壤和作物需求。比如由于氮素价格低于磷钾，1 吨高氮肥相对于其他肥料配方增加的 200 元利润成为企业竞争的主要抓手，高氮肥近几年迅速抢占市场，如玉米专用肥中高氮肥的比例在东北地区已达 70%以上。然而高氮肥导致农田氮肥过量而磷钾不足已成为部分地区作物产量降低的主要因素（详见第 4 章结果）。目前市场中存在一种现象是科学配方不挣钱，挣钱的配方不科学。另外，随着土壤酸化和盐碱化的发生，肥料的化学和生理酸碱性成为影响作物生长和土壤生产力的关键因素，但这一问题尚没有引起足够重视，偏施生理酸性肥料（如将尿素和铵态氮肥应用于酸性土壤）或化学碱性肥料（如将二铵应用于盐碱地）都在普遍发生；肥料产品的物理化学性状不适于水肥一体化、机械施肥的要求，例如复合肥粒径差异大、潮解度和抗压度都影响机械施肥的使用；施肥器械严重缺乏，尤其是追肥器械的缺乏严重制约了追肥深施的发展，让农户倾向于一次性施肥。

6.2.3　肥料经营体制不利于科学配方落地

当前肥料流通经营体系与肥料转型不匹配。肥料经营者追求销售数量而忽视服务与应用效果，促销、宣传等销售手段可以获得短期的市场占有率而不是长期的市场稳定性。更重要的是，这种竞争手段扭曲了产品需求和供应的关系，阻碍了科学施肥的发展。例如科学的肥料配方要针对区域和作物，不同的区域及作物应该配置不同的产品，这个特性决定了肥料生产销售需要从传统的以产定销转向订单式生产和供应，也需要从传统的价格竞争转向服务竞争（没有服务就无法制定适合于本地的肥料产品）。这一转变面临几个问题：首先是目前肥料生产和经营主体过多，竞争力主要来自于降低原料价格、降低流通和销售成本，而订单式经销带来的批次小、流通压力大、服务人员增加等方面均会增加成本，会让企业望而却步。第二，我国农户规模小、生产经营行为变动较大、赊销行为普遍，由此增加了订单式营销的难度，经销商、生产企业不愿承受这样的经营风险。第三，企业服务能力和服务手段的欠缺成为抑制服务营销发展的关键。

6.2.4　技术服务供应能力和需求不匹配

科学施肥大面积应用意味着以服务为主体的时代到来。需要提出针对性的配方并及时供应所需肥料，让农户对新的肥料产生兴趣，解决农户应用中存在的问题，每个环节都需要增加服务力量。然而目前全社会的技术服务力量不足以支撑全链条的服务需求。以政府服务体系为例，目前每个县约 10 个技术人员，面对 20 万户以上农民，目前尚没有有效的机制实现服务主体与受众群体的有效对接；大中型肥料企业一般每 5000 吨销量配备一个业务员，而这 5000 吨大概面对 1～2 个县的农户。由于生产企业业务人员的考核指标为销售量，大部分时间为经销商服务，无法有效开展农户服务。而且目前肥料生产企业的营销人员仍有一大部分没有受过农业教育，开展服务乏力。而全国农业大学和相关科研机构的人员开展到田入户服务尚缺乏机制保障。这些限制因素导致必要的过程无人去做，农民的需求无法得到满足。肥料营销企业大部分是夫妻店，也不具备开展大范围服务的能力。另外，由于人力不足，目前采取的一些广告式服务手段并没有取得良好的效果，我们发现发放到农户手中的技术资料针对性不强、宣传信息过多，农户的信任度并不高。

6.2.5 管理政策制约

目前肥料产业也存在很多行政管理问题，不能支撑肥料转型，具体表现在产品质量控制不贴近农业需求，例如有机肥标准中的有机质要求过高、水分含量要求过低都无法推动畜禽粪便的商品化处理和回田利用；肥料生产和营销行业进入门槛低，技术服务没有强制性要求，企业开展的服务缺乏监督；假冒伪劣仍然影响科学施肥的发展，比如在华北某地的调查中发现，超过 60％的农民遇到过假冒伪劣问题，由此导致科学的配方肥首先要打败假冒伪劣才能应对不科学产品的竞争，而对农户而言，为了避免用了假货导致减产，最好的办法就是多用肥料，这也是化肥过量使用的原因之一。另一方面，由于技术服务无法增值，企业难以建立系统全面的测试、研发和服务体系，而国家测土、服务等农技部门不能开展经营，反而导致农户无处测土，也制约了技术的普及。更重要的是，科学施肥的环境效益巨大，但是尚没有建立有效的环境交易市场和补偿机制，科学施肥的环境效益价值无法体现，制约了技术的应用。

6.3 肥料技术创新发展展望

6.3.1 肥料技术创新方向

习近平总书记指出，“要坚定不移加快转变农业发展方式，尽快转到数量质量效益并重、注重提高竞争力、注重农业技术创新、注重可持续的集约发展上来，走产出高效、产品安全、资源节约、环境友好的现代农业发展道路”。农业部立足国情，按照“增产施肥、经济施肥、环保施肥”的要求，开展化肥使用量零增长行动，推行“精、调、改、替”四字方针，这一方针也将是一定时期内实现科学施肥必须坚持的原则。

(1)精，即是推进精准施肥。根据不同区域土壤条件、作物产量潜力和养分综合管理要求，合理制定各区域、作物单位面积施肥限量标准。测土配方施肥数十万个试验证明，精确施肥可以实现每亩粮食作物减肥 5 千克、增产 5%～8%、增收 100 元的效果，而果菜茶等经济作物可以减肥 20～90 千克、增产 10%～20%，增收超过 2000 元。但由于我国土壤类型多样、种植制度复杂，农田多达 7 亿多块，让每块地实现精准施肥是一个长期的工作，需要技术、政策、制度的综合保障。

(2)调，即是调整化肥使用结构。我国农户过于分散，因此过去一直以通用型的化肥产品为主，这类产品可以满足基本生产要求，但不是最优的。首先，要优化氮、磷、钾配比，增强大量元素与中微量元素的配合增效作用，使作物对营养的吸收更高效。其次，要针对我国不同土壤条件和作物需要，发展适宜的高效肥料产品，并确保这些产品能用到地里。这就需要肥料工业切合农业需求升级产品、肥料营销系统货真价实服务用户、农业领域深入创新本地化技术。

(3)改，即是改进施肥方式。目前，由于劳动力短缺和农机不足，化肥表施、撒施、“一炮轰”等不合理施肥现象比较普遍。要加快研发推广适用的施肥设备，推动施肥方式转变。例如，氮肥表施养分挥发会超过 20%，而深施覆土就可以降低到 5%以内。设施蔬菜以及部分大田肥料是随水冲施，可逐步改为水肥一体化、叶面喷施等。施肥方式的改变需要肥料产品、农机、农艺、设施的紧密配合，这是一项系统工程，需要加大力度，长期推动。

(4)替，即是有机肥替代部分化肥。我国养殖业很发达，有机肥中含有的养分大致与化肥提供的氮磷钾养分一致，但是有机肥中的养分还田率仅 40%左右，不仅没有发挥肥效，而且成了污染源。目前，大部分粮田、果园不用有机肥，从长期看，不仅影响产量，也制约了土壤生产力的提高。通过合理利用有机养分资源，特别是在水果、设施蔬菜、茶叶上用有机肥替代部分化肥，推进有机无机结合，可以在提升耕地基础地力的同时，实现增产增效、提质增效。

6.3.2　区域技术集成创新路径

针对科学施肥技术推广难的问题，应该首先做好区域技术集成工作，提高技术的适用性和综合效益，重点包括以下几个路径。

1)技术系统化

科学施肥是一项要与土壤、种植制度、气候条件、生产条件等实际情况紧密配合的技术体系，要做到这一点必须结合当地的作物种植技术，提供包括施肥技术在内的综合生产技术体系。从全面性和系统性两个方面来看，以国家测土配方施肥项目为基础，加强基础知识和技术积累仍是首要任务：第一，基础数据要全面，准确。以县域为基本管理单元，对于全县范围主要土壤的大量元素、中微量元素、土壤 pH 等基础数据要全覆盖，根据这些基础数据推荐施肥量，推荐技术。第二，技术要包含不同作物生产方式的养分需求规律，例如水稻直播、机插秧、移栽等，发展适于增产、省工、环保的施肥方案，适应未来大规模、机械化生产的技术储备。第三，技术要包含整套作物管理技术，不仅是施肥方案，还应该包括主要作物病虫害及缺素应对方案，以发挥节肥增产的综合效应。这些工作需要国家牵头来实施。

2)技术及时更新

科学施肥技术是一个不断发展演变的技术体系，作物品种、栽培环节的演变需要施肥技术转变，土壤状况的改变也要求施肥技术改变，施肥—环境改变—施肥改变是不断相互作用的动态过程，应不断更新。例如大量实验表明，小麦每 100 千克经济产量的氮素养分吸收量在 20 世纪 80 年代是 2.8 千克，而现在是 2.3 千克，按照 400 千克亩产量计算，每亩氮肥推荐量相差 2 千克纯氮，按老办法无疑会造成资源浪费、成本增加、环境污染。同样，在施肥时期分配方面，小麦 20 世纪 80 年代氮肥基追比是 1∶1，现在已经下降到 0.8∶1。如果继续按照 20 世纪 80 年代的比例，容易导致前期群体过大，无法高产稳产。技术的更新需要建立有效的技术服务体系，紧密联系肥料应用和技术研发，在应用中发现需求，在研究中解决问题。

3)技术差异化

农业生产经营主体的演变已经带来技术需求的差异化，小农户需要的施肥技术更多地体现在增产和降低风险方面，而大农户更倾向于成本控制和增加收益。因此，要针对不同需求做好技术储备及相应的服务方案。2013 年 10 月在山东粮食产区调查发现，散户急需的技术仍集中在品种质量、农资质量、播种质量等单一环节；初步规模化(100～300 亩)的大户更注重作物生产各个环节的优化，以张家兵(山东济阳包地大户，承包 170 亩)为例，他主要种植小麦、玉米，重视从种到收的各个环节的先进技术，以及技术成本；中度规模(400～1000 亩)大户，更加注重技术现代化和资源整合，以宋乐平(山东济南包地大户，承包 700 亩)为例，他聘请山东农科院专家作为技术指导，同时引入先进机械减少人工成本，技术简化，追求高产和高效；而大型经济作物种植户更加重视土壤限制因素、自动化、产品质量等方面，以广西金穗公司为例，全公司共有 8.7 万亩土地，公司重视水肥一体化、土壤调理以及整个管理过程的优化。

4)技术信息化

科学施肥技术更多的是知识型的技术包(用量、施用时期、施用位置、产品选择等)，把一系列的技术信息传递到千家万户是一个系统工程，既包括农户知识水平的提升，也包括技术的集成简化，同样依赖于高效的技术传播渠道。农户知识水平的提高需要漫长的过程，在现阶段农户知识水平较低的情况下，应将技术变成简单易懂、可视化、能接受的技术产品，农户看了之后可以直接应用，同时结合农户可以接触到的渠道予以传播。随着信息技术的发展和普及，科学施肥技术信息化具有广阔的天地。在大户体系建立基于遥感等手段的诊断决策系统，发展精准施肥技术体系；建立基于移动端的信息查询和交互咨询系统，降低技术扩散的成本，提高技术服务的针对性；利用物联网技术，建立预警预报及远程控制系统，建立肥料需求者与供应者的对接平台都成为当前发展的热点领域。

6.3.3　化肥工业技术进步方向

结合农业发展需求以及工业本身节能环保要求，经过与中国氮肥工业协会、中国磷复肥工业协会、中国无机盐工业协会钾盐钾肥行业分会的协商，探讨了以下工业技术进步方向：

(1)进一步增强原料保障能力。提高磷矿采选技术，增强磷资源保障度，增强国内石油天然气、冶炼烟气、热电厂等脱硫回收工作。加强国内钾矿资源勘探，稳步推进对非水溶性钾资源的大规模产业化和海水钾资源的利用。有序挺进国外钾资源。

(2)化解产能过剩。限制新建项目，从行业准入和金融信贷等方面进行限制；引导现有企业进一步实现资源优化配置，鼓励兼并重组；以准入条件、污染物排放标准、清洁生产标准、磷石膏的利用和堆存等标准、法规淘汰落后产能。

(3)加快产品转型。对现有的尿素进行改性(开发低成本的抑制剂或者包膜肥料)、提高硝态氮肥和铵态氮肥的配合等。发展现代化的过磷酸钙和钙镁磷肥生产技术，提高磷资源保障度，推广普钙无化成、无熟化技术。进一步提高全水溶性专用磷肥发展，适应滴灌施肥的需要，如工业级磷酸一铵和磷酸二氢钾作为叶面肥、水溶肥料。

(4)延伸产业链。发展湿法磷酸净化,对磷酸进行肥料级—饲料级—食品医药级—电子级的梯级利用;做好磷矿伴生氟、碘、稀土等资源的回收利用,发展循环经济。加强磷石膏的综合利用。生产低单耗的优质钾肥产品品种,如硫酸钾镁肥。

6.3.4 创建适宜的市场环境

1)提升企业的产品研发能力

科学施肥的发展极大地依赖于企业的推动,尤其是通过肥料产品与服务的有机结合。肥料企业需要建立自下而上的研发体系,设计区域和作物需要的产品和服务方式。一个高品质的肥料产品不仅从配方设计、生产工艺对企业提出新的要求,同时还对企业的营销方式、物流方式、农化服务提出更高的要求。对于企业产品研发来说,一个产品既要凸显与其他产品的区别,又要有生命力和市场适应性:首先应制定科学的农学配方,充分考虑农业生产方式、土壤状况、自然条件等因素;其次应制定工艺配方,充分考虑市场空间、工艺设备、经销商需求等;第三,要制定配套的营销模式,考虑流通渠道、资金支付方式及相应的管理政策;第四,应制定服务方案,考虑农户接受程度,算好投入产出平衡账,寻求农户和政府、市场的关注点。这些要求对于一个肥料生产企业来说是非常高的。企业首先在原材料、装置、生产组织方面要能确保需要的配方能及时生产出来、生产出来的产品要有竞争力;同样企业要建立完善的产品研发流程,充分反映各方面的需求,例如安徽司尔特一季稻配方肥(18-12-15)的研发充分考虑了省—市—县农技体系—生产企业—经销商—科研单位以及农户的需求,因此在上市三年中迅速实现了 80%的市场占有率。

2)经营主体的控制和市场净化

保障科学的肥料产品有公平的竞争环境需要对市场经营主体进行控制。甘肃山丹县的经验值得借鉴:由政府清理市场,全县只保留 4 个县级大型批发市场,几乎没有零售网点,同时建立一个县级配肥站并设立村级供肥联系点。对于大户和专业合作社,直接到县级批发市场混配,政府提供触摸屏查询机,批发商每吨收取 20～30 元的加工费;对于小户,通过与政府、企业、农民签订三方协议,从配肥站直接按方送到农户联络点,减少了中间流通环节。在吉林梨树县的“四统一分”的模式中,依靠农业技术推广总站、吉林农业大学、中国农业大学确定合理的肥料产品,合作社统一购买化肥、种子、机械等,减少了县级经销商、零售商等流通环节的成本，并且确保了肥料质量。通过政府加强肥料市场控制，既降低了农户成本，也改变了原来由经销商控制产品的局面，而使农民需求直接能够反映到生产企业，企业能够直接根据农民需求来提供产品，避免了市场不良竞争的干扰。

3)加强政府＋企业合作服务机制

企业与政府的合作是双赢的，企业为政府提供优质的配方肥的同时，利用政府的平台做大做强。政府通过对产品把关，能够把握市场，引导配方肥下地，使农民科学选肥、用肥。企业通过参与政府示范项目，或者政府补贴项目的招标，可以增加企业配方肥的展示度，扩大影响。主要通过三方面操作，首先通过政府扩大影响，例如安徽司尔特积极参与安徽省政府的示范项目，各级经销商和地方政府共同组织培训会，得到各个相关部门的积极支持，通过宣传提升了影响力；其次通过协议由政府约束企业的产品和价格，主要是通过签订三方协议，参与政府招标供应的途径规范企业行为，使得产品发展满足农业需求；第三是通过参与政府示范田提高农户认知度，大面积参与高产创建、科学施肥大面积应用示范。

4)建立基层服务队伍，强化服务能力

随着农资市场竞争激烈，经销商、大户对市场服务的需求加大，迫使企业增强自身服务能力。企业服务能力的建设是一个缓慢的过程，既要有人力的保障，又要有服务条件，还需要发展服务机制。企业与高等院校合作培养专门服务人才的模式正在快速发展，例如中国农业大学建立的科技小院模式已经为企业培养了大量高水平人才。而建立企业培训中心是提升已有人员能力的最好方式，不仅能够提升企业服务力量的水平，而且可加强对经销商、农民带头人的培训，发展另外两支服务力量。目前培训中心正在向着多种功能发展，例如不仅包括室内培训，还有室外展区(产品、技术、知识)，功能性实验室的配套。

5)充分发挥经营门店的宣传和技术普及作用

肥料店是技术传播的主要途径，然而店面破败、脏乱差、满是宣传广告的经营店不仅不能传播技术和知识，而且不断降低经营者在农户心目中的公信力。形象鲜明的店面可带来强大的品牌效益，同时将宣传材料替换为技术资料能够提高农民的亲和力。中化山东肥美特农资专营店在全国率先尝试了新式农资超市，具体表现为有统一的企业 VI(视觉设计)，正规经营，农民放心；明码标价，做到预定不赊账制度；创办田间学校，做到售前培训，售后反馈；建立会员制度，便于提供个性化服务；宣传方面建立展示田，试验示范，观摩展示。

6.3.5 完善服务条件

1)完善公共服务条件

为满足日益增长的服务需求,地方政府和企业应搞活测试服务工作,能够快速完成检测并指导农业生产。一方面是加强硬件装备水平,在土壤测试仪器的基础上进一步配备便携式辅助性仪器,如作物田间监测诊断仪器(SPAD 仪、植株光合作用测定仪、果蔬呼吸测定仪、叶面积测定仪器)、果实品质测定仪器(折射仪、硬度仪、脂肪仪、含油率测定仪、粗纤维测定仪)、土壤诊断仪器(pH 计、电导率仪、地温仪器、墒情仪、墒/旱情监测仪、土壤紧实度测量仪);另一方面,应该逐步建立有偿服务模式,充分发挥服务设施的潜力,提高工作效率。

2)构建多元农化服务体系

首先,为了解决企业产品研发和市场服务培训方面的问题,企业可以通过与其他科研单位合作,建立专家支持系统。专家支持系统的主要工作是咨询、指导、培训、关键时节亲临现场。其次,为了更好地服务大户和经销商,企业要建立专业的区域农化服务中心,通过服务专员、县域专家团队开展咨询、培训、指导、示范及及时性技术指导。第三,构建以市场销售人员、代理商销售人员为主的市场服务系统,做好销售中的基本技术服务,将合适的产品卖给农民。第四,应建立村级联络人,包括科技农民、科技示范户,做好农户组织工作。

3)加强示范田带动作用

由于目前农民对科学施肥的认知度比较低,应该加强示范工作。应该建立科研机构主导的产品和技术展示基地,主要开展产品、技术研究。建立县乡农技体系为主的示范基地,主要进行产品示范、观摩、农民培训。建立企业主导的村级示范基地,主要进行产品和技术展示,打造品牌、培养村级科技人员。例如,安徽明光市建立不同作物的万亩示范区 10 个,乡镇级千亩示范区 17 个,村级百亩示范方 139 个,推广配方肥 42980 亩,占全市肥料市场的 61.2%。

4)开展“四零”农户培训活动

针对当前农业经营散户为主的现状,有效的技术培训对于整建制推进科学施肥将起到非常有效的作用。中国农业大学在全国建立了 80 余个科技小院,摸索的经验是坚持“四零”培训原则,即“零费用、零距离、零门槛、零时差”。零距离,主要解决培训地点与农民相距太远,不方便农民参加的问题。其最主要的特点是面对面培训:科技人员入村进户讲课,村民不出村甚至不出户,在家门口就可接受培训。零时差,主要解决培训时间与生长季不同步、培训效果差的问题。

其特点是培训的内容与田间生产技术需求同步:针对田间出现的问题及时培训，争取第一时间解决农民生产中的问题。零门槛，主要解决农民科技文化素质和需求参差不齐的问题。其特点是对参与培训的农民朋友不设置任何限制条件：没有职务、级别、年龄和身份等条件限制，每一个村民都可以来听讲，讲师和课件准备满足所有农户需求。零费用，主要解决农民经济条件差，生活不宽裕的问题。其特点是免费培训:培训队伍自带设备、自己解决食宿、自备交通工具，对来培训的农民不收取任何费用，也没有任何附加条件。

5)组织农户、提高农户积极性

由于农村基础文化设施的欠缺，农户积极性匮乏，难以有效地组织起来，已经成为推动技术大面积应用的关键瓶颈。中国农业大学在全国科技小院中摸索的经验是通过文化活动大幅度提高农户的信任度、积极性和组织性，从而提升农户参与技术创新的动力。具体做法如大手拉小手、红色 1+1 等活动促进农村儿童教育；通过开展中秋联谊活动、群众联欢会增进与群众感情、传播科学理念；通过发展苹果采摘节、西瓜节推动特色产业发展；通过开办识字班、舞蹈班、秧歌队等提高农村妇女文化水平、精神面貌等。目前部分企业也组织了类似的文化传播队伍，可以进一步将技术培训穿插进去，提高活动的效率。

6.3.6　肥料管理发展方向

(1)加强国家管理体系建设。深化测土配方施肥等公益性国家项目，完善国家测土、配方等基础数据系统，并加强与产业对接，加强数据凝练形成公益性的科学配方，降低企业生产配方肥的成本。加强施肥器械研发和补贴，助推科学施肥方式落地。应当调整补贴政策，通过正常的市场竞争淘汰一批技术力量薄弱、环保设备不达标的小企业。同时通过必要的财政、税收等手段，帮助一些技术力量雄厚的企业通过提升产品附加值、加强环保等方式实现产业升级；而对于有机肥等环保型产品，国家应当加大补贴力度，促进应用，改善土壤土质、培肥地力，提高作物产量和品质。探索合作社等大户开展社会化施肥服务的工作机制。

(2)建立肥料法，加强肥料质量管理。中国肥料行业法制建设的滞后导致监管主体不明确、政出多门、职能交叉、责权不明、监管缺位等问题时有发生。因此，肥料立法已势在必行。通过立法加强肥料生产、销售及使用管理，创造良好的肥料生产和消费环境，对于维护农民的合法权益、保障粮食安全具有十分重要的意义。肥料立法内容既要包括有效性和危害性的列单管理，又要明确牵头主管部门，既要将肥料的登记、生产、经营、使用和监督管理统一起来，也要建立自上而下垂直管理的监管机构，以规范市场秩序，避免多头管理的现象发生。完善配方肥的登记管理等工作，缩短流程，提高企业运行效率。加强市场管理，避免“偷减养分”或不科学配方利用价格低廉的优势抵消配方肥的市场竞争力。

(3)建立环境管理制度，推动科学用肥。通过环境制度约束肥料使用的有效性以及环境保护，要提升肥料生产、流通、使用者的专业技能。首先，建立环境管理体系，应根据中国各个区域作物高产水平和高效目标要求，提出主要作物养分总量控制指标。建立全国性作物生产资源环境代价监测网络，进行产量、效率、效益、环境影响等长期数据观测，为农业高产高效技术发展及其资源环境代价的评估奠定基础。制定良好的农业措施系统，对农田化肥和有机肥的施肥量和施肥时间，有机肥的质量标准，以及牧场的有机废弃物排放和处理建立严格的标准。通过不断加强的环境管理，促进肥料合理施用，推动施肥技术的发展。其次，建立完善的农技推广体系，实现农技推广主体多元化及推广方式多样化，充分发挥企业及高校、科研院所的力量。同时，借助于良好的技术服务体系，充分提高农户选肥的能力，对产品管理提供有效的支撑。

参考文献

财政部，农业部. 关于调整完善农业三项补贴政策的指导意见. 财农〔2015〕31 号 2015. 5. 13.

广东省. 关于进一步加强农资监管工作的意见.

刘保花，陈新平，崔振岭，等. 2015. 三大粮食作物产量潜力与产量差研究进展. 中国生态农业学报，23(5)：525-534.

农业部. 2011. 全国农作物秸秆资源调查与评价报告. 农业工程技术：新能源产业，(2)：2-5.

农业部、国家发展改革委、科技部、财政部、国土资源部环境保护部、水利部、国家林业局关于印发《全国农业可持续发展规划(2015—2030 年)》的通知. 农计发〔2015〕145 号. 2015. 5. 20.

农业部关于“镰刀弯”地区玉米结构调整的指导意见. 农农发〔2015〕号. 2015. 11. 2.

农业部新闻办. 2013. 中国当季肥料利用率进入国际公认适宜范围 农业部组织专家完成《中国三大粮食作物肥料利用率研究报告》. 中国农资，(40)：21.

Chen X，Cui Z，Fan M，et al.，2014. Producing more grain with lower environmental costs. Nature，514(7523)：486-489.

Ma L, Ma W Q, Velthof G L, et al., 2010. Modeling Nutrient Flows in the Food Chain of China. Journal of Environmental Quality, 39:1279-1289.

Steffen W, Richardson K, Rockström J, et al. 2015. Planetary boundaries: Guiding human development on a changing planet. Science, 347 (6223): 1259855.

Sutton M A, Bleeker A, Howard C, et al. 2013. Our Nutrient World: the challenge to produce more food and energy with less pollution. Centre for Ecology and Hydrology (CEH).

张卫峰，方杰，刘世昌，李升东，曹国鑫，刘家欢，陈新平，江荣风，米国华，苗宇新，李晓林，张宏彦，王冲，崔振岭，张福锁，王雁峰，张联瑞

附　表

第1章

附表 1-1　不同数据来源全球氮肥消费量年际变化　万吨 N

年份	FAO	IFA
1961		1178.4
1962		1326.3
1963		1471.3
1964		1599.2
1965		1865.9
1966		2145.6
1967		2372.8
1968		2618.9
1969		2814.3
1970		3142.3
1971		3317.7
1972		3601.3
1973		3891.2
1974		3834.2
1975		4282.0
1976		4626.0
1977		4970.3
1978		5359.8
1979		5721.5
1980		6049.3
1981		6013.6
1982		6107.5
1983		6692.4

续附表 1-1

年份	FAO	IFA
1984		7068.7
1985		7005.0
1986		7227.3
1987		7559.0
1988		7932.8
1989		7868.1
1990		7677.7
1991		7541.7
1992		7351.9
1993		7219.7
1994		7221.5
1995		7822.5
1996		8236.4
1997		8120.9
1998		8283.2
1999		8491.8
2000		8207.0
2001		8278.9
2002	7915.5	8605.9
2003	8291.7	8750.7
2004	8505.0	9041.0
2005	8514.8	9292.7
2006	8739.0	9692.0
2007	9112.3	10077.5
2008	9025.9	9833.4
2009	9204.0	10245.3
2010	9485.6	10453.5
2011	9836.7	10782.8
2012	9869.8	10852.5
2013	9957.2	10854.9
2014		10897.0
2015		10834.7

附表 1-2　不同数据来源全球磷肥消费量年际变化　　万吨 P_2O_5

年份	FAO	IFA
1961		1103.7
1962		1179.9
1963		1298.5
1964		1461.9
1965		1602.1
1966		1752.8
1967		1824.5
1968		1890.7
1969		1961.3
1970		2120.2
1971		2237.6
1972		2416.7
1973		2572.3
1974		2420.5
1975		2568.6
1976		2796.6
1977		2913.5
1978		3052.0
1979		3207.8
1980		3191.2
1981		3146.2
1982		3120.7
1983		3323.2
1984		3448.6
1985		3352.1
1986		3490.3
1987		3632.9
1988		3758.0

续附表 1-2

年份	FAO	IFA
1989		3755.8
1990		3592.0
1991		3515.8
1992		3120.1
1993		2895.2
1994		2955.8
1995		3096.9
1996		3110.5
1997		3330.1
1998		3322.1
1999		3328.7
2000		3281.2
2001		3334.4
2002	3111.6	3373.4
2003	3333.0	3492.2
2004	3461.9	3747.5
2005	3452.2	3725.5
2006	3520.5	3879.2
2007	3671.6	3853.4
2008	3231.6	3391.8
2009	3275.9	3747.7
2010	3701.4	4056.9
2011	3875.0	4154.6
2012	3961.7	4139.6
2013	3818.2	4143.5
2014		4111.4
2015		4080.7

附表 1-3　不同数据来源全球钾肥消费量年际变化　　万吨 K_2O

年份	FAO	IFA
1961		883.6
1962		898.5
1963		971.2
1964		1056.0
1965		1162.5
1966		1233.3
1967		1338.9
1968		1398.2
1969		1464.9
1970		1576.4
1971		1652.6
1972		1766.6
1973		1986.2
1974		1884.2
1975		2066.9
1976		2232.6
1977		2231.5
1978		2391.5
1979		2340.8
1980		2382.6
1981		2326.4
1982		2225.5
1983		2484.8
1984		2543.0
1985		2514.6
1986		2565.2
1987		2688.6
1988		2749.8

续附表 1-3

年份	FAO	IFA
1989		2626.3
1990		2432.0
1991		2359.6
1992		2054.7
1993		1914.2
1994		2003.8
1995		2064.1
1996		2078.8
1997		2244.9
1998		2184.2
1999		2198.0
2000		2209.5
2001		2285.5
2002	2322.9	2339.8
2003	2474.9	2614.8
2004	2686.0	2770.5
2005	2530.1	2606.8
2006	2587.2	2721.0
2007	2849.2	2907.2
2008	2690.2	2315.2
2009	2277.8	2360.1
2010	2728.0	2748.3
2011	2861.8	2814.3
2012	2779.4	2895.3
2013	2884.1	3049.5
2014		3229.4
2015		3232.5

第 2 章

附表 2-1　不同数据来源中国与全球氮肥产量年际变化　　万吨 N

年份	全球		中国			
	FAO	IFA	FAO	IFA	中国国家统计局	中国氮肥工业协会
1961		1234	22.8	47.5	17.3	
1962		1357	41.0	48.8	33.8	
1963		1542	55.4	50.1	51.3	
1964		1725	81.7	43.6	67.4	
1965		1984	118.4	68.0	103.7	
1966		2234	161.9	80.0	146.1	
1967		2543	117.8	85.0		
1968		2827	87.6	94.0		
1969		3001	121.8	104.0		
1970		3269	168.0	120.0	152.3	
1971		3492	208.2	190.4	190.5	
1972		3792	264.5	244.4	244.5	
1973		3949	322.0	301.5	299.6	
1974		4058	301.7	279.5	282.7	
1975		4335	396.4	362.0	370.9	
1976		4690	404.2	500.4	381.5	
1977		5067	575.1	636.8	550.9	
1978		5603	790.3	760.4	763.9	
1979		5958	909.6	880.5	882.1	
1980		6295	1028.6	999.3	999.3	999.3
1981		6253	1015.4	985.7	985.7	985.7
1982		6291	1045.8	1021.9	1021.9	1021.9
1983		6887	1132.3	1109.4	1109.4	1109.5
1984		7446	1245.2	1222.1	1221.1	1221.1
1985		7276	1166.7	1144.0	1144.0	1144.0

续附表 2-1

年份	全球		中国			
	FAO	IFA	FAO	IFA	中国国家统计局	中国氮肥工业协会
1986		7541	1185.9	1158.8	1158.8	1158.8
1987		7950	1368.5	1342.3	1342.2	1342.2
1988		8219	1395.4	1365.3	1360.8	1360.8
1989		8276	1451.9	1424.0	1424.0	1424.0
1990		7196	1491.6	1463.7	1463.7	1463.7
1991		7085	1530.1	1502.9	1510.0	1510.0
1992		7526	1596.3	1570.5	1568.4	1568.4
1993		7550	1558.1	1529.8	1528.8	1528.8
1994		7512	1634.2	1605.8	1671.3	1671.3
1995		8184	1903.5	1873.1	1858.1	1857.3
1996		8551	2104.3	2073.6	2123.6	2123.6
1997		8463	2023.2	1993.9	2074.5	2074.5
1998		8575	2153.0	2125.8	2225.7	2179.3
1999		8834	2283.3	2260.3	2472.0	2323.9
2000		8662	2155.9	2217.5	2398.1	2398.1
2001		8726	2207.6	2242.7	2527.4	2527.4
2002	8421	8905	2751.4	2441.2	2808.5	2742.6
2003	8376	8912	2879.6	2561.4	2814.5	2879.6
2004	9077	9365	2770.6	2833.9	3357.7	3236.1
2005	9190	9719	2790.3	3009.5	3809.0	3240.9
2006	9096	10229	3107.8	3237.9	3911.5	3456.5
2007	9520	10433	3525.5	3384.4	4233.1	3612.4
2008	9388	10123	4331.2	3378.2	4331.2	3635.6
2009	9159	10557	4863.7	3600.9	4553.4	3833.6
2010	9817	10812	4521.1	3567.8	4458.7	3759.1
2011	9943	11117	4179.0	3632.3	4501.0	3862.2
2012	10038	11157	4946.6	3681.0	4865.6	4313.3
2013	10165	11099		3554.0	4873.9	4496.5
2014		10897			4742.7	4553.1
2015					4841.7	4791.0

附表 2-2　中国主要氮肥产品产量历史变化

万吨 N

年份	尿素	碳铵	氯化铵	硫酸铵	硝酸铵	其他	合计
1949				0.6		0	0.6
1960		0.2		8.8	9.9	0.7	19.6
1970	5.8	60.5	4.4	9	37.3	35.2	152.2
1980	299.4	513.8	13.7	14.8	64.2	93.4	999.3
1981	318.5	508.1	14.1	11.9	68.2	64.9	985.7
1982	319.4	561.3	16.4	12.3	67.9	44.6	1021.9
1983	336	643.9	18	11.7	65.3	34.6	1109.5
1984	372.6	724.1	19.1	12.4	68.7	24.2	1221.1
1985	406.5	626.4	20.4	11.3	65.4	14	1144
1986	424.2	628.1	20	10.5	62.9	13.1	1158.8
1987	450.2	780.5	24.3	10.8	62.4	14	1342.2
1988	427.5	818.3	29.1	10.4	58.9	16.6	1360.8
1989	463.1	840.2	35.1	9.9	57.4	18.3	1424
1990	488.6	848	38.8	10.4	57.7	20.2	1463.7
1991	527.4	850.2	39.1	11.7	56.7	24.9	1510
1992	605.8	818.4	44	11.4	57.6	31.2	1568.4
1993	608.5	776.7	50.7	10.7	54.3	27.9	1528.8
1994	705.4	807.1	55.4	11.7	52.2	39.5	1671.3
1995	805.8	899.7	51.8	11.2	47.6	41.2	1857.3
1996	933.4	1013.8	58.4	11.1	49.5	57.4	2123.6
1997	1028.1	853.4	65.7	10.6	48.7	68	2074.5
1998	1208.6	766.5	64.2	10.9	47.1	82	2179.3
1999	1386.1	737.4	68.2	8.8	45.4	78	2323.9
2000	1412.3	516.2	81.5	0	80	308.1	2398.1
2001	1454.8	579.4	88.8	0	75.6	328.8	2527.4
2002	1601.9	593	105	0	76.5	366.2	2742.6
2003	1671.8	606.7	110	0	68.4	422.7	2879.6
2004	1874.9	592.5	130	0	91.9	546.8	3236.1
2005	1994.9	578.4	149.8	0	96.7	421.1	3240.9
2006	2122.3	564.2	155	0	106.2	508.8	3456.5
2007	2309.2	550.1	197.3	0	117.1	438.7	3612.4
2008	2363.2	536	214.4	0	123.7	398.3	3635.6
2009	2567.3	447.5	207.8	0	114.1	496.9	3833.6
2010	2407.6	418.4	238.9	0	141.3	552.9	3759.1
2011	2475.2	344.4	288.5	0	163	591.1	3862.2
2012	2878.3	341.1	315.3	0	165.6	613	4313.3
2013	3105.1	274.0	305.2	0	155.1	746.7	4586.1
2014	3052.4	240.2	307.9	0	172.6	780.0	4553.1
2015	3268.2	200.1	285.8	0	185.5	851.5	4791.0

附表 2-3　产品清单的规范及养分含量标准的制定

中国氮肥工业协会	中国磷复肥工业协会	中国无机盐工业协会钾盐钾肥行业分会		中国化工信息中心
合成氨(82%)	过磷酸钙(14%)	资源型钾肥	氯化钾(60%)	合成氨(82%)
尿素(46%)	钙镁磷肥(12%～18%)		硫酸钾(50%)	尿素(46%)
硫酸铵(21%)	重过磷酸钙(46%)		硫酸钾镁(22%)	硫酸铵(21%)
硝酸铵(34%)	磷酸二铵(46%)		枸溶性钾(4%)	硝酸铵(34%)
碳铵(17%)	磷酸一铵(44%)	加工型钾肥	硫酸钾(50%)	硝酸铵钙(27%)
氯化铵(25%)	硝酸磷肥(13%)		硝酸钾(46%)	氯化铵(25%)
UAN(30%)	磷酸基复合肥(15%)		磷酸二氢钾(33.9%)	其他氮肥(15%)
其他(15%)				磷酸(100%)
				磷酸一铵(11-44-0)
				磷酸二铵(18-46-0)
				重钙(46%)
				过磷酸钙(14%)
				硝酸磷肥(28-12-0)
				NP 二元复合肥(20-20-0)
				氯化钾(60%)
				硫酸钾(50%)
				硝酸钾(13-0-46)
				硫酸钾镁(22%)
				三元复合肥(15-15-15)
				其他

附表 2-4 2015 年合成氨和氮肥产量分布

万吨实物量

省(自治区、直辖市)	合成氨	尿素	碳铵	氯化铵	硝酸铵	氮肥(N)
天津	20.1				60.0	36.9
河北	397.6	432.3	82.3			538.9
山西	542.6	808.1	82.2			830.6
内蒙古		655.4				301.5
辽宁	92.6	102.4	3.1	55.8	8.2	140.3
吉林	49.7	37.2				57.8
黑龙江	90.3	113.0			0.5	126.2
江苏	366.8	263.4	132.1	331.4	3.1	528.3
浙江	72.3	23.3		42.4		80.6
安徽	404.0	396.4	106.0		16.9	537.4
福建	89.6	37.2		34.4		99.2
江西	9.0	16.0				14.7
山东	781.2	1059.7	122.5			1148.9
河南	725.3	834.8	113.2		226.3	1074.9
湖北	490.5	267.2	75.9	151.0	13.6	580.4
湖南	112.6	39.4		30.8		118.2
广东	0.6					0.5
广西	102.5	65.3	86.8			128.8
海南	79.2	138.6				128.6
重庆	188.0	172.8	12.3	92.3	16.2	264.3
四川	403.2	340.6	115.0		100.1	540.8
贵州	265.0	162.2		45.9	17.9	309.5
云南	253.0	159.0		30.9	16.7	294.0
陕西	226.4	242.0		24.3		303.0
甘肃	57.7	58.0				74.0
宁夏	94.5	82.0		36.4		124.3
青海	41.3	56.1				59.7
新疆	317.9	496.5			6.1	491.1

附表 2-5　2015 年主要氮肥产品产量前 10 名企业　　万吨实物量

合成氨产量排名	企业名称	产量
1	湖北宜化集团有限责任公司	456.35
2	河南晋开化工投资控股集团有限公司	200.85
3	中国石油天然气股份有限公司	197.82
4	晋煤金石化工投资集团有限公司	183.21
5	云天化集团有限责任公司	182.87
6	河南心连心化肥有限公司	150.58
7	中海石油化学股份有限公司	130.24
8	山东华鲁恒升集团有限公司	126.45
9	山西天泽煤化工集团股份公司	123.97
10	四川化工控股(集团)有限责任公司	121.62
尿素产量排名	企业名称	产量
1	湖北宜化集团有限责任公司	528.6
2	河南心连心化肥有限公司	254.05
3	中国石油天然气股份有限公司	253.58
4	河南晋开化工投资控股集团有限公司	229.8
5	中海石油化学股份有限公司	227.35
6	山西天泽煤化工集团股份公司	211.37
7	山东华鲁恒升集团有限公司	180.93
8	山东联盟化工集团有限公司	178.41
9	四川化工控股(集团)有限责任公司	173.75
10	云天化集团有限责任公司	171.1
碳铵产量排名	企业名称	产量
1	江苏和友集团	74.87
2	昊华骏化集团有限公司	47.85
3	安徽德邦化工有限公司	47.69
4	晋煤金石化工投资集团有限公司	45.99
5	江苏润丰生化有限公司	43
6	新郑市韩春化工有限公司	40.18

续附表 2-5

碳铵产量排名	企业名称	产量
7	文水县振兴化工有限公司	39.78
8	安顺市宏盛化工有限公司	38.29
9	武鸣县氮肥厂	38.21
10	山东省舜天化工有限公司	31.83

氯化铵产量排名	企业名称	产量
1	河南金山化工有限责任公司	172.37
2	湖北宜化集团有限责任公司	161.22
3	实联化工(江苏)有限公司	98
4	江苏德邦化学工业有限公司	81
5	四川乐山和邦化工有限公司	80
6	江苏华昌化工股份有限公司	67.02
7	应城市新都化工有限责任公司	60
8	天津渤海化工有限责任公司天津碱厂	60
9	大化集团有限责任公司	55.78
10	昊华骏化集团有限公司	53.95

硝酸铵产量排名	企业名称	产量
1	陕西兴化化学股份有限公司	50.51
2	河南晋开化工投资控股集团有限公司	48.7
3	天脊煤化工集团有限公司	32.54
4	柳州化工股份有限公司	29.64
5	绵阳和泽硝铵销售有限公司	23.91
6	贵州宜兴化工有限公司	22.79
7	山东联合化工集团公司	21.77
8	福建邵化化工有限公司	19.29
9	安徽淮化集团有限公司	16.87
10	四川金象赛瑞化工股份有限公司	16.37

附表 2-6　不同数据来源中国与全球氮肥进出口量年际变化　　万吨 N

年份	出口量					进口量				
	全球		中国			全球		中国		
	FAO	IFA	FAO	IFA	中国化工信息中心	FAO	IFA	FAO	IFA	中国化工信息中心
1961		503.5	0.8				279.7	32.4	40.5	
1962		313.5	0.7	0.7			280.9	40.4	41.0	
1963		340.2	0.7	0.7			339.8	44.7	41.5	
1964		357.8	0.8	0.8			335.6	47.2	42.1	
1965		417.9	1.5	1.5			410.1	68.8	64.9	
1966		504.7	2.4	2.4			512.3	110.2	105.0	
1967		563.8	2.4	2.4			570.5	79.8	78.2	
1968		665.9	5.0	5.0			632.0	133.7	129.1	
1969		668.7	4.4	4.4			657.8	146.1	145.8	
1970		694.4	1.8	1.8			691.0	170.7	170.7	
1971		732.4	1.6	1.6			699.4	130.4	130.4	
1972		832.5	3.4	3.4			801.9	124.8	124.8	
1973		811.9	1.9				780.2	125.0	121.0	
1974		812.2	0.3				769.0	92.0	85.0	
1975		735.9					835.5	112.7	116.4	
1976		847.7	0.0	0.2			839.6	72.8	73.9	
1977		1003.1	1.2	1.2			994.6	135.9	133.8	
1978		1162.4	1.0	2.3			1094.7	142.4	142.2	
1979		1163.8	1.1				1141.3	156.3	156.3	
1980		1272.9					1181.0	185.3	179.4	
1981		1130.8					1100.8	143.1	143.0	143.1
1982		1209.6	0.3				1184.2	182.8	181.5	182.8
1983		1368.5	0.1				1309.0	239.5	236.5	239.5
1984		1584.2	0.7				1478.4	279.2	272.8	279.2
1985		1473.0	0.1				1516.9	223.1	215.7	223.1
1986		1670.2	0.1				1524.1	176.1	170.0	176.1
1987		1816.1	0.9	0.7			1650.6	322.1	317.9	322.1

续附表 2-6

年份	出口量					进口量				
	全球		中国			全球		中国		
	FAO	IFA	FAO	IFA	中国化工信息中心	FAO	IFA	FAO	IFA	中国化工信息中心
1988		1883.6	1.6	1.0			1832.5	458.6	456.6	458.6
1989		1973.7	0.5	0.2			1887.6	437.1	431.5	437.1
1990		1613.1	0.7		0.7		1855.9	464.8	459.7	464.8
1991		1588.6	0.3		0.3		1854.1	466.9	460.0	466.9
1992		1886.5	0.5		0.5		1922.7	438.5	431.1	438.5
1993		1930.9	2.5	2.2	2.5		1862.0	243.3	239.2	243.3
1994		2099.2	4.8	4.8	4.8		1992.2	286.6	280.6	286.6
1995		2403.0	13.0	12.9	13.0		2327.5	489.7	483.4	489.7
1996		2367.9	18.4	17.8	18.4		2290.1	442.1	437.3	442.1
1997		2295.7	21.3	20.9	21.3		2288.9	295.7	293.5	295.7
1998		2228.8	12.7	11.8	12.7		2169.2	149.1	142.9	149.1
1999		2319.3	8.4	7.1	8.4		2269.5	143.0	132.8	143.0
2000		2447.0	54.9	52.2	51.2		2357.3	117.8	106.7	97.5
2001		2355.2	73.2	71.0	73.5		2197.0	97.7	97.7	96.0
2002	2548.3	2432.5	46.4	34.7	34.8	2820.3	2425.1	187.9	194.1	209.6
2003	2676.9	2662.1	149.6	149.4	153.0	3081.1	2546.7	96.3	95.8	99.0
2004	2785.4	2778.2	213.2	215.0	221.7	3184.5	2646.1	77.3	77.8	88.1
2005	2848.7	2811.2	100.3	109.1	109.3	3308.9	2643.6	95.6	75.5	83.4
2006	2820.5	2897.7	101.1	118.7	111.4	3389.1	2750.3	91.9	61.8	66.7
2007	3181.4	3083.3	317.7	363.1	358.2	3723.9	3027.1	33.0	30.4	33.0
2008	2959.6	2759.6	256.8	266.2	266.0	3552.9	2685.7	12.1	11.6	12.5
2009	2978.8	2909.3	209.0	229.4	230.3	3380.0	2879.9	45.0	35.6	30.4
2010	3379.8	3297.7	416.7	458.0	462.0	3959.8	3169.3	30.8	24.6	26.4
2011	3431.5	3306.8	387.9	394.6	372.5	4204.3	3455.1	21.6	22.1	18.8
2012	3547.5	3469.9	480.6	543.2	488.3	4229.8	3438.2	31.5	28.6	32.2
2013	3628.3	3580.0			557.4	4156.9	3590.2			27.0
2014					885.9					22.5
2015					996.3					25.1

附表 2-7　不同数据来源中国与全球磷肥产量年际变化　　万吨 P_2O_5

年份	全球		中国			
	FAO	IFA	FAO	IFA	中国国家统计局	中国磷复肥工业协会
1961		1011.0	14.6	20.0	12.2	
1962		857.1	15.5	25.0	12.6	
1963		952.7	22.3	30.0	18.9	
1964		1063.2	36.8	33.2	33.2	
1965		1165.5	72.4	68.8	68.8	
1966		1274.2	98.5	94.6	94.6	
1967		1323.2	65.9	62.2		
1968		1377.9	46.5	42.2		
1969		1446.1	76.7	72.3		
1970		1568.2	95.0	90.7	90.7	
1971		1706.7	112.5	107.8	110.9	
1972		2405.3	130.3	127.9	134.9	
1973		2518.1	163.4	178.9	179.3	
1974		2494.1	145.1	159.0	163.0	
1975		2526.1	159.6	173.1	194.4	
1976		2734.4	148.5	161.8	183.9	
1977		2972.5	178.1	190.8	212.3	
1978		3057.3	110.8	113.3	103.3	
1979		3262.9	187.0	211.7	181.7	
1980		3367.7	236.7	260.7	230.7	227.4
1981		3044.2	259.4	280.8	250.8	248.0
1982		3102.5	288.8	283.6	253.7	250.9
1983		3350.7	302.3	296.6	266.6	264.3
1984		3453.3	273.1	266.9	236.0	233.3
1985		3285.9	211.5	205.8	175.8	173.2
1986		3484.3	241.1	233.2	232.5	229.0
1987		3685.6	334.1	325.8	323.9	319.0

续附表 2-7

年份	全球		中国			
	FAO	IFA	FAO	IFA	中国国家统计局	中国磷复肥工业协会
1988		3969.7	376.6	369.2	360.7	355.1
1989		3796.1	380.8	372.8	366.3	360.9
1990		3641.7	419.6	411.4	411.6	411.2
1991		3097.8	464.1	455.5	455.5	455.4
1992		3019.9	470.0	462.2	455.3	455.4
1993		2806.5	424.0	416.8	416.8	417.0
1994		2916.4	494.6	487.2	497.1	496.8
1995		3081.3	609.1	601.7	618.6	604.8
1996		3095.5	582.2	574.7	575.1	574.4
1997		3312.5	641.9	634.2	640.8	641.4
1998		3339.1	671.3	662.9	666.8	712.5
1999		3304.4	643.0	636.0	636.1	627.6
2000		3274.4	668.7	675.9	663.0	672.5
2001		3389.4	745.1	739.3	752.6	731.2
2002	3439.8	3462.9	774.2	805.6	801.0	805.4
2003	3525.6	3428.3	880.6	880.6	978.1	908.5
2004	3706.3	3661.8	1187.4	1020.0	1246.8	1017.3
2005	3814.4	3650.0	1220.1	1112.1	1206.2	1124.8
2006	3690.4	3832.5	1292.3	1199.8	1225.5	1211.3
2007	3903.3	4021.9	1257.2	1372.0	1339.3	1351.5
2008	4089.9	3643.5	1214.1	1289.1	1258.9	1285.4
2009	3789.9	3797.7	1416.1	1437.4	1513.1	1385.8
2010	4388.7	4269.7	1701.5	1599.8	1532.9	1582.8
2011	4716.3	4426.0	1766.3	1763.1	1561.2	1641.7
2012	4744.3	4357.1	1955.9	1638.7	1564.4	1693.3
2013	4564.2	4341.5		1654.5	1685.9	1652.8
2014		4499.3		1657.6	1669.9	1709.0
2015						1795.0

附表 2-8　中国主要磷肥产品产量历史变化　　万吨 P_2O_5

年份	过磷酸钙	钙镁磷肥	磷酸二铵	磷酸一铵	复合肥	重过磷酸钙	硝酸磷肥	合计
1960								
1970								
1980	164.6	61.52	1.29					227.4
1981	178	69.18	0.82					248
1982	180.3	70.08	0.58					250.9
1983	192	71.5	0.77					264.3
1984	168.3	64.43	0.52					233.3
1985	134.5	38.03	0.74					173.2
1986	171.3	55.8	1.28				0.62	229
1987	233.4	83.52	2.11					319
1988	253.6	98.02	3.57					355.1
1989	263	89.97	2.98	2.84			2.06	360.9
1990	290	97.53	5.5	7.1	3	5.4	2.6	411.5
1991	320.3	100.5	9	10.7	4.7	6.2	4	455.4
1992	324.9	93.65	9.4	13	3.4	5.9	5.1	455.4
1993	307.8	70.41	11.8	12.1	4.3	5.5	5.1	416.8
1994	341.8	87.86	15	29	10	7.6	5.6	497.2
1995	391.4	120.49	21	34	22	10	6	619
1996	384.9	80.49	27	48	15	12	7	575
1997	418.2	91.21	34	65	11	14	8	641
1998	476.3	81.2	42	71	14	19	9	662
1999	360.5	68.1	45	87	28	26	13	655
2000	373.4	63.7	69.1	78.9	58.9	18.9	9.5	663.5
2001	364.5	70.2	97.6	100.4	70.7	17.8	10	739.4
2002	371.1	66	122.6	125.5	84.8	25.2	10.2	805.4

续附表 2-8

年份	过磷酸钙	钙镁磷肥	磷酸二铵	磷酸一铵	复合肥	重过磷酸钙	硝酸磷肥	合计
2003	399.7	60	161.2	149.3	100.7	29.1	8.5	908.5
2004	413.3	55	203.6	191.9	105.1	39.6	8.8	1017.3
2005	397	50	232.6	255.1	134.8	48.2	7.1	1124.8
2006	356	35	276.3	320.4	166.3	49.4	7.9	1211.3
2007	334	25	316	418.2	195.8	55	7.5	1351.5
2008	315	22	372.3	368.3	132.1	67.1	8.6	1285.4
2009	300	24.2	475.5	380.2	137.4	60.7	7.8	1385.8
2010	260	20.8	526	537	155	78	6	1582.8
2011	208	20.7	578	591	150	88	6	1641.7
2012	210	15.9	671.1	677.3	210	48.8	6.1	1693.3
2013	151.2	21.5	711	570.1	147	44.6	7.3	1652.8
2014	135.6	21.4	710	604	167	66	4	1709
2015	119.0	14.0	800.1	683.5	126.6	47.6	4.3	1795

附表 2-9　2015 年中国主要区域磷肥产品产量　　万吨 P_2O_5

地区	磷酸一铵	磷酸二铵	重过磷酸钙	硝酸磷肥	过磷酸钙/钙镁磷肥	磷酸基复合肥	总计
山西	0	0	0	4.3	0	0	4.3
云南	101.5	249.3	43.8	0	41.1	0	435.7
湖北	293.2	209.2	0	0	25.8	35.5	563.7
广东	0	22.4	0	0	15.8	0	38.2
四川	79.4	27.2	0	0	6.4	5.2	118.2
广西	4.2	9.2	0	0	6.4	0	19.8
湖南	0	0	0	0	5.8	0	5.8
安徽	69.5	24.7	0	0	5	3.2	102.4
贵州	52.8	155	3.8	0	4.2	16.7	232.5
江西	0	8.4	0	0	3.6	1.7	13.7
重庆	28	13	0	0	2.9	0	43.9
甘肃	5.9	20.4	0	0	2.8	0	29.1

续附表 2-9

地区	磷酸一铵	磷酸二铵	重过磷酸钙	硝酸磷肥	过磷酸钙/钙镁磷肥	磷酸基复合肥	总计
浙江	0	0	0	0	2.8	0.4	3.2
陕西	2.5	8.1	0	0	2	0	12.6
福建	0.5	20.7	0	0	1.9	0	23.1
河北	4.1	2.3	0	0	1.9	4.2	12.5
江苏	12.6	0	0	0	1.6	4.8	19
宁夏	0	0.1	0	0	1.6	0	1.7
河南	22.1	0	0	0	1.2	0.2	23.5
新疆	0	0	0	0	0.4	0	0.4
山东	6.4	18.3	0	0	0	51.4	76.1
青海	0	11	0	0	0	3.2	14.2
内蒙古	0.8	0.9	0	0	0	0	1.7
黑龙江	0	0	0	0	0	0	0
吉林	0	0	0	0	0	0	0
辽宁	0	0	0	0	0	0	0

附表 2-10　2015 年中国磷肥产品产量前 10 名企业　　万吨实物量

磷肥(P_2O_5)		磷酸二铵		磷酸一铵		复混肥料	
企业名称	产量	企业名称	产量	企业名称	产量	企业名称	产量
云天化集团	278.5	云天化集团	421.5	湖北新洋丰	168.7	金正大	550.3
贵州开磷	153.2	贵州开磷	265.4	湖北祥云	152.9	湖北新洋丰	304.2
瓮福集团	126	瓮福集团	224.2	云天化集团	142.6	史丹利	242.9
湖北宜化	99.1	湖北宜化	203.9	安徽司尔特	95.6	施可丰	185.7
湖北新洋丰	97.4	云南祥丰	114.8	贵州开磷	57.7	新都化工	175
湖北祥云	78.7	铜化集团	109	湖北鄂中	57.5	江苏中东	150
铜化集团	69.7	湖北大峪口	87.5	中化涪陵	56.8	江西开门子	148.9
云南祥丰	66.9	广东湛化	48.4	湖北泽东	52.5	湖北鄂中	125.2
湖北三宁	49.8	湖北三宁	31.8	贵州路发	47.1	鲁西化工	121
安徽司尔特	46	湖北黄麦岭	30.1	湖北三宁	44.1	安徽红四方	109.5
合计	1065.3	合计	1536.7	合计	875.5	合计	2112.8
总产量	1794.7	总产量	1746.9	总产量	1502.2	总产量	3639.1

附表 2-11　不同数据来源中国与全球磷肥进出口量年际变化　　万吨 P_2O_5

年份	出口量					进口量				
	全球		中国			全球		中国		
	FAO	IFA	FAO	IFA	中国化工信息中心	FAO	IFA	FAO	IFA	中国化工信息中心
1961		142.1					129.9	0.4		
1962		117.3					124.2	0.4		
1963		132.9					139.2	2.0		
1964		140.8					168.1	2.5		
1965		149.0					164.6			
1966		163.1					187.8	0.5		
1967		186.8					248.5	0.3		
1968		203.0					240.1	0.5		
1969		197.4					237.9	0.4		
1970		206.4	0.1				232.4	0.2		
1971		234.2	0.1				271.2	0.2		
1972		389.3	0.6				361.8	1.8		
1973		389.4	0.2				422.1	11.0	9.8	
1974		411.7	0.1				393.5	3.3	8.2	
1975		356.5					399.2	1.5	3.4	
1976		398.5					373.8	1.3	2.6	
1977		505.3	0.3				471.5	9.4	15.1	
1978		587.1	0.1				591.8	25.0	24.6	
1979		612.4	0.2				595.1	17.2	19.0	
1980		679.7					672.0	36.7	51.2	5.9
1981		557.5					584.6	36.2	45.0	46.6
1982		608.5					619.7	58.8	58.8	71.7
1983		733.4					686.6	103.6	103.0	93.9
1984		838.9					814.1	134.9	134.2	20.4
1985		738.3	1.2	1.2			808.3	95.3	95.3	20.4
1986		826.8	1.5	1.4			778.2	66.0	66.0	19.3
1987		885.2	3.3	3.2			877.2	123.0	123.0	24.0

续附表 2-11

年份	出口量					进口量				
	全球		中国			全球		中国		
	FAO	IFA	FAO	IFA	中国化工信息中心	FAO	IFA	FAO	IFA	中国化工信息中心
1988		983.7	4.4	4.4			932.8	144.7	144.7	21.3
1989		1015.1	1.3	1.2			1013.3	147.7	147.7	20.6
1990		976.5	1.3	1.3	3.6		977.6	166.9	166.9	26.4
1991		1012.7	5.8	5.7	1.8		1031.7	270.0	270.0	34.7
1992		1017.0	4.0	4.0	1.9		1068.8	226.3	226.3	163.0
1993		1056.4	9.7	9.7	6.2		1048.8	155.5	155.5	108.6
1994		1143.7	10.2	10.2	8.6		1088.7	248.5	248.5	199.6
1995		1177.2	11.4	11.4	9.8		1163.1	293.6	293.6	270.4
1996		1157.0	17.4	17.4	14.4		1149.1	248.2	247.0	253.2
1997		1222.6	13.5	13.5	10.7		1270.4	301.2	299.3	258.8
1998		1265.6	14.8	14.8	14.9		1275.2	289.2	289.2	294.6
1999		1270.2	21.1	21.1	22.9		1326.4	270.0	267.4	283.2
2000		1213.5	28.9	28.9	31.0		1214.5	221.2	219.4	199.0
2001		1196.2	39.2	32.8	41.0		1188.6	178.6	186.1	189.0
2002	1242.6	1209.1	61.3	49.8	43.0	1307.9	1255.6	275.1	234.8	277.0
2003	1291.5	1275.0	69.8	60.7	58.5	1321.5	1244.4	153.4	168.0	158.2
2004	1354.0	1314.5	83.7	85.7	67.4	1415.1	1287.7	136.6	131.4	147.3
2005	1266.6	1241.8	43.4	79.9	62.4	1373.8	1237.6	122.9	108.5	123.5
2006	1319.9	1241.8	100.5	95.6	80.0	1382.9	1238.2	128.3	88.6	97.7
2007	1366.5	1339.4	183.9	251.7	220.9	1459.2	1346.2	46.7	40.4	46.3
2008	1181.3	1088.5	150.2	145.0	144.0	1322.1	1149.5	14.9	14.3	14.7
2009	1219.6	1242.6	158.5	175.7	140.6	1216.1	1204.5	41.8	54.1	38.6
2010	1432.5	1418.0	202.0	298.2	264.9	1567.8	1447.8	41.0	27.8	40.7
2011	1700.2	1523.2	435.1	395.7	327.5	1739.7	1581.8	24.6	22.0	21.7
2012	1552.3	1490.9	329.4	341.0	251.7	1705.6	1500.6	32.4	31.6	29.2
2013	1591.4	1544.7			242.3	1632.1	1534.7			31.6
2014					373.0					28.2
2015					545.8					26.1

附表 2-12　不同数据来源中国与全球钾肥产量年际变化　　万吨 K_2O

年份	全球		中国			
	FAO	IFA	FAO	IFA	中国国家统计局	中国无机盐工业协会钾盐钾肥行业分会
1961		935.5	0.2			
1962		983.3				
1963		1079.8	0.1			
1964		1208.2	0.1			
1965		1356.7	0.1			
1966		1446.9	0.2			
1967		1523.7	0.4			
1968		1582.2	0.3			
1969		1659.8	0.3			
1970		1747.1	0.5			
1971		1889.6	1.2			
1972		1956.1	0.8			
1973		2175.6	0.7	3.0		
1974		2316.6	0.5	3.0		
1975		2300.0	0.7	3.0		
1976		2574.1	1.1	2.0		
1977		2555.7	2.1	2.0		
1978		2639.3	2.1	2.1		
1979		2590.4	1.6	1.6		
1980		2760.8	2.0	2.0		
1981		2576.5	2.4	2.4		
1982		2461.8	2.5	2.5		
1983		2788.4	2.9	2.9		
1984		2877.0	3.2	3.2		
1985		2845.4	2.3	2.3		
1986		2843.0	2.4	2.4	1.7	
1987		3027.5	4.0	4.0		
1988		3143.8	5.4	5.4		

续附表 2-12

年份	全球		中国			
	FAO	IFA	FAO	IFA	中国国家统计局	中国无机盐工业协会钾盐钾肥行业分会
1989		2872.4	3.2	3.2		
1990		2283.8	4.6	4.6	3.6	
1991		2123.6	9.8	9.8	12.0	
1992		2329.0	9.1	9.1	11.4	
1993		1976.8	7.0	7.0	10.8	
1994		2203.7	11.7	11.7	14.4	
1995		2373.6	22.3	22.3	16.8	
1996		2285.5	21.8	21.8	15.0	
1997		2528.3	17.0	17.0	19.2	
1998		2569.0	21.3	21.3	21.0	
1999		2558.3	21.8	21.8	22.2	
2000		2614.1	27.5	27.5	37.8	
2001		2612.6	39.5	39.5	42.0	
2002	2644.9	2683.4	75.4	43.0	51.0	
2003	2945.6	2884.3	87.8	62.0	62.4	
2004	3167.1	3144.0	89.9	84.0	124.2	
2005	3028.9	3332.9	123.6	147.5	156.0	
2006	3159.5	3002.9	175.5	175.0	186.0	195.3
2007	3248.9	3401.4	249.7	196.7	250.0	185.9
2008	3022.2	3306.7	291.2	214.8	277.5	263.9
2009	2598.5	1976.7	362.8	267.5	362.8	286.3
2010	3395.3	3370.6	211.3	310.1	412.4	334.2
2011	3438.5	3473.3	385.6	339.0	419.4	393.7
2012	3283.6	3401.9	318.0	400.7	530.0	377.4
2013	3270.0	3451.4		456.5	477.0	472.3
2014		4028.5		568.0	537.6	552.5
2015						571.0

附表 2-13 中国主要钾肥产品产量历史变化 万吨 K_2O

年份	合计	资源型钾肥				加工型钾肥		
		氯化钾	硫酸钾	硫酸钾镁	枸溶性钾肥	硫酸钾	硝酸钾	磷酸二氢钾
2006	195.3	195.3	0.5	0.2	0	36.7	16.1	3
2007	185.9	185.9	1.2	1	0	105	13.8	3.5
2008	263.9	250.1	6.8	7	0	46.9	10.7	4.1
2009	286.3	227.7	41.6	17	0	22.7	5.8	4.8
2010	334.2	274.7	49.3	10.2	0.1	50.7	21.2	5.5
2011	393.7	303.5	78.8	11.3	0.2	64.1	19.9	13.2
2012	377.4	296	77.7	6.4	0.4	43.1	21.3	4.9
2013	499	382.8	79.5	9.8	0.2	52	23.9	8.8
2014	579	461.8	108.5	8.6	0.2	106.9	35	10.9
2015	571	445.8	107	8	0.3	140.5	31.3	10.7

附表 2-14　2015年钾肥产量分布　　万吨实物量

省（自治区、直辖市）	资源型钾肥				加工型钾肥		
	氯化钾	硫酸钾	硫酸钾镁	枸溶性钾肥	硫酸钾	硝酸钾	磷酸二氢钾
青海	846	157	230			60	
天津	3				11		0.5
河北	1.9				62		
江苏	0.64				2		3.2
云南	5				2	12	6
贵州				15			
新疆	1	140	10		12	2.5	
安徽					10	1	
北京				5			
福建					4		
甘肃					18		
广东					24	1	0
广西					6		
河南				10	21		0.18
黑龙江					0		
湖北					47		14
湖南						10	0.18
吉林					21		
江西					7	16	
辽宁	2				12		
内蒙古					24		
宁夏					17		
山东	2	1.85	2.5	10	119	27	17
山西				13	2	13	
陕西				2	8		0.04
上海					16		2
四川	3		5		18	13.5	30
浙江						5.5	0.18
重庆					10		2

附表 2-15　2015 年中国钾肥产品产量前 10 名企业　万吨实物量

排名	资源型钾肥							
	氯化钾		硫酸钾		硫酸钾镁		难溶性钾肥	
	企业名称	产量	企业名称	产量	企业名称	产量	企业名称	产量
1	青海盐湖工业股份有限公司	465	国投新疆罗布泊钾盐有限责任公司	150	青海联宇钾肥有限公司	13	河南中科明星肥业有限公司	5
2	青海格尔木藏格钾肥有限公司	151	青海滨地钾肥有限公司	20	国投新疆罗布泊钾盐有限责任公司	10	中科建成有限公司	4
3	青海中信国安科技股份有限公司	27	青海中信国安科技股份有限公司	16.5	中农芒崖兴元钾肥有限公司	6	山西富邦肥业有限公司	2
4	青海柴达木盐湖化工有限公司	23	青海联宇钾肥有限公司	8	青海高端盐湖科技有限公司	5		
5	青海柴达木地矿化工有限公司	10	中农芒崖兴元钾肥有限公司	5	青海中航资源股份有限公司	3		
6	茫崖晶鑫华隆钾肥有限公司	10	新疆新雅泰钾肥有限公司	2	青海中信国安科技股份有限公司	1.8		
7	格尔木盐湖化工股份有限公司	10	山东海化股份有限公司硫酸钾厂	1.8	青海国泰盐湖开发有限公司	1		
8	青海中航资源股份有限公司	10	青海中航资源股份有限公司	1				
9	地矿集团格尔木盐湖资源开发有限公司	8						
10	芒崖康泰钾肥有限公司	5						

续附表 2-15

排名	加工型钾肥					
	硫酸钾		硝酸钾		磷酸二氢钾	
	企业名称	产量	企业名称	产量	企业名称	产量
1	青上化工集团	66	米高集团	12	金正大	10
2	米高集团	26	江西省宜春市腾达化工集团公司	11	武汉联德化学有限公司	2
3	金正大	9	青海元通钾肥有限公司	11	山东青州市广汇化工厂	2
4	宁夏金牛化肥有限公司	8	山西文水振兴化肥有限公司	5	四川胜丰磷化工责任公司	1.6
5	山东三方化工有限公司	7	山东威海沁和钾肥有限公司	5	什邡市岐山化工有限公司	1.51
6	山东寿光联盟有限公司	6	山东滨州化工有限公司	3	四川会加安达化工有限公司	1.4
7	山东奥宝化工集团有限公司	5	山西文水振兴肥料有限公司	1.3	四川蓝剑化工集团有限责任公司	1.3
8	青岛碱业有限公司	5	山西并盛化工有限公司	3	中化重庆涪陵化工有限公司	1.1
9	湘北洋丰股份有限公司	5	浙江联大化工有限公司	2.8	什邡市长丰化工有限公司	1
10	宁夏兴尔泰集团有限公司	5	云南昆明青上化工有限公司	2	绵竹市汉旺无要盐化工有限公司	1

附表 2-16　2015 年全球钾肥产能前 10 名企业

排名	所在国家名称	企业名称	产能/万吨氯化钾
1	加拿大	加拿大 Potashcorp	1490
2	白俄罗斯	白俄罗斯 Belaruskali	1270
3	加拿大	加拿大 Mosaic	1200
4	俄罗斯	俄罗斯 Uralkali	1020
5	德国	德国 K+S	1000
6	中国	青海盐湖工业股份有限公司	500
7	加拿大	加拿大 Agrium	300
8	以色列	以色列化工集团	440
9	阿拉伯	阿拉伯钾肥公司	245
10	智利	SQMSalar 公司	230.5

附表 2-17　不同数据来源中国与全球钾肥进出口量年际变化　　万吨 K_2O

年份	出口量					进口量				
	全球		中国			全球		中国		
	FAO	IFA	FAO	IFA	中国化工信息中心	FAO	IFA	FAO	IFA	中国化工信息中心
1961		372.0					358.7	3.4	1.0	
1962		401.9					367.9	2.4	1.0	
1963		484.7					444.6	2.9	1.0	
1964		515.6					491.0	3.4	1.5	
1965		609.5					570.9	6.7	1.5	
1966		669.8					613.7	5.1	1.5	
1967		774.1					728.6	8.4	2.0	
1968		826.3					751.6	7.8	2.0	
1969		902.5					838.2	6.7	2.5	
1970		814.2					980.0	8.4	2.5	
1971		958.8					953.4	6.6	2.5	
1972		1122.0					1026.0	8.5	2.6	
1973		1278.2	0.5				1205.8	22.8	13.1	
1974		1406.7					1322.9	25.9	21.9	
1975		1241.7					1182.1	21.9	11.6	
1976		1369.6					1290.0	16.7	3.0	
1977		1514.6					1442.1	14.9	11.5	
1978		1624.1					1511.6	18.7	23.6	
1979		1654.2					1557.2	37.2	33.3	
1980		1724.9					1609.9	49.9	43.5	
1981		1631.9					1550.0	69.9	64.7	58.2
1982		1493.9					1415.1	50.3	41.9	49.0
1983		1722.3					1585.7	80.7	73.3	59.8
1984		1836.7					1725.0	86.6	75.0	67.4
1985		1801.9					1688.9	39.2	32.5	37.9
1986		1867.0					1707.5	72.8	60.2	38.0
1987		2026.1					1895.1	136.7	126.0	117.9
1988		2083.6	0.0				1902.2	158.6	149.1	133.3

续附表 2-17

年份	出口量					进口量				
	全球		中国			全球		中国		
	FAO	IFA	FAO	IFA	中国化工信息中心	FAO	IFA	FAO	IFA	中国化工信息中心
1989		1942.6	0.0				1806.9	123.3	114.5	80.6
1990		1608.8					1888.4	180.9	171.5	140.3
1991		1489.3					1792.9	231.1	220.0	169.0
1992		1761.7			0.1		1824.6	196.4	183.2	168.4
1993		1686.5	0.9	0.9	1.3		1718.8	155.7	144.9	118.2
1994		2001.0	1.2	1.2	0.8		1971.1	224.9	214.4	184.9
1995		2085.6	18.6	18.6	13.2		2051.6	287.0	274.5	250.1
1996		1950.1	35.3	35.3	29.8		2004.2	278.4	262.0	248.6
1997		2290.5	33.0	33.0	37.5		2316.6	365.9	347.4	345.2
1998		2181.1	36.3	33.1	28.9		2186.7	352.9	333.7	366.5
1999		2264.9	55.7	52.6	52.9		2242.4	375.2	356.3	354.7
2000		2331.0	41.2	37.4	37.7		2320.6	363.6	346.3	399.8
2001		2303.5	26.0	22.7	21.4		2292.8	380.9	376.8	355.4
2002	2394.6	2381.8	26.7	4.1	24.5	2449.2	2356.7	459.0	395.3	457.7
2003	2451.5	2528.6	23.0	5.6	14.6	2601.2	2571.6	418.4	407.6	427.0
2004	2849.8	2830.0	4.6	6.3	14.6	2969.6	2871.1	506.4	467.9	473.2
2005	2652.9	2771.6	4.5	4.4	14.1	2923.6	2765.0	585.6	581.1	574.3
2006	2767.0	2589.2	5.7	4.5	23.6	2668.0	2591.8	494.8	466.7	466.9
2007	2984.9	2996.5	12.4	12.0	15.3	3212.2	3007.1	597.8	586.7	597.2
2008	2848.6	2726.4	15.1	7.5	14.4	2971.1	2722.8	325.2	336.0	309.8
2009	1337.4	1453.7	24.7	7.0	23.2	1553.5	1412.5	144.6	94.0	138.5
2010	2915.3	2855.1	7.4	8.6	5.8	2920.8	2807.6	338.4	338.4	321.3
2011	2963.4	2991.8	14.3	0.4	2.8	3128.5	2921.8	407.7	454.8	386.2
2012	2783.2	2587.8	25.2	0.5	18.0	2741.9	2334.6	410.4	339.0	389.2
2013	2693.5	2682.7			18.2	2888.1	2481.2			369.1
2014					22.4					475.7
2015					20.6					560.6

附表 2-18　1990—2015 年各种中微量元素肥料年累计登记数量　　个

年份	中量元素水溶肥料	中量元素肥料	微量元素水溶肥料	微量元素肥料	农业用硝酸钙	农业用硫酸镁
1990	0	0	0	1	0	0
1991	0	0	1	1	0	0
1992	0	0	6	1	0	0
1993	0	0	6	1	0	0
1994	0	0	10	1	0	0
1995	0	0	13	1	0	0
1996	0	0	15	1	0	0
1997	0	0	18	1	0	0
1998	0	0	20	1	0	0
1999	0	0	33	2	0	0
2000	0	0	50	2	0	0
2001	1	0	75	2	0	0
2002	1	0	134	2	0	1
2003	4	0	191	2	0	3
2004	10	0	287	3	0	4
2005	15	0	392	4	0	6
2006	20	0	490	5	0	6
2007	24	0	590	6	0	6
2008	29	0	684	6	0	6
2009	34	0	826	12	0	6
2010	38	0	969	13	0	6
2011	51	4	1095	15	0	6
2012	69	13	1244	15	2	7
2013	98	16	1421	18	4	7
2014	174	24	1574	24	4	8
2015	286	38	1733	32	5	8

注:表中各种肥料登记数是在有效期内产品的累积数。

附表 2-19　2015 年各类中微量元素肥料企业数量　　个

省(自治区、直辖市)	微量元素水溶肥料企业	微量元素肥料企业	中量元素水溶肥料企业	中量元素肥料企业	农业用硝酸钙企业	农业用硫酸镁企业	总企业
山东	280	1	32	1	0	0	314
河南	247	0	11	0	0	0	258
陕西	90	3	27	0	0	0	120
河北	63	1	12	2	0	0	78
山西	63	0	13	0	5	0	81
湖南	28	0	0	0	0	0	28
安徽	30	1	3	0	0	0	34
黑龙江	52	0	4	1	0	0	57
广东	44	2	24	3	0	0	73
北京	36	0	1	2	0	0	39
江苏	33	1	5	4	0	0	43
四川	26	2	6	0	0	0	34
湖北	27	1	4	3	0	0	35
辽宁	24	0	8	2	0	8	42
广西	25	0	1	0	0	0	26
重庆	11	0	0	0	0	0	11
上海	11	0	9	0	0	0	20
天津	10	0	0	0	0	0	10
浙江	10	0	3	1	0	0	14
吉林	10	0	0	0	0	0	10
内蒙古	7	0	0	0	0	0	7
福建	6	0	1	0	0	0	7
江西	5	0	3	0	0	0	8
新疆	17	0	6	0	0	0	23
海南	2	0	1	1	0	0	4
甘肃	3	0	0	0	0	0	3
宁夏	2	0	0	0	0	0	2
青海	1	0	0	0	0	0	1
云南	7	0	2	0	0	0	9
境外	41	11	37	12	0	0	101
合计	1211	23	213	32	5	8	1492

注:按照登记信息中生产商所在地址整理。境外企业包括港、澳、台地区企业。

第3章

附表 3-1　不同机构对中国化肥消费量的统计　　万吨纯养分

年份	中国国家统计局(NBS)					国际肥料工业协会(IFA)				联合国粮农组织(FAO)				
	化肥总消费	单质氮肥	单质磷肥	单质钾肥	复合肥	单质氮肥	单质磷肥	单质钾肥	复合肥	化肥总消费	单质氮肥	单质磷肥	单质钾肥	氮磷钾合计
1983	1660	1164	351	58	86	1307	321	67	127	1822	1372	405	86	1863
1984	1740	1215	329	69	127	1431	267	61	208	1966	1518	408	81	2006
1985	1776	1205	311	80	180	1318	217	21	132	1688	1384	300	44	1728
1986	1931	1313	360	77	181	1296	235	53	102	1686	1358	303	72	1732
1987	1999	1327	372	92	209	1593	324	112	195	2225	1680	449	139	2269
1988	2142	1417	382	101	241	1762	373	140	211	2485	1851	516	165	2532
1989	2357	1537	419	121	281	1791	378	106	219	2494	1886	527	130	2543
1990	2590	1638	462	148	342	1840	398	159	280	2676	1956	585	186	2727
1991	2805	1726	500	174	406	1832	430	210	440	2913	1997	728	240	2966
1992	2930	1756	516	196	462	1881	434	163	395	2872	2033	692	195	2920
1993	3152	1835	575	212	529	1677	373	128	280	2457	1800	554	153	2508
1994	3318	1882	601	235	601	1747	432	210	443	2832	1916	733	235	2884
1995	3594	2022	632	269	671	2181	544	265	516	3506	2378	891	289	3558
1996	3828	2145	658	290	735	2332	482	223	508	3546	2528	812	259	3598
1997	3981	2172	689	322	798	2090	524	298	607	3518	2295	928	342	3565
1998	4084	2233	683	346	822	2070	530	299	630	3529	2289	946	349	3583
1999	4124	2181	698	366	880	2183	441	291	679	3594	2414	891	339	3644
2000	4146	2162	690	377	918	1956	447	307	765	3475	2214	861	347	3422
2001	4254	2164	706	400	984	1974	451	356	775	3556	2242	889	404	3535
2002	4339	2157	712	422	1040	2292	443	390	900	4025	2179	727	434	3340
2003	4412	2150	714	438	1110	2208	440	433	876	3957	2169	730	450	3348
2004	4637	2222	736	467	1204	2327	478	514	989	4308	2242	751	480	3473
2005	4766	2229	744	489	1303	2591	449	518	1109	4667	2248	758	501	3507
2006	4928	2263	770	510	1386	2749	403	527	1258	4937	2281	785	522	3588
2007	5108	2297	773	534	1503	2854	382	613	1267	5116	2316	788	545	3649
2008	5239	2303	780	545	1609	2897	354	459	1133	4842	2320	793	556	3670
2009	5404	2330	798	564	1699	2953	384	309	1244	4890	2347	811	575	3733
2010	5562	2354	806	586	1799	2845	432	369	1343	4990	2371	819	598	3788
2011	5704	2381	819	605	1895	2906	237	423	1615	5180	2398	832	617	3847
2012	5839	2400	829	618	1990	2854	237	410	1768	5269	2417	942	630	3988
2013	5912	2394	831	627	2057	2959	249	540	1523	5271	2411	844	640	3894

附表 3-2 中国化肥生产量、进出口量及消费量 万吨($N+P_2O_5+K_2O$)

年份	生产量	进口量	出口量	表观消费量	工业用量	农业用量
1981	1269	253	0	1522	17	1505
1982	1309	283	0	1592	17	1572
1983	1409	413	0	1822	18	1804
1984	1491	482	0	1973	20	1953
1985	1352	344	1	1695	22	1673
1986	1394	296	1	1689	25	1665
1987	1672	567	4	2235	29	2206
1988	1735	751	5	2481	33	2447
1989	1800	694	1	2493	35	2457
1990	1880	799	1	2678	38	2638
1991	1976	950	6	2920	42	2878
1992	2039	840	4	2875	45	2832
1993	1953	539	13	2479	50	2430
1994	2170	744	16	2898	55	2843
1995	2482	1052	43	3491	61	3430
1996	2721	946	70	3597	65	3531
1997	2726	940	68	3598	69	3529
1998	2859	766	60	3565	73	3492
1999	3096	756	81	3771	93	3679
2000	3102	726	119	3709	112	3597
2001	3306	639	125	3820	122	3698
2002	3658	887	110	4435	147	4288
2003	3823	691	233	4281	162	4118
2004	4408	681	313	4776	240	4537
2005	4836	759	199	5396	437	4958
2006	4863	631	215	5279	482	4797
2007	5150	677	594	5232	493	4739
2008	5185	337	424	5098	546	4552
2009	5506	208	394	5319	528	4791
2010	5676	388	733	5332	438	4894
2011	5898	426	703	5621	682	4939
2012	6384	474	776	6082	794	5288
2013	6622	448	838	6232	703[e]	5529
2014	6815	554	1290	6079	774[e]	5305
2015	7157	642	1561	6238	822[e]	5416

注:e为估计值,部分数据缺失。数据来源:生产量和工业用量数据由中国工业协会提供(中国氮肥工业协会、中国磷复肥工业协会、中国无机盐工业协会钾盐钾肥行业分会),进口量和出口量数据由中国化工信息中心提供;农业用量=表观消费量－工业用量,因此此处农业用量包含种植业和林牧渔业化肥用量。

附表 3-3 中国氮肥生产量、进出口量及消费量

万吨 N

年份	生产量	进口量	出口量	表观消费量	工业用量	农业用量
1981	986	143		1129	12	1117
1982	1022	182		1203	13	1190
1983	1109	237		1346	14	1332
1984	1221	273		1494	15	1479
1985	1144	216		1360	18	1342
1986	1159	170		1329	20	1309
1987	1342	318	1	1659	22	1637
1988	1361	457	1	1816	25	1791
1989	1424	431	0	1855	28	1827
1990	1464	460		1923	30	1893
1991	1510	460		1970	32	1938
1992	1568	431		2000	35	1965
1993	1529	239	2	1766	38	1728
1994	1671	281	5	1947	43	1904
1995	1858	483	13	2329	48	2281
1996	2124	437	18	2543	50	2493
1997	2075	294	21	2347	55	2292
1998	2175	143	12	2306	58	2248
1999	2438	133	7	2564	71	2493
2000	2398	107	52	2453	85	2368
2001	2527	98	71	2553	92	2461
2002	2809	194	35	2968	111	2857
2003	2880	96	149	2826	122	2704
2004	3304	78	215	3167	194	2973
2005	3576	76	109	3542	387	3155
2006	3457	67	111	3412	422	2990
2007	3612	33	358	3287	433	2854
2008	3636	13	266	3382	486	2896
2009	3834	30	230	3634	467	3167
2010	3759	26	462	3324	376	2948
2011	3862	18	373	3508	622	2886
2012	4313	32	491	3854	714	3140
2013	4497	27	558	3965	621^{e}	3344
2014	4553	22	873	3702	690^{e}	3012
2015	4791	25	980	3836	736^{e}	3100

注：e 为估计值，部分数据缺失。数据来源：生产量和工业用量数据由中国氮肥工业协会提供，进口量和出口量数据由中国化工信息中心提供；农业用量＝表观消费量－工业用量，因此此处农业用量包含种植业和林牧渔业化肥用量。

附表 3-4　中国磷肥生产量、进出口量及消费量　　万吨 P_2O_5

年份	生产量	进口量	出口量	表观消费量	工业用量	农业用量
1981	281	45	0	326	0	326
1982	284	59	0	342	0	342
1983	297	103	0	400	0	400
1984	267	134	0	401	0	401
1985	206	95	1	300	0	300
1986	233	66	1	298	0	298
1987	326	123	3	446	0	446
1988	369	145	4	510	0	510
1989	373	148	1	519	0	519
1990	411	167	1	577	0	577
1991	456	270	6	720	0	720
1992	462	226	4	685	0	685
1993	417	155	10	563	0	563
1994	487	249	10	726	0	726
1995	602	294	11	884	0	884
1996	575	247	17	804	0	804
1997	634	299	14	920	0	920
1998	663	289	15	937	0	937
1999	636	267	21	882	0	882
2000	676	219	29	866	0	866
2001	739	186	33	893	0	893
2002	806	235	50	991	0	991
2003	881	168	61	988	0	988
2004	1020	131	86	1066	0	1066
2005	1112	109	80	1141	0	1141
2006	1211	98	80	1229	0	1229
2007	1352	46	221	1177	0	1177
2008	1285	15	144	1156	0	1156
2009	1386	39	141	1284	0	1284
2010	1583	41	265	1359	0	1359
2011	1642	22	328	1336	0	1336
2012	1693	32	266	1459	0	1459
2013	1653	33	261	1425	0	1425
2014	1709	29	393	1345	0	1345
2015	1795	26	560	1262	0	1262

数据来源：生产量和工业用量数据由中国无机盐钾盐行业分会提供，进口量和出口量数据由中国化工信息中心提供；农业用量＝表观消费量－工业用量，因此此处农业用量包含种植业和林牧渔业化肥用量。

附表 3-5 中国钾肥生产量、进出口量及消费量

万吨 K_2O

年份	生产量	进口量	出口量	表观消费量	工业用量	农业用量
1981	2	65		67	5	62
1982	3	42		44	4	40
1983	3	73		76	4	72
1984	3	75		78	5	73
1985	2	33		35	4	31
1986	2	60		63	5	58
1987	4	126		130	7	123
1988	5	149		154	8	146
1989	3	115		118	7	111
1990	5	172		176	8	168
1991	10	220		230	10	220
1992	9	183		192	10	182
1993	7	145	1	151	12	139
1994	12	214	1	225	12	213
1995	22	275	19	278	13	265
1996	22	262	35	249	15	234
1997	17	347	33	331	14	317
1998	21	334	33	322	15	307
1999	22	356	53	326	22	304
2000	28	400	38	390	27	363
2001	40	355	21	374	30	344
2002	43	458	25	476	36	440
2003	62	427	23	466	40	426
2004	84	472	12	544	46	498
2005	148	574	10	712	50	662
2006	195	467	24	639	60	579
2007	186	597	15	768	60	708
2008	264	310	14	559	60	499
2009	286	139	23	402	61	341
2010	334	321	6	650	62	588
2011	394	386	3	777	60	717
2012	377	410	19	769	80	689
2013	472	389	19	842	100[e]	742
2014	553	503	23	1032	127	905
2015	571	591	21	1140	128[e]	1012

数据来源：生产量和工业用量数据由中国工业协会提供（中国氮肥工业协会、中国磷复肥工业协会、中国无机盐钾盐行业分会），进口量和出口量数据由中国化工信息中心提供；农业用量＝表观消费量－工业用量，因此此处农业用量包含种植业和林牧渔业化肥用量。

附表 3-6　水稻单位面积施肥量

千克/公顷

年份	根据 IFA、FAO 的报告估算				农产品成本收益资料汇编				农户调研数据			
	施肥量	N	P_2O_5	K_2O	施肥量	N	P_2O_5	K_2O	施肥量	N	P_2O_5	K_2O
1961	8	6	2	0								
1962	12	10	2	0								
1963	14	11	3	0								
1964	18	14	4	0								
1965	28	20	7	1								
1966	39	29	10	1								
1967	29	21	6	1								
1968	29	24	5	1								
1969	37	29	7	1								
1970	46	36	9	1								
1971	45	34	10	1								
1972	51	39	12	1								
1973	63	44	16	2								
1974	53	38	13	2								
1975	64	48	14	2								
1976	58	44	12	2								
1977	84	66	16	2								
1978	100	87	11	2								
1979	118	98	17	4								
1980	136	110	22	4								
1981	136	102	27	6								
1982	142	109	28	5								
1983	156	118	31	6								
1984	165	129	31	6								
1985	144	118	23	3								
1986	137	110	22	5								
1987	177	135	32	10								
1988	194	146	37	11								
1989	186	142	35	8								
1990	189	141	37	11								
1991	201	141	46	14								
1992	197	143	43	11								
1993	171	127	36	8								
1994	197	139	46	13								
1995	226	159	53	15								
1996	221	163	45	12	299							
1997	213	147	51	15	292							

续附表 3-6

年份	根据 IFA、FAO 的报告估算				农产品成本收益资料汇编				农户调研数据			
	施肥量	N	P_2O_5	K_2O	施肥量	N	P_2O_5	K_2O	施肥量	N	P_2O_5	K_2O
1998	206	141	50	15	330	236	52	42				
1999	213	154	45	14	339	242	55	42				
2000	212	149	46	16	328	231	54	43	309	187	58	64
2001	216	150	47	19	332	227	60	46				
2002	244	172	51	21	342	237	59	47				
2003	247	172	52	23	332	225	60	48				
2004	252	175	52	26	309	214	50	45				
2005	259	184	51	24	326	218	55	53				
2006	264	190	50	24	329	215	56	58				
2007	258	185	47	27	342	217	59	66				
2008	244	181	43	20	329	209	59	61	334	192	56	86
2009	239	175	46	18	331	209	59	63	332	195	59	78
2010	236	164	50	22	344	210	63	71				
2011	238	168	48	22	342	204	65	73				
2012	238	168	48	22	339	201	65	73				
2013	242	170	49	23	342	202	65	75	354	195	56	103
2014					345	197	67	82				
2015					347	195	68	84				

附表 3-7　小麦单位面积施肥量　　千克/公顷

年份	根据 IFA、FAO 的报告估算				农产品成本收益资料汇编				农户调研数据			
	施肥量	N	P_2O_5	K_2O	施肥量	N	P_2O_5	K_2O	施肥量	N	P_2O_5	K_2O
1961	9	7	2	0								
1962	13	11	2	0								
1963	16	12	3	0								
1964	20	15	5	0								
1965	32	22	10	1								
1966	45	31	13	1								
1967	32	23	9	1								
1968	32	25	6	1								
1969	41	31	10	1								
1970	51	38	12	1								
1971	51	36	14	1								
1972	58	41	16	1								
1973	71	48	21	3								
1974	60	40	17	3								
1975	72	51	18	2								
1976	66	47	16	2								

续附表 3-7

年份	根据 IFA、FAO 的报告估算				农产品成本收益资料汇编				农户调研数据			
	施肥量	N	P_2O_5	K_2O	施肥量	N	P_2O_5	K_2O	施肥量	N	P_2O_5	K_2O
1977	94	71	21	2								
1978	110	93	15	2								
1979	131	105	22	4								
1980	151	117	29	5								
1981	152	110	35	7								
1982	159	117	37	5								
1983	175	127	42	7								
1984	185	138	41	6								
1985	161	127	31	3								
1986	153	118	29	5								
1987	198	145	43	10								
1988	217	157	49	12								
1989	208	152	47	9								
1990	212	150	50	12								
1991	227	151	61	15								
1992	223	153	58	12								
1993	192	136	48	9								
1994	223	148	61	14								
1995	256	170	71	16								
1996	248	174	60	13	252							
1997	242	158	68	17	253							
1998	234	151	66	16	285	183	65	37				
1999	240	164	60	16	292	186	68	38				
2000	239	160	62	17	330	211	68	52	302	186	91	25
2001	244	161	63	20	282	180	66	37				
2002	274	184	68	22	309	196	72	42				
2003	278	184	69	25	284	181	66	37				
2004	284	187	69	28	287	188	63	36				
2005	291	197	68	27	324	194	81	49				
2006	296	203	67	26	333	193	86	54				
2007	288	198	62	29	341	198	83	59				
2008	273	194	58	21	344	198	81	64	425	233	119	73
2009	267	187	61	19	348	203	83	63	352	215	88	49
2010	266	175	67	24	377	217	88	73				
2011	268	180	64	24	377	216	88	74				
2012	267	180	64	23	381	216	88	77				
2013	272	182	65	24	381	215	87	80	471	270	123	78
2014					405	225	95	86				
2015					406	224	94	88				

附表 3-8　玉米单位面积施肥量　　千克/公顷

年份	根据 IFA、FAO 的报告估算				农产品成本收益资料汇编				农户调研数据			
	施肥量	N	P_2O_5	K_2O	施肥量	N	P_2O_5	K_2O	施肥量	N	P_2O_5	K_2O
1961	9	6	2	0								
1962	12	10	2	0								
1963	15	11	3	0								
1964	19	14	4	0								
1965	29	21	8	1								
1966	41	29	11	1								
1967	30	21	7	1								
1968	30	24	5	1								
1969	38	29	9	1								
1970	47	36	10	1								
1971	47	34	12	1								
1972	53	39	14	1								
1973	65	45	18	2								
1974	55	38	15	2								
1975	66	48	16	2								
1976	61	45	14	2								
1977	87	67	18	2								
1978	102	87	13	2								
1979	122	99	19	3								
1980	140	111	26	4								
1981	141	104	31	6								
1982	148	111	32	5								
1983	162	119	36	6								
1984	171	130	36	6								
1985	149	120	27	3								
1986	142	112	26	5								
1987	183	137	37	9								
1988	201	148	42	11								
1989	193	144	41	8								
1990	196	142	43	11								
1991	210	143	53	14								
1992	206	145	50	11								
1993	178	128	42	8								
1994	206	140	53	12								
1995	236	160	62	14								
1996	229	165	53	12	260							
1997	223	149	59	15	245							

续附表 3-8

年份	根据IFA、FAO的报告估算				农产品成本收益资料汇编				农户调研数据			
	施肥量	N	P_2O_5	K_2O	施肥量	N	P_2O_5	K_2O	施肥量	N	P_2O_5	K_2O
1998	215	143	58	15	296	224	44	29				
1999	222	155	52	14	298	227	44	27				
2000	220	151	54	15	308	228	49	31	234	171	40	23
2001	225	152	55	18	300	221	51	29				
2002	253	173	59	20	314	227	53	34				
2003	257	174	60	22	314	230	52	32				
2004	262	177	60	25	282	205	46	31				
2005	269	186	59	24	276	190	50	36				
2006	274	192	58	23	301	201	56	44				
2007	267	187	54	26	312	202	60	50				
2008	253	183	50	19	305	199	57	48	385	224	90	71
2009	247	177	53	17	321	208	60	52	316	209	65	42
2010	245	166	59	21	338	213	66	59				
2011	247	170	56	21	338	203	71	64				
2012	247	170	56	21	344	201	74	70				
2013	251	172	57	22	350	203	76	72	383	211	91	81
2014					365	208	79	77				
2015					365	201	82	81				

附表 3-9　豆类单位面积施肥量　　千克/公顷

年份	农产品成本收益资料汇编				农户调研数据			
	施肥量	N	P_2O_5	K_2O	施肥量	N	P_2O_5	K_2O
1996	83							
1997	72							
1998	84	50	21	12				
1999	84	49	20	16				
2000	81	48	21	12				
2001	84	47	26	12				
2002	101	55	30	16				
2003	108	63	30	15				
2004	107	50	31	26				
2005	112	51	33	27				
2006	112	52	32	28				
2007	121	57	34	30				
2008	119	55	33	31				
2009	127	58	35	33	149	61	59	29

续附表 3-9

年份	农产品成本收益资料汇编				农户调研数据			
	施肥量	N	P_2O_5	K_2O	施肥量	N	P_2O_5	K_2O
2010	132	58	37	38				
2011	128	55	37	37				
2012	138	61	37	40				
2013	129	54	37	38				
2014	129	53	38	38				
2015	125	51	35	39				

附表 3-10　薯类单位面积施肥量　千克/公顷

年份	农产品成本收益资料汇编			
	施肥量	N	P_2O_5	K_2O
2004	321	192	81	48
2005	314	175	83	56
2006	364	218	90	57
2007	360	166	103	92
2008	359	180	105	74
2009	287	163	65	59
2010	437	253	99	85
2011	390	244	100	80
2012	623	301	193	129
2013	408	199	114	95
2014	382	196	102	84
2015	357	189	89	79

附表 3-11　水果单位面积施肥量　千克/公顷

年份	根据 IFA、FAO 的报告估算				农产品成本收益资料汇编				农户调研数据			
	施肥量	N	P_2O_5	K_2O	施肥量	N	P_2O_5	K_2O	施肥量	N	P_2O_5	K_2O
1961	3	2	1	0								
1962	4	3	1	0								
1963	6	4	1	0								
1964	8	6	2	0								
1965	13	9	4	0								
1966	17	12	5	0								
1967	13	9	3	0								
1968	25	20	4	1								
1969	33	25	7	1								
1970	50	38	11	1								
1971	48	35	12	1								
1972	84	62	21	1								
1973	94	64	26	4								

续附表 3-11

年份	根据 IFA、FAO 的报告估算				农产品成本收益资料汇编				农户调研数据			
	施肥量	N	P_2O_5	K_2O	施肥量	N	P_2O_5	K_2O	施肥量	N	P_2O_5	K_2O
1974	80	55	21	4								
1975	111	81	26	3								
1976	101	75	24	3								
1977	137	106	28	3								
1978	151	129	19	3								
1979	219	177	35	7								
1980	305	238	55	11								
1981	329	238	72	19								
1982	353	260	77	15								
1983	429	310	96	23								
1984	481	358	100	22								
1985	375	297	69	10								
1986	341	263	62	17								
1987	435	313	89	33								
1988	474	335	100	39								
1989	487	352	104	31								
1990	577	399	127	51								
1991	651	419	163	68								
1992	624	418	152	55								
1993	488	335	114	38								
1994	549	351	140	58								
1995	639	405	164	69								
1996	634	429	145	60	601							
1997	641	395	166	80	527							
1998	609	368	162	79	623	355	137	132				
1999	590	375	143	73	613	342	143	128				
2000	511	312	129	70	683	390	156	137				
2001	507	298	128	81	636	362	144	131				
2002	549	326	137	87	498	280	121	97				
2003	526	302	132	92	620	360	134	126				
2004	555	311	138	105	1148	528	279	340				
2005	579	331	144	104	892	454	201	237				
2006	599	345	148	106	648	314	171	164				
2007	621	361	140	120	805	377	213	214				
2008	553	357	120	76	789	388	205	195				
2009	522	347	116	58	726	337	194	195	1226	552	334	340
2010	497	323	116	57	895	379	255	262				
2011	491	323	111	56	921	383	271	266				
2012	526	347	122	57	855	367	245	243				
2013	534	351	123	59	859	379	246	235				
2014					932	395	277	260				
2015					908	370	278	260				

附表 3-12　蔬菜单位面积施肥量

千克/公顷

年份	根据IFA、FAO的报告估算				农产品成本收益资料汇编				农户调研数据			
	施肥量	N	P_2O_5	K_2O	施肥量	N	P_2O_5	K_2O	施肥量	N	P_2O_5	K_2O
1961	2	2	0	0								
1962	3	3	1	0								
1963	5	4	1	0								
1964	7	5	2	0								
1965	10	7	3	0								
1966	14	10	4	0								
1967	10	7	2	0								
1968	20	16	3	1								
1969	26	20	6	1								
1970	40	31	9	1								
1971	38	28	9	1								
1972	67	49	17	1								
1973	74	52	20	3								
1974	64	44	17	3								
1975	88	65	21	3								
1976	81	60	19	2								
1977	109	85	22	2								
1978	121	103	15	3								
1979	174	141	27	5								
1980	243	191	44	8								
1981	261	190	57	14								
1982	280	208	61	11								
1983	341	248	76	17								
1984	382	286	79	17								
1985	299	237	54	7								
1986	271	210	49	12								
1987	345	250	70	25								
1988	375	268	78	29								
1989	386	281	82	23								
1990	457	319	100	38								
1991	514	335	128	51								
1992	494	334	120	40								
1993	387	268	90	29								
1994	434	281	110	43								
1995	505	324	130	51								
1996	502	343	115	45								
1997	506	315	131	59								

续附表 3-12

年份	根据 IFA、FAO 的报告估算				农产品成本收益资料汇编				农户调研数据			
	施肥量	N	P_2O_5	K_2O	施肥量	N	P_2O_5	K_2O	施肥量	N	P_2O_5	K_2O
1998	480	294	128	59	492	300	99	93				
1999	466	299	112	54	558	380	91	87				
2000	403	249	101	52	581	351	125	105				
2001	399	238	101	60	573	353	122	98				
2002	433	260	108	64	589	359	121	108				
2003	413	241	104	68	653	377	149	128				
2004	436	249	109	78	565	319	130	116				
2005	455	264	113	77	568	313	125	122				
2006	471	276	117	79	666	352	155	156				
2007	488	289	111	89	663	337	149	175				
2008	436	286	95	56	582	326	135	119				
2009	413	278	92	43	657	361	158	138	697	305	209	183
2010	392	258	92	42	709	382	183	144				
2011	388	259	88	41	763	387	214	227				
2012	416	277	96	42	721	355	194	196				
2013	422	281	97	44	722	324	205	193				
2014					713	327	189	197				
2015					628	280	169	178				

附表 3-13　甘蔗单位面积施肥量　　千克/公顷

年份	农产品成本收益资料汇编			
	施肥量	N	P_2O_5	K_2O
1996	751			
1997	728			
1998	811	506	164	141
1999	758	463	141	154
2000	824	551	125	149
2001	866	469	191	206
2002	666	418	137	112
2003	743	412	168	163
2004	646	344	158	145
2005	655	351	146	158
2006	791	412	159	219
2007	870	439	161	270
2008	691	402	149	139
2009	716	421	155	140

续附表 3-13

年份	农产品成本收益资料汇编			
	施肥量	N	P_2O_5	K_2O
2010	824	467	176	182
2011	848	460	190	198
2012	873	456	195	222
2013	924	477	215	231
2014	924	477	215	231
2015	925	491	203	231

附表 3-14 甜菜单位面积施肥量

千克/公顷

年份	农产品成本收益资料汇编			
	施肥量	N	P_2O_5	K_2O
1996	347			
1997	283			
1998	451	263	115	73
1999	361	233	75	53
2000	377	236	74	68
2001	350	228	66	57
2002	371	235	70	67
2003	354	243	60	51
2004	244	145	50	50
2005	278	171	55	53
2006	340	189	73	78
2007	348	194	77	78
2008	354	205	74	75
2009	381	239	70	73
2010	409	245	81	83
2011	413	237	87	89
2012	428	243	89	95
2013	440	248	92	101
2014	463	248	105	110
2015	472	259	104	109

附表 3-15　花生单位面积施肥量　千克/公顷

年份	农产品成本收益资料汇编				农户调研数据			
	施肥量	N	P_2O_5	K_2O	施肥量	N	P_2O_5	K_2O
1996	137							
1997	137							
1998	166	92	49	25				
1999	203	111	60	32				
2000	204	109	58	37				
2001	203	90	72	41				
2002	186	88	63	36				
2003	210	92	70	49				
2004	204	101	63	41				
2005	223	106	65	51				
2006	251	113	75	62				
2007	265	119	81	65				
2008	254	111	82	60				
2009	272	124	82	67	333	172	82	79
2010	279	120	86	74				
2011	276	115	89	73				
2012	283	119	90	74				
2013	284	121	88	75				
2014	287	123	87	78				
2015	301	128	91	81				

附表 3-16　油菜籽单位面积施肥量　千克/公顷

年份	农产品成本收益资料汇编				农户调研数据			
	施肥量	N	P_2O_5	K_2O	施肥量	N	P_2O_5	K_2O
1996	165							
1997	177							
1998	195	134	44	17				
1999	207	139	50	19				
2000	228	150	59	20				
2001	218	140	58	20				
2002	240	149	68	23				
2003	224	138	62	24				
2004	198	137	42	19				
2005	211	131	55	25				
2006	220	137	58	25				
2007	224	137	59	28				
2008	217	134	53	30				
2009	223	138	56	29	238	131	61	46
2010	226	138	55	33				
2011	225	137	56	32				
2012	219	131	54	34				
2013	226	130	57	39				
2014	234	135	57	41				
2015	238	135	59	44				

附表 3-17　棉花单位面积施肥量　　千克/公顷

年份	农产品成本收益资料汇编				农户调研数据			
	施肥量	N	P_2O_5	K_2O	施肥量	N	P_2O_5	K_2O
1996	331							
1997	337							
1998	359	231	72	56				
1999	365	238	72	56				
2000	398	248	84	66				
2001	392	243	81	68				
2002	435	276	87	73				
2003	456	292	92	73				
2004	490	290	93	88				
2005	504	301	102	101				
2006	534	306	114	115				
2007	547	307	118	122				
2008	466	294	85	87				
2009	549	319	115	115	423	210	108	105
2010	548	309	117	122				
2011	596	334	123	128				
2012	543	303	118	123				
2013	573	316	125	132				
2014	642	369	134	139				
2015	702	381	143	177				

附表 3-18　烟叶单位面积施肥量　　千克/公顷

年份	农产品成本收益资料汇编				农户调研数据			
	施肥量	N	P_2O_5	K_2O	施肥量	N	P_2O_5	K_2O
1996	407							
1997	355							
1998	458	153	139	166				
1999	471	151	152	168				
2000	519	165	162	192				
2001	458	145	150	163				
2002	509	159	171	179				
2003	510	163	172	175				
2004	387	115	138	134				
2005	397	108	134	155				
2006	522	144	175	203				
2007	516	139	164	212				
2008	505	135	162	208				
2009	490	134	153	202	662	228	145	289
2010	517	139	155	223				
2011	513	139	154	220				
2012	529	143	162	224				
2013	523	142	161	220				
2014	518	137	159	222				
2015	514	140	155	218				

附表 3-19　各区域化肥用量变化

肥料	时期	北京	天津	河北	山西	内蒙古	辽宁	吉林	黑龙江	上海	江苏	浙江	安徽	福建	江西	山东	河南	湖北	湖南	广东	广西	海南	重庆	四川	贵州	云南	西藏	陕西	甘肃	青海	宁夏	新疆
氮肥	a	12	9	150	42	42	71	67	55	14	190	64	125	56	55	196	196	142	97	95	58	9	46	131	39	59	1	72	30	3	16	44
	b	8	10	150	40	51	64	68	54	11	185	56	118	52	47	189	219	136	101	96	60	11	45	120	44	75	2	75	35	3	14	47
	c	7	12	154	40	73	66	64	69	8	182	54	112	48	45	177	239	149	108	97	68	13	49	128	46	90	2	83	38	3	17	69
	d	6	11	151	37	90	68	70	86	5	167	49	112	47	43	156	243	151	109	102	73	15	50	127	52	110	2	96	40	4	18	96
磷肥	a	14	14	47	26	23	22	17	34	16	52	24	46	23	27	56	83	56	31	27	27	11	16	45	20	25	10	26	25	11	16	27
	b	1	3	46	19	17	11	6	31	2	49	13	43	16	23	56	104	59	24	19	24	4	17	43	10	22	1	16	15	2	3	23
	c	1	4	48	19	27	12	7	42	1	48	12	37	17	23	54	113	65	26	21	28	3	18	48	11	25	1	17	16	1	4	37
	d	1	4	47	18	35	12	7	51	1	45	11	36	17	22	49	120	64	27	23	31	4	18	50	11	32	1	18	18	2	4	55
钾肥	a	0	1	15	4	2	7	7	9	1	14	6	22	23	18	32	30	16	29	34	33	3	2	9	4	9	0	6	2	0	0	2
	b	1	1	21	6	6	9	9	14	0	20	7	29	24	19	42	45	21	32	40	44	4	3	12	6	11	0	9	4	0	1	3
	c	1	2	26	8	13	11	12	25	1	21	8	32	25	21	48	57	27	38	45	51	7	5	15	7	15	0	14	5	0	2	8
	d	1	2	28	10	17	13	15	36	1	20	7	32	25	21	43	64	31	43	49	57	8	5	18	9	23	1	23	8	0	2	16
复合肥	a	6	4	58	18	13	23	31	28	2	73	12	60	24	19	117	67	42	26	29	37	9	7	35	11	17	1	28	13	2	5	15
	b	5	6	69	25	21	31	47	35	4	84	16	89	28	28	156	110	52	37	44	56	15	9	39	14	23	1	36	17	2	8	20
	c	5	7	86	37	42	42	82	51	4	92	20	127	31	46	204	189	81	53	63	77	21	16	48	20	36	1	50	22	3	13	31
	d	5	7	107	53	62	56	123	70	4	96	23	156	33	56	223	268	102	68	74	93	22	23	56	26	53	2	93	28	4	15	46

注：农用化肥用量，单位：万吨折纯量（氮：N，磷：P_2O_5，钾：K_2O）；化肥用量为各个时期[1996—2000 年(a)、2001—2005 年(b)、2006—2010 年(c)、2011—2015 年(d)]的平均用量。

第4章

附表4-1 测土配方施肥评估指标设计及含义

一、技术覆盖率	技术指标及统计方法
1.配方制定覆盖率	重点反映科学配方的制定是否涵盖了农业生产区域
1)国家大配方	国家大配方指的是2013年7月17日农业部办公厅发布的《小麦、玉米、水稻三大粮食作物的区域大配方与施肥建议(2013)》。由于仅发布了一次,所以该指标仅存在于2014年统计数据中
2)省级大配方	该指标仅存在于2014年,指的是2014年38个省、自治区、直辖市和单列市上报的省级配方,主要是三大粮食作物,小部分配方为其他作物
3)县级小配方	该指标存在于2009年和2014年,2009年为农业部统计了各省公布的配方后形成的。2014年为38个省、自治区、直辖市和单列市上报的省级配方,主要是三大粮食作物,小部分配方为其他作物
2.配方转化率	配方转化率=NUM匹配数/NUM配方数×100% NUM匹配数:发布的三大粮食作物专用配方中已经登记的配方数量 NUM配方数:发布的三大粮食作物的配方总数
1)匹配省(自治区、直辖市)和作物	NUM匹配数,计算匹配数量时严格按照省(自治区、直辖市)、作物、氮磷钾配比进行匹配。例如,河北省公布的小麦配方14-16-20,与之相匹配的必须是河北省登记的用于小麦的14-16-20的产品
2)仅匹配作物	NUM匹配数,计算匹配数量时只按照作物、氮磷钾配合式进行匹配,不限定区域。例如,河北省公布的小麦配方14-16-20,与之相匹配的是小麦的14-16-20的产品,但是这个产品可以在全国任何一个省、自治区、直辖市登记
3)模糊匹配	NUM匹配数,计算匹配数量时只按照氮磷钾配比进行匹配。例如,河北省公布的小麦配方14-16-20,与之相匹配的是14-16-20的产品,这个产品登记时可以用于玉米、水稻,可以在全国任何一个地方登记
3.市场配方与农业部门发布的一致性	市场配方与农业部门发布的一致性= NUM匹配数/NUM登记数×100% NUM匹配数为和农业部门发布配方相匹配的肥料登记的数量,而且登记仅限于标明三大粮食作物的专用肥产品 NUM登记数为各地登记的用于三大粮食作物的专用肥,而且登记仅限于标明三大粮食作物的专用肥产品
4.配方肥市场占有率	占有率=粮食作物的配方总用量/粮食作物的化肥总用量×100% 此处配方肥的定义为袋面标识"配方肥"字样的化肥,通过入户访谈和化肥袋辨认获取数据 由于市场销量的数据难以准确统计,所以用农户的使用比例代表配方肥的市场占有率。由于现场混配的肥料没有计入统计,所以该比例可能会低估配方肥用量占比

续附表 4-1

一、技术覆盖率	技术指标及统计方法
5.服务覆盖度	通过评估政府开展的各种服务被农户采用的情况，反映各种服务工作的覆盖率
1)配方卡	测土配方施肥项目开展以来全国累计发放的配方卡数量，对农民而言，配方卡是最为便捷的信息载体，因为一张卡片上记录了从种到收的所有的科学施肥的信息，而且也便于信息的大面积扩散
2)示范	在技术的传播过程中，很多人都是以“眼见为实”作为出发点，所以田间的试验示范是最有效的宣传方式，往往一个田间示范点可以带动一个村甚至一个乡的技术扩散
3)宣传栏	这是农村用于宣传知识和技术的最普遍的方式，很多测土配方施肥的技术也在通过宣传栏上墙的方式来向农民传播知识
4)触摸屏	指用于引导经销商、农户快速选择科学配方和科学施肥量的触摸屏。因为这种方式非常直观、简便，不需要复杂的计算，所以深受推广体系和农户的欢迎
5)专家系统	在土壤测试、田间对比试验和肥效校正试验等数据的基础上，运用 arcgis 和肥效反应函数等方法建立起的科学施肥推荐体系
6)信息化服务系统	指宣传测土配方技术的信息化手段，例如，网站服务、短信服务、热线电话等
7)配肥机	可以将单质肥按照配方混配成掺混肥的机器，型号大小不同，有在肥料加工企业使用的大中型机器，也有在经销商处使用的较小型的
8)知道测土配方	通过一对一入户调研，问题是“您是否知道国家有测土配方施肥这个项目?”目前，随着测土配方补贴项目的不断深化推进，越来越多的农民已经知道测土配方的概念，这个比例在不断的提升，由此带来了一系列科学施肥观念和科学施肥行为的改进
9)测过土	经过十年的不懈努力，土壤测试已经基本可以覆盖粮食主产区，但是有多少农户获得了这一服务不清楚。我们通过一对一入户调研，询问“您家种粮食的地块是否取土化验过?”
10)参加培训	通过一对一入户调研，问题是“您家有没有接受过施肥方面的技术服务?”

二、技术到位率	技术指标及统计方法
1.控量施肥采用率	控量施肥是指将肥料用量控制到作物产量水平最高、环境损失最小、经济效益最高的水平。发达国家已经基本实现将肥料用量控制到与作物地上部带走量一致，即养分平衡，这是以保护环境为第一目标所采取的措施。但与发达国家不同，我国土壤肥力较低、粮食安全压力较大、施用设备和技术服务条件不成熟，因此养分平衡作为我国未来长远发展的目标。而目前控量施肥应将肥料用量控制到科学推荐量，现在全国通用的推荐量是农业部发布的“三大粮食作物区域大配方”，这个大配方的形成是广大土壤肥料科技工作者根据全国 20802 组肥效试验数据、14023 个农户调查数据、2492 个养分吸收数据和 171 篇文献资料确定的

续附表 4-1

二、技术到位率	技术指标及统计方法
1)养分平衡	养分平衡有三种方法，一种是农场门平衡，主要考虑带入农场和带出农场的养分，例如一个种养一体化农场，带入的是化肥、种子、部分饲料，带出的是粮食、肉蛋奶或者饲料。至于在农场内的养分，也许会根据地块进行调整。我国没有实现种养一体化，所以农场门平衡并不适合作为管理手段。第二种是土表平衡，从土壤中拿出来的应该和投入土壤的养分一致，这一模型较为复杂，既考虑了肥料带入养分，也考虑了沉降、灌溉带入的养分，养分输出考虑了作物吸收，也考虑了挥发、淋洗、硝化反硝化等。由于需要监测的参数很多，所以在普通应用中假设沉降、灌溉带入的养分和挥发、淋洗、硝化反硝化带出的一致，最终实现肥料投入与作物吸收平衡。这一平衡在全国华北和太湖地区得到验证，是可以支撑生产的。第三类是土体平衡，除考虑上述因素外，还考虑土壤养分的转化，作为动态调控，一般不常用
2)用量合理度	合理度是度量农户控量施肥到位率的指标，即符合“大配方”推荐方案及养分平衡施肥量的农户比例。分别划分三个等级，合理、不足和过量。合理指施肥量符合“大配方”推荐方案中的产量与肥料用量的交叉范围或肥料用量符合养分平衡计算中合理标准范围。合理控制施肥量的原则即在保持土壤生产力的同时使得肥料对产量的贡献率最大化。不足指施肥量小于“大配方”推荐方案中某一产量水平下的肥料用量范围或养分平衡为亏损状态，该水平下土壤肥力对单产的贡献较大，不符合土壤生产力可持续发展的原则。过量指施肥量大于“大配方”推荐方案中某一产量水平下的肥料用量范围或养分平衡为盈余状态，该水平下肥料利用率降低，产量进入平台期，肥料损失加大了环境的压力
2.肥料运筹技术采用率	实现养分供应与作物需求在时间上一致是高产高效的基本原理，然而在欧美发达国家，尤其在高肥力土壤条件下，有时并不一定需要追肥。但我国土壤有机质低、障碍性中低产田较多，高产作物体系后期养分需求显著高于传统生产方式，尤其是氮和钾的需求。因此追肥是必要的，在高产体系中更是必要的
1)播种与施肥同步	播种和施肥在同一天，即认为两者同步，主要考虑肥料施用之后在较短的时间里被种子吸收利用，提高肥料的利用效率。播种和施肥同步包括种肥同播、种肥分播但同一天进行。播种与施肥同步比例即播种和施肥在同一天的农户比例。理论上，播种和施肥同步比例应该达到 100%，利用率最高
2)种肥同播率	播种和施肥同时进行，包括使用种肥同播机施肥及人工施肥、肥种混播和肥种分层。种肥同播率即播种和施肥同时进行的农户比例
3)追肥比例	追肥的农户占所有调研农户的百分比
4)追肥氮占全生育期氮百分比	追肥农户中氮素占整个生育期中氮素总量的百分比。我国土壤较为贫瘠，开始施用化肥时我国重视基肥，大部分养分投入到前期，例如磷钾全部以基肥形式投入，而氮肥的 60%～70%会以基肥形式投入。随着化肥用量的不断增长，土壤养分的累积越来越多，作物前期生长阶段土壤养分供应能力增强，而随着作物产量的增长后期养分需求增加，因此追肥越来越重要，尤其是氮肥在后期的分配比例要求提高，大部分要求达到 40%～60%或以上

续附表 4-1

二、技术到位率	技术指标及统计方法
5)最大效率期追肥比例	植物营养最大效率期,是指植物生长阶段中所吸收的某种养分能发挥最大增产效能的时期。此时期一般出现在作物生长发育的旺盛期。这个时期根系吸收养分的能力最强,植株生长迅速,生长量大,需肥量最多,因此为使作物高产,应及时补充养分。最大效率期一般处在植物生长发育的中前期,如玉米的大喇叭口期,小麦的孕穗期等。最大效率期追肥比例即在作物最大效率期追肥的农户比例
3.施肥机械化率	机械化率指采用动力型机械施用肥料的农户比例或者耕地面积比例。动力包括拖拉机、电力等。具体方式包括拖拉机牵引型的机械化、喷灌施肥、滴灌施肥,但不包括无动力配套的小型施肥枪等
1)种肥机械化率	种肥(也叫作启动肥)是指与播种同时施用,主要是促进种子萌发的产品,包括硫酸铵与磷酸二铵,其用量很小,主要作用于作物幼苗阶段,以确保幼苗发育顺利。其与基肥的作用大不相同,基肥作用于作物整个生育期。因为种肥对化肥产品、用量、施用位置要求严格,通过机械化操作严格控制种肥的用量及与种子的相对位置是确保种肥不烧苗并能发挥最大效率的关键。因此我们评估种肥机械化率,在施用种肥的作物中,其施肥方式应该达到100%
2)基肥机械化率	基肥一般叫底肥,是在播种或移植前施用的肥料。它主要是供给植物整个生长期中所需要的养分,为作物生长发育创造良好的土壤条件,也有改良土壤、培肥地力的作用。基肥机械化即指以机械为载体,将肥料精确地施用到土壤中,能够控制肥料的用量与深度,较人工施肥更科学。基肥机械化包括施肥机施肥、种肥同播机施肥、整地施肥一体化机施肥,不包括依靠人力或畜力的"半机械化"的施肥方式。基肥机械化率指施用基肥的农户中采用机械来进行施肥的比例
3)追肥机械化率	追肥是指在作物生长中施用的肥料。追肥的作用主要是为了供应作物某个时期对养分的大量需要,或者补充基肥的不足。追肥机械化即使用机械进行追肥的一种方式,主要有靠拖拉机牵引的四轮追肥机以及手扶式追肥机,不包括靠人力或畜力牵引或助推农具式的追肥。追肥机械化率指追肥农户中采用机械化追肥的比例
4.配方肥采用率	配方肥并不是一个单独的种类,只是相对于目前我国农户不合理施肥所提出来的合理方案,具体而言应该是有机与无机配合施用、氮磷钾等元素配合施用、氮磷钾与各种中微量元素配合施用、营养元素与土壤调理物质配合施用(如酸性土壤上施用氮肥的同时应该施用石灰)、针对作物品质要求调节氮磷钾各种元素的养分形态(如铵态氮肥和硝态氮肥配合、枸溶性磷肥与水溶性磷肥配合等)。由于农户无法掌握这些知识,因此现阶段是通过复混型肥料一次向农户提供富含多种物质的肥料,简称配方肥
1)氮磷钾配合施用比例	氮磷钾三种大量元素仍作为目前我国科学施肥的核心,其均衡施用,即不偏施氮磷钾任何一种肥料或不遗施氮磷钾任何一种肥料是确保土壤肥力、提升作物产量、保护环境的关键。氮磷钾配合方式主要有使用单质肥搭配、复合肥、复合肥+单质肥、配方肥等。理论上,氮磷钾配合施用的农户比例应达到100%

续附表 4-1

二、技术到位率	技术指标及统计方法
2)基肥采用配方肥比例	配方肥,该处指狭义的配方肥,即包装上标识“配方肥”的复混肥,上面已经论述过。由于目前配方肥主要针对作物基肥设计,因此评估基肥施用中的配方肥采用率能够反映目前测土配方施肥发展的程度。基肥配方肥采用率即基肥采用配方肥的农户比例。由于配方肥的生产不是“一方对一户”的形式,故配方覆盖度理论上不能达到 100%,应根据实际情况而定
3)采用秸秆还田的农户比例	秸秆还田是把没有其他经济用途(如饲料、燃料、材料)的秸秆直接或堆积腐熟后施入土壤中的一种方法,主要目标是在杜绝秸秆焚烧所造成的大气污染的同时改良土壤、加速生土熟化、提高土壤肥力。秸秆还田,在此评价中包括堆沤还田和直接还田,但不包括过腹还田。其中,直接还田又包括粉碎还田、翻压还田、覆盖还田等。秸秆还田已成为当今世界上普遍重视的一项培肥地力的增产措施,理论上这一项措施应该 100%被农户接受,而实际还田量受到温度、湿度、土壤 C/N 等因素的制约,并不是 100%
4)施用有机肥的农户比例	有机肥俗称农家肥,包括以各种动物、植物残体或代谢物(如人畜粪便、秸秆、动物残体、屠宰场废弃物等)为原料,通过堆沤而成的肥料。本书中农家肥主要指各种动物代谢物,人畜粪便。有机肥有利于改良土壤、培肥地力,增加产量、提高品质,提高肥料的利用率。常年种植作物的农田需要施用有机肥以维持土壤地力,尤其是农业生产越来越集约化,理论上有机肥采用比例应达到 100%
5)有机无机配合率	有机肥料含有机质多,有显著的改土作用,而化学肥料只能供给作物矿物质养分,一般没有直接的改土作用;有机肥料含有养分种类多,素有“完全肥料”之称,但养分含量低,而化学肥料养分含量高,但养分种类比较单一。有机肥料供肥时间长,但肥效缓慢,而化学肥料肥效快,供应数量较多,但肥效不能持久。有机肥料既能供给养分促进作物生长,又能保水、保肥、改良土壤性质;而化学肥料的养分浓度大,但容易挥发、淋失或发生强烈的固定,从而降低肥料利用率。对比发现有机肥料的某些优点正是化学肥料的缺点,而有机肥料的某些缺点正是化学肥料的优点,这更能说明有机肥料和化学肥料配合施用的必要性和重要性。有机无机配合是持续高产农业发展的需求,理论上几乎全部农田都应该采用有机无机配合方式
6)有机氮占总投入比例	由于有机肥养分释放较慢,所以在高产作物生产体系中全部施用有机肥是无法满足需求的,如果进一步加大有机肥投入又会增加劳动力成本、肥料成本,而且会造成环境污染。因此有机肥与化肥配合的比例很重要。由于欧洲和美国有机肥投入标准不同,有机氮和磷的比重不同。例如美国是以有机磷满足作物需求为核心确定有机肥用量,这时有机氮素投入则不足作物需求的一半。有机氮占 50%比较适宜

续附表 4-1

二、技术到位率	技术指标及统计方法
7)有机磷占总投入比例	欧洲有机肥用量主要以氮来定量,往往氮素投入达到作物需求的一半,但这时磷的投入会超过作物需磷量的一半。而且由于动物粪尿中磷的活性甚至高于化肥磷,因此条件允许的情况下,有机磷在总磷投入中的比重可以达到 70%
8)有机钾占总投入比例	有机资源中秸秆含钾量最高,在秸秆全量还田的情况下,化肥只需要补充作物需求的 30%的钾。有机资源钾可以达到 70%
5.农户施肥观念	
1)否认"施肥越多产量越高"农户比例	我国农户施用化肥的历史有 40 年左右,其中在 20 世纪 90 年代以前,农户将化肥的 80%用于粮食作物,其余经济作物用量很少。但粮食作物用肥也受到家庭经济条件限制,化肥比较精细地施用,同时随着作物生产技术的改良,出现了化肥用量增长,作物产量同步增长的现象。但到 20 世纪 90 年代后期,化肥用量继续增长,而作物产量并没有同步增长,农户开始思考为什么。测土配方施肥的发展让农户开始认识到,土壤中储存了大量的养分,所以多施用化肥不再增产。而且过量施用化肥导致作物病害增加,倒伏增加,反而成了减产因素。所以绝大部分农户开始转变观念。但是在偏远地区,尤其是经济落后地区,仍然存在施肥不足的现象,因此仍有一部分农户认为施肥越多产量越高。我们设计这一问题,并当面询问农户对此观点的看法,否认这一观点的农户比例越高说明科学施肥发展越好
2)认为"施肥和环境有关"农户比例	施肥与环境有关在国外早就得到广泛认知,在我国却进展缓慢,从 20 世纪 90 年代开始部分科学家认识这一问题,到 21 世纪初期大部分科学家认识。但被社会大众,尤其是农户认知仅仅是 2005 年之后的事情,由于环境的持续恶化,农民也开始寻找答案,而测土配方施肥的宣传,也增加了农户对这一问题的认知。而从技术推广角度而言,农户的观念是至关重要的,如果农户在内心觉得施肥与环境有关,就会容易接受科学施肥的技术
3)认识氮磷钾标识农户比例、认识养分含量的农户比例	由于我国长期以来是应用尿素、磷酸二铵、过磷酸钙、碳酸氢铵等产品,这些产品标准化程度高,不同厂商的产品价格差异小,所以商品名称被农户所广泛认可。但是农户长期施用这些化肥的过程中并不了解其中真正有用的是氮、磷、钾等元素。测土配方施肥的发展,就是要让农户能够根据土壤和作物需求定量施用氮磷钾,因此农户能否认识不同肥料中氮磷钾的含量是实现科学施肥的先决条件。按照我国产品包装标准,每一个化肥上应该标明氮磷钾的英文符号,如 N,P_2O_5,K_2O,同时在每一个符号下标注其含量。我们拿着肥料袋子询问农户,询问其是否认识 N-P_2O_5-K_2O,如果能够准确回答为"氮磷钾",则认为其认识氮磷钾标识;我们再遮住三个养分符号,单独问他三个数字代表的含义,如果可以准确答出代表氮磷钾的养分浓度,则认为其认识养分含量。事实上,很多农户认识养分含量,因为他们知道养分含量越高,价格越贵;但是认识氮磷钾标识的农户比例较低,因为这个信息对购买和农业生产没有直接的帮助作用

续附表 4-1

三、技术贡献率	技术指标及统计方法
1. 农户变异度	因土施肥是测土配方施肥的终极思想，即根据每一个地块精确施用肥料，每一个地块和其他地块都不同，差异大小由土壤养分情况决定。但我国农户地块小，实现按地块精准施肥条件不够成熟。目前暂时执行大配方小调整思路，即对一定面积的地块制定统一的技术方案，从而简化技术推广的难度，运行效果是消除农户之间的差异，从而降低盲目施肥。理论上县级单位一般发布施肥指导意见，在一个县内气候条件类同，然而因为土壤条件和生产设施的差异，作物生产和农户施肥技术会有差异，但差异应该控制到一定范围内。从目前县级推荐方案来分析，变异度因氮磷钾不同，例如一个县内氮肥推荐变异在 20%左右，例如水稻投入 10～12 千克/亩，磷的变异一般在 40%左右，例如磷肥 5～7 千克/亩，钾肥变异更大一些，约 60%，例如 3～5 千克/亩
2. 肥料平均用量	发达国家为了保护环境早在 20 世纪 80 年代就开始减少化肥用量。我国化肥用量已经居于世界首位，控制化肥用量并不断增加作物产量是现阶段的主要任务，随着作物管理水平的进一步提升，应该减少化肥用量并提高作物产量。因此，控制用量不增长或者减少化肥用量是测土配方施肥的关键成果之一。根据已有研究结果，我国氮肥用量可以下降 30%～40%，磷肥用量可以降低 20%～50%，钾肥用量可以保持稳定，但实现这些的前提是有机肥还田、科学施肥技术到位率提高
3. 平均单产	由于粮食安全问题，我国并不能单纯地减少化肥用量而保护环境，必须在减少化肥用量的同时实现作物增产，因此作物产量的变化也是施肥技术的重要成果之一。我国粮食安全的目标是实现单产年度增长 1.6%，2030 年单产比 2010 年提高 35%
4. PFP_N	PFP 是一个比较简单的肥料效率指标，一般是用粮食产量除以肥料用量。数值越高，表明肥料施用技术越高。但也有一些特殊情况，例如肥料用量极低，而作物产量也很低，从而产生很大的 PFP。例如非洲每公顷氮肥用量只有 20 千克，其玉米产量只有 2000 千克，则 PFP 可以达到 100。20 世纪 70 年代，我国开始施用化肥时也存在这一现象。在化肥普遍施用后，PFP 往往会在一定的范围内变化，几乎不会再达到 100。从目前世界上最先进的案例来看，美国中西部的玉米可以达到 70，法国的小麦可以达到 50，日本的水稻可以达到 90
5. 施肥经济效益	现阶段化肥成本仍是我国粮食生产投入最高的一项，占现金成本的比重达到 40%，而美国等发达国家一般仅为 20%，化肥成本是决定粮食增产增收的关键因素。降低化肥成本是提高种粮积极性、提升粮食产业国际竞争力的关键。降低化肥成本的一种方法是控制化肥用量，另一种方法是降低化肥价格

附表 4-2　农户调研区域与区域大配方匹配表

作物	省(自治区)	调研县	所在大配方区域
春玉米	甘肃	临洮	西北绿洲灌溉春玉米区
		秦安	北方灌溉春玉米区
		山丹	西北绿洲灌溉春玉米区
		榆中	西北绿洲灌溉春玉米区
	吉林	靖宇	东北冷凉春玉米区
		双阳	东北半湿润春玉米区
		铁东	东北半干旱春玉米区
		伊通	东北半湿润春玉米区
	陕西	合阳	北方灌溉春玉米区
		户县	北方灌溉春玉米区
		耀州	北方灌溉春玉米区
玉米	广西	横县	西南山地丘陵玉米区
		柳江	西南山地丘陵玉米区
		罗城	西南山地丘陵玉米区
		马山	西南山地丘陵玉米区
	湖南	洪江	西南山地丘陵玉米区
		桃江	西南山地丘陵玉米区
		武冈	西南山地丘陵玉米区
冬小麦	安徽	埇桥	华北雨养冬麦区
		肥东	长江中下游冬麦区
		明光	长江中下游冬麦区
		宣州	长江中下游冬麦区
	河北	定州	华北灌溉冬麦区
		高碑店	华北灌溉冬麦区
		高邑	华北灌溉冬麦区
		隆尧	华北灌溉冬麦区
		曲周	华北灌溉冬麦区
		正定	华北灌溉冬麦区
		藁城	华北灌溉冬麦区

续附表 4-2

作物	省(自治区)	调研县	所在大配方区域
冬小麦	河南	扶沟	华北灌溉冬麦区
		孟津	华北灌溉冬麦区
		商水	华北雨养冬麦区
		卫辉	华北灌溉冬麦区
		项城	华北雨养冬麦区
		伊川	华北灌溉冬麦区
		禹州	华北灌溉冬麦区
		偃师	华北灌溉冬麦区
		桃江	长江中下游冬麦区
	江苏	东海	长江中下游冬麦区
		太仓	长江中下游冬麦区
		新北	长江中下游冬麦区
		仪征	长江中下游冬麦区
	山东	曹县	华北灌溉冬麦区
		东平	华北灌溉冬麦区
		桓台	华北灌溉冬麦区
		莱州	华北灌溉冬麦区
		临淄	华北灌溉冬麦区
		牟平	华北灌溉冬麦区
		鄄城	华北灌溉冬麦区
		岱岳	华北灌溉冬麦区
	陕西	富平	华北灌溉冬麦区
		合阳	华北灌溉冬麦区
		户县	华北灌溉冬麦区
		耀州	华北灌溉冬麦区
小麦	甘肃	秦安	西北雨养旱作麦区
		榆中	西北灌溉麦区
夏玉米	安徽	埇桥	华北南部夏玉米区
		肥东	华北南部夏玉米区
		明光	华北南部夏玉米区
	河北	定州	华北中北部夏玉米区
		高碑店	华北中北部夏玉米区
		高邑	华北中北部夏玉米区
		隆尧	华北中北部夏玉米区
		曲周	华北中北部夏玉米区
		正定	华北中北部夏玉米区
		藁城	华北中北部夏玉米区

续附表 4-2

作物	省(自治区)	调研县	所在大配方区域
夏玉米	河南	扶沟	华北中北部夏玉米区
		孟津	华北中北部夏玉米区
		商水	华北南部夏玉米区
		卫辉	华北中北部夏玉米区
		项城	华北南部夏玉米区
		伊川	华北中北部夏玉米区
		禹州	华北中北部夏玉米区
		偃师	华北中北部夏玉米区
	山东	曹县	华北中北部夏玉米区
		东平	华北中北部夏玉米区
		桓台	华北中北部夏玉米区
		莱州	华北中北部夏玉米区
		临淄	华北中北部夏玉米区
		牟平	华北中北部夏玉米区
		鄄城	华北中北部夏玉米区
		岱岳	华北中北部夏玉米区
	陕西	富平	华北中北部夏玉米区
		合阳	华北中北部夏玉米区
		户县	华北中北部夏玉米区
		耀州	华北中北部夏玉米区
一季稻	安徽	肥东	长江中游单双季稻区
		明光	长江中游单双季稻区
		宣州	长江中游单双季稻区
	广西	柳江	西南高原山地单季稻区
		罗城	西南高原山地单季稻区
	黑龙江	富锦	东北寒地单季稻区
		七星农场	东北寒地单季稻区
	湖南	洪江	江南丘陵山地单双季稻区
		桃江	江南丘陵山地单双季稻区
		武冈	长江中游单双季稻区
		湘潭	长江中游单双季稻区
	吉林	靖宇	东北吉辽内蒙古单季稻区
		双阳	东北吉辽内蒙古单季稻区
		伊通	东北吉辽内蒙古单季稻区
	江苏	东海	长江下游单季稻区
		太仓	长江下游单季稻区
		新北	长江下游单季稻区
		仪征	长江下游单季稻区

续附表 4-2

作物	省(自治区)	调研县	所在大配方区域
早稻	安徽	宣州	长江中游单双季稻区
	广西	横县	华南平原丘陵双季稻区
		柳江	华南平原丘陵双季稻区
		罗城	华南平原丘陵双季稻区
		马山	华南平原丘陵双季稻区
	湖南	洪江	江南丘陵山地单双季稻区
		桃江	长江中游单双季稻区
		武冈	江南丘陵山地单双季稻区
		湘潭	长江中游单双季稻区
晚稻	安徽	宣州	长江中游单双季稻区
	广西	横县	华南平原丘陵双季稻区
		柳江	华南平原丘陵双季稻区
		罗城	华南平原丘陵双季稻区
		马山	华南平原丘陵双季稻区
	湖南	洪江	江南丘陵山地单双季稻区
		桃江	长江中游单双季稻区
		武冈	江南丘陵山地单双季稻区
		湘潭	长江中游单双季稻区

附表 4-3　有机肥养分含量参数(鲜基)　　%

粪便类型	代码	N	P	K
鸡粪	1	1.03	0.41	0.72
牛粪	2	0.38	0.1	0.23
猪粪尿	3	0.24	0.07	0.17
人粪尿	4	0.64	0.11	0.19
羊粪	5	1.01	0.22	0.53
马粪	6	0.44	0.13	0.38
菜籽饼	7	5.25	0.8	1.04
豆饼	8	6.68	0.44	1.19
其他	9	0.62	0.17	0.37

数据来源:中国主要作物施肥指南,附录一附表 2“有机肥料养分含量”,中国农业出版社。

附表 4-4 单位籽粒需氮量指标

作物	不同产量水平组号	产量/(吨/公顷)		单位籽粒地上部吸氮量/(千克/吨)	数据来源
		最小	最大		
冬小麦	1		4.5	27.1	岳善超,小麦玉米高产体系的氮肥优化管理,博士论文,2013
	2	4.5	6.0	25.0	
	3	6.0	7.5	24.5	
	4	7.5	9.0	23.8	
	5	7.0	10.5	22.7	
	6	10.5		22.5	
春玉米	1		7.5	19.8	Hou P, Gao Q, Xie R, et al, Grain yields in relation to N requirement: Optimizing nitrogen management for spring maize grown in China, Field Crop Research, 2012, 129, 1-6
	2	7.5	9.0	18.1	
	3	9.0	10.5	17.4	
	4	10.5	12.0	17.1	
水稻	1		7.0	18.6	张毅,长江流域水稻资源型功能肥料的设计与验证,博士论文,2013
	2	7.0	9.0	18.8	
	3	9.0	10.5	17.9	
	4	10.5		17.4	
夏玉米	1		6.0	20.0	岳善超,小麦玉米高产体系的氮肥优化管理,博士论文,2013
	2	6.0	7.5	17.5	
	3	7.5	9.0	17.2	
	4	9.0	10.5	17.7	
	5	10.5	12.0	15.6	
	6	12.0		15.5	

附表 4-5 单位产量磷和钾吸收量

作物	单位产量吸磷量/(千克 P/吨)	单位产量吸钾量/(千克 K/吨)
小麦	4.3	20
玉米	4.2	16
水稻	4	22

数据来源:高利伟等,中国作物秸秆养分资源数量估算及其利用状况,农业工程学报,2009。

附表 4-6 主要作物的草谷比和秸秆氮磷钾浓度

作物	草谷比	秸秆氮浓度/%	秸秆磷浓度/%	秸秆钾浓度/%
玉米	2.00	0.92	0.15	1.18
春玉米	2.00	0.92	0.15	1.18
夏玉米	2.00	0.92	0.15	1.18
甜玉米	2.00	0.92	0.15	1.18
秋玉米	2.00	0.92	0.15	1.18
春小麦	1.58	0.65	0.08	1.05
冬小麦	1.10	0.65	0.08	1.05
大麦	1.56	0.51	0.08	1.27
青稞	1.49	0.51	0.08	1.27
莜麦	2.36	0.51	0.08	1.27
水稻	1.00	0.91	0.13	1.89
早稻	1.00	0.91	0.13	1.89
晚稻	1.00	0.91	0.13	1.89
单季稻	1.00	0.91	0.13	1.89
葱	3.00	2.92	0.37	3.89
大豆	1.60	1.81	0.20	1.17
甘薯	0.50	2.37	0.64	3.68
黄豆	1.60	1.81	0.20	1.17
烤烟	1.00	1.30	0.15	1.66
辣椒	3.00	2.92	0.37	3.89
芦笋	1.00	2.92	0.37	3.89
芦荟	1.00	2.92	0.37	3.89
绿肥	1.00	2.58	0.47	2.52
萝卜	0.50	2.23	0.35	2.46
蔬菜	1.00	2.92	0.37	3.89
西瓜	1.00	2.92	0.37	3.89
烟叶	1.06	1.30	0.15	1.66
油菜	2.00	0.82	0.14	1.86
远志中药材	1.00	2.92	0.37	3.89
苜蓿	1.00	2.58	0.47	2.52
棉花	3.00	1.24	0.34	1.23
高粱	1.59	1.91	0.46	4.42
花生	1.35	1.82	0.37	1.31
谷子	1.62	0.82	0.23	2.11
向日葵	2.22	1.91	0.46	4.42
蚕豆	1.28	1.81	0.20	1.17
芝麻	5.88	0.82	0.14	1.86
牡丹	1.00	2.92	0.37	3.89

数据来源：张福锁等，中国主要作物施肥指南，2009；高力伟等，中国作物秸秆养分资源数量估算及其利用状况，农业工程学报，2009；张福春和朱志辉，中国作物的收获指数，中国农业科学，1990。

附表 4-7 追肥最大效率期判断标准

省(自治区)	作物	追肥最大效率期	
		距离播种最小天数	距离播种最大天数
广西	晚稻	30	45
广西	一季稻	35	50
广西	早稻	30	40
河北	冬小麦	165	180
河北	夏玉米	40	50
河南	冬小麦	165	180
河南	夏玉米	40	50
湖南	晚稻	30	45
湖南	一季稻	35	50
湖南	早稻	30	40
吉林	春玉米	35	55
吉林	一季稻	45	60
江苏	冬小麦	165	180
江苏	一季稻	35	50
山东	冬小麦	165	180
山东	夏玉米	40	50
陕西	春玉米	35	55
陕西	冬小麦	165	180
陕西	夏玉米	40	50